银行业专业人员职业资格考试教材

银行业法律法规与综合能力（初、中级适用）

银行业专业人员职业资格考试研究组 编

严格依据银行业专业人员职业资格考试大纲编写

扫描二维码
获取天一网校 APP

关注天一金融课堂
获取增值服务

西南财经大学出版社
Southwestern University of Finance & Economics Press

中国 · 成都

图书在版编目(CIP)数据

银行业法律法规与综合能力:初、中级适用/银行业专业人员职业资格考试研究组编.—成都:西南财经大学出版社,2022.12

(银行业专业人员职业资格考试教材)

ISBN 978-7-5504-5596-2

Ⅰ.①银… Ⅱ.①银… Ⅲ.①银行法—中国—资格考试—教材 Ⅳ.①D922.281

中国版本图书馆 CIP 数据核字(2022)第 202239 号

银行业专业人员职业资格考试教材:
银行业法律法规与综合能力(初、中级适用)
YINHANGYE ZHUANYE RENYUAN ZHIYE ZIGE KAOSHI JIAOCAI:
YINHANGYE FALÜ FAGUI YU ZONGHE NENGLI(CHU ZHONGJI SHIYONG)

银行业专业人员职业资格考试研究组 编

责任编辑:冯 梅
责任校对:张 博
封面设计:天 一
责任印制:朱曼丽

出版发行	西南财经大学出版社(四川省成都市光华村街 55 号)
网 址	http://cbs.swufe.edu.cn
电子邮件	bookcj@swufe.edu.cn
邮政编码	610074
电 话	028-87353785
印 刷	新乡市华夏印务有限责任公司
成品尺寸	185mm×260mm
印 张	18.5
字 数	485 千字
版 次	2022 年 12 月第 1 版
印 次	2022 年 12 月第 1 次印刷
书 号	ISBN 978-7-5504-5596-2
定 价	56.00 元

目录

CONTENTS →

第二十一章 行政法律制度（中级考试内容）

第二十二章 银行监管体制

第二十三章 银行监管目标、方法（中级考试内容）

第二十四章 银行自律与市场约束

第二十五章 清廉金融

第二十六章 银行业消费者权益保护

第一章 经济基础知识

考情直击

本章的主要内容是与银行经营发展有密切关系的宏观经济基础知识，第二节、第三节又分别从行业经济、区域经济两个角度来阐述相关知识。分析近几年的考试情况，本章的常考点有宏观经济发展目标及其衡量指标、经济周期的阶段及其特征、经济全球化的主要表现和影响、行业的分类及各自的特点、行业的生命周期、影响行业兴衰的主要因素、区域发展的基础等，在考试中约占2～4分。

考纲要求

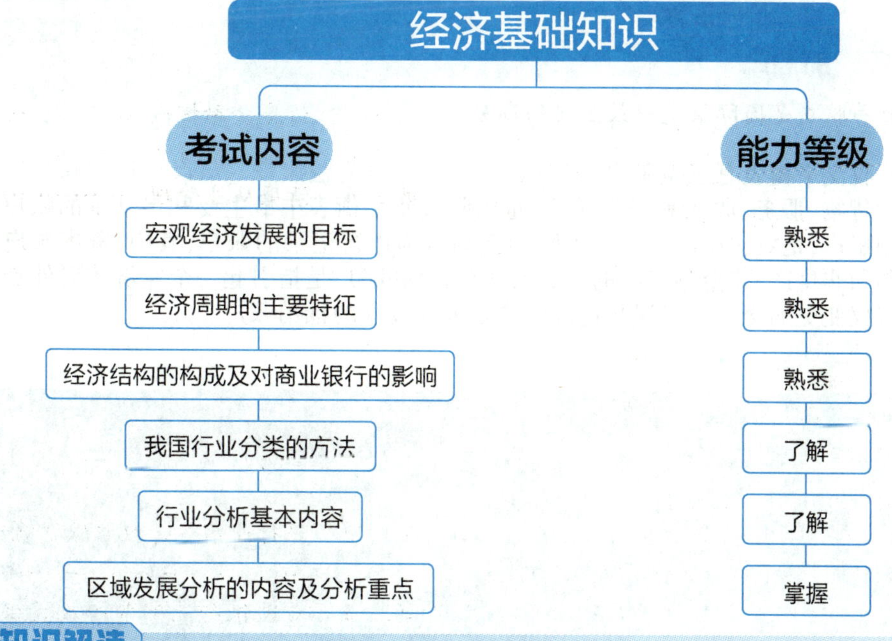

知识解读

第一节 宏观经济分析

一、宏观经济发展目标 ★★

1. 经济增长

经济增长是指一个特定时期内一国（或地区）经济产出和居民收入的增长。**衡量经济增长的宏观经济指标是国内生产总值（GDP）**。GDP是衡量一国（或地区）整体经济状况的主要指标，GDP增长率是反映一定时期经济发展水平变化程度的动态指标。

国内生产总值有三种表现形态，即价值形态、收入形态和产品形态。在实际核算中，**国内生产总值有三种计算方法，即生产法、收入法和支出法**。

知识加油站

国民生产总值，指一个国家（地区）所有常驻单位在一定时期内（通常为一年）收入初次分配的最终结果，简称GNP。

2. 充分就业

充分就业的宏观经济衡量指标是失业率。失业率是指劳动力人口中失业人数所占的百分比，劳动力人口是指年龄在**16周岁以上**具有劳动能力的人的全体。我国统计部门公布的失业率为城镇登记失业率，即**城镇登记失业人数占城镇从业人数与城镇登记失业人数之和的百分比**。

3. 物价稳定

衡量物价稳定的宏观经济指标是通货膨胀率。通货膨胀是指一般物价水平在一段时间内持续、普遍地上涨。

4. 国际收支平衡

国际收支平衡是指国际收支差额处于一个相对合理的范围内，**既无巨额的国际收支赤字，又无巨额的国际收支盈余**。

知识加油站

贸易收支是国际收支中最主要的部分。

国际收支平衡表有三类账户：**经常账户、资本与金融账户、错误与遗漏账户**。经常账户包括货物、服务、收入和经常转移，是国际收支平衡表中最主要和最基本的账户。资本与金融账户，是对资产所有权在国际间流动行为进行记录的账户，其中，资本账户包括资本转移和非生产、非金融资产的收买或放弃，金融账户是指引起一个经济体对外资产和负债所有权变更的交易。错误与遗漏账户是人为设立的抵销账户。

教你一招

目标		衡量指标		具体指标
经济增长	→	国内生产总值（GDP）	→	GDP、GDP增长率
充分就业	→	失业率	→	城镇登记失业率
物价稳定	→	通货膨胀率	→	消费者物价指数（使用最多、最普遍）、生产者物价指数、国内生产总值物价平减指数
国际收支平衡	→	国际收支	→	——

真题精练

【例1·单项选择题】衡量物价稳定的宏观经济指标是（　　）。

A. 国内生产总值　　B. 失业率

C. 通货膨胀率　　D. 国际收支平衡

C　物价稳定是要保持物价总水平的基本稳定，使一般物价水平在短期内不发生显著或急剧的波动，避免出现通货膨胀和通货紧缩。衡量物价稳定的宏观经济指标是通货膨胀率。

【例2·多项选择题】宏观经济发展的总体目标一般包括(　　)。

A. 充分就业　　B. 物价稳定

C. 国际收支顺差　　D. 国际收支平衡

E. 经济增长

ABDE　宏观经济发展的总体目标一般包括经济增长、充分就业、物价稳定和国际收支平衡。

二、经济周期 ★★

1. 经济周期的概念和阶段

经济周期是指经济处于生产和再生产过程中周期性出现的经济扩张与经济紧缩交替更迭、循环往复的一种现象。**经济周期一般分为繁荣阶段、衰退阶段、萧条阶段和复苏阶段四个阶段**。

所处阶段	表现特征
繁荣阶段	失业率下降，收入增加使消费支出增加，社会购买力上升，市场兴旺，产品供不应求，价格上升；市场预期好转，企业投资意愿增强；生产发展迅速，企业的经营规模不断扩大，投资数额显著增加，利润激增，这时，商业银行的资产规模和利润也处于最高水平
衰退阶段和萧条阶段	失业人口增加，消费需求开始减少，商品滞销，生产缩减，企业资金周转困难，从而造成商业银行的负债规模严重下降。 企业破产倒闭使银行贷款坏账增加，导致银行贷款收缩，信用投放能力锐减，经营利润也大幅度下降，甚至出现亏损
复苏阶段	公众对市场信心恢复，企业投资意愿增加，企业开始增加投资并进行固定资产更新，生产经营活动趋于正常，利润增加，对借贷资金的需求也显著扩大，商业银行的资产业务规模和利润也有明显扩大

2. 金融危机

金融危机是指一个或几个国家与地区的全部或大部分金融指标(如短期利率、货币资产、证券、房地产、商业破产数和金融机构倒闭数)的急剧和超周期的恶化,其结果是金融市场不能有效地提供资金向最佳投资机会转移的渠道,从而对整个经济造成严重破坏。

要点点拨

国际货币基金组织将金融危机分为:(1)货币危机。(2)银行危机。(3)外债危机。(4)系统性金融危机。

真题精练

【例3·多项选择题】国际货币基金组织将金融危机分为(　　)。

A. 银行危机　　B. 货币危机

C. 外债危机　　D. 系统性金融危机

E. 非系统性金融危机

ABCD 国际货币基金组织将金融危机分为:(1)货币危机。(2)银行危机。(3)外债危机。(4)系统性金融危机。

三、经济结构 ★★

1. 经济结构的概念和影响

经济结构是指从不同角度考察的国民经济构成,一般包括产业结构、地区结构、城乡结构、产品结构、所有制结构、分配结构、技术结构、消费投资结构等。

从直接的角度来看,经济结构会直接影响社会经济主体对商业银行服务的需求,从而在一定程度上决定商业银行的经营特征。从间接的角度来看,经济结构会通过影响一国国民经济的增长速度、增长质量和可持续性来影响商业银行。

2. 产业结构

(1)**第一产业**是指农、林、牧、渔业。

(2)**第二产业**是指采矿业,制造业,电力、热力、燃气及水生产和供应业,建筑业。

(3)**第三产业**是指除第一产业、第二产业以外的其他行业,即服务业。

3. 消费投资结构

从支出角度来看,GDP由消费、投资和净出口三大部分构成。

(1)消费包括私人消费和政府消费两部分。

(2)投资也称为资本形成,包括固定资本形成(其中含房地产和非房地产投资)和存货增加两部分。

(3)净出口是出口额减去进口额形成的差额。

要点点拨

私人购买住房的支出,包含在投资的固定资本形成中,不包含在私人消费之中。

真题精练

【例4·单项选择题】下列属于第三产业的是(　　)。

A. 农业　　B. 制造业

C. 建筑业　　D. 批发和零售业

D 选项A属于第一产业;选项B、C属于第二产业;选项D属于第三产业。

四、经济全球化

1. 经济全球化的主要表现

(1)生产活动全球化,生产要素在全球范围内配置。

(2)金融国际化进程加快,各国的金融日益融合在一起。

(3)投资活动遍及全球并成为经济发展和增长的新支点。

(4)跨国公司的作用进一步加强。

2. 经济全球化的影响

(1)经济全球化和金融全球化相互促进,推动了金融市场国际化的快速发展。

(2)金融管制逐步放松,国内外金融市场之间的联动更加紧密,资本在全球各国、各地区的流动更加自由。

(3)跨国兼并浪潮风起云涌,跨国集团和跨国金融机构活跃于全球金融市场,在全球范围内从事各项业务,调度和配置资源,在一定程度上带动了金融业务的全球化。

(4)经济全球化以及由此导致的金融全球化,必然引起为经济发展服务的银行的全球化,并由此对银行带来巨大影响。

第二节 行业经济发展分析

一、我国的行业分类 ★

行业是指从事相同性质的经济活动的所有单位的集合。我国行业分类如下:农、林、牧、渔业;采矿业;制造业;电力、热力、燃气及水生产和供应业;建筑业;批发和零售业;交通运输、仓储和邮政业;住宿和餐饮业;信息传输、软件和信息技术服务业;金融业;房地产业;租赁和商务服务业;科学研究和技术服务业;水利、环境和公共设施管理业;居民服务、修理和其他服务业;教育;卫生和社会工作;文化、体育和娱乐业;公共管理、社会保障和社会组织;国际组织。共20个门类。

二、行业分析基本内容 ★

行业分析主要是对行业发展状况和发展水平的分析。

1. 行业的市场结构

市场结构类型	概念及特点
完全竞争的行业	完全竞争的行业是指由许多企业生产同质产品的市场情形,是竞争充分而不受任何阻碍和干扰的一种市场结构。其特点是:生产者众多,各种生产资料可以完全流动;产品无论是有形或无形的,都是同质的、无差别的;企业永远是价格的接受者而不是价格的制定者;企业的盈利基本上由市场对产品的需求来决定;市场信息通畅,生产者和消费者对市场情况非常了解,并且可以自由进入和退出这个市场。完全竞争市场的根本特点是企业的产品无差异,生产者无法控制市场价格。在现实生活中这类市场非常罕见,只有初级产品的市场类型如农产品市场较为接近
垄断竞争的行业	垄断竞争的行业是指一个市场中许多生产者生产同种但不同质产品的市场情形。在垄断竞争的市场上,每个厂商都在市场上具有一定的垄断能力,但它们之间又存在着激烈的竞争。其特点是:生产者众多,各种生产资料可以流动;生产的产品同种但不同质,即产品之间存在着差异;由于产品差异性的存在,生产者可以树立自己产品的信誉,从而对自己经营的产品的价格有一定的控制力。现实经济生活中,制成品市场如纺织、食品零售等行业都属于这种类型

（续表）

市场结构类型	概念及特点
寡头垄断的行业	寡头垄断的行业是指相对少量的生产者在某种产品的生产中占据很大市场份额的情形。生产者产量非常大，因此对市场的价格和交易具有一定的垄断能力。只有少量的生产者生产同一种产品，市场集中度高；每个企业的产量在全行业中占有的份额都比较大，进出壁垒比较高
完全垄断的行业	完全垄断的行业是指独家企业生产某种特质产品从而整个行业的市场完全处于一家企业所控制之下的情形。其主要特点是：市场完全处于一家企业的控制中，产品被独占，产品又缺乏合适的替代品，所以垄断企业对自己的产品价格有很强的控制力，能够获得最大利润

教你一招

这四种行业市场结构是易混易错点，可以通过对其特点对比，区分记忆。在考试中，可能以单选题形式，让考生判断某种特征属于哪种类型的行业，也可能以多选题的形式考查行业的特征或者行业的类型。

2. 经济周期与行业分析

(1) **增长型行业**。增长型行业的运行状态与经济周期关联不大。它们主要依靠技术进步、新产品的推出和更优质的服务，从而使其经常呈现出增长形态。在经济高涨时期，这类行业的发展速度通常高于社会发展速度，而在经济衰退时期，其受到影响较小甚至还能保持一定的增长势头。例如，生物技术、物联网、4D 技术等新生的成长型行业。

(2) **周期型行业**。周期型行业的运行状态直接与经济周期相关。当经济处于上升时期，这些行业随其扩张，当经济衰退时，这些行业也会相应低迷。例如，耐用品制造业、房地产等行业均属于典型的周期型行业。

(3) **防守型行业**。防守型行业所提供的产品需求相对稳定，不受经济周期变化影响，无论在经济周期上升阶段或下降阶段，由于稳定的需求和价格，行业的销售收入和利润会呈现基本稳定的态势。例如，**食品业和公用事业属于防守型行业**。

要点点拨

一般来说，行业的生命周期分为初创期、成长期、成熟期和衰退期四个阶段。

3. 影响行业兴衰的主要因素

(1) **技术进步**。

(2) **政府政策**。政府政策的核心是产业结构政策和产业组织政策。

(3) **行业组织创新**。行业组织包括市场结构、市场行为、市场绩效三个方面的内容。

(4) **社会变化**。如社会观念、社会习惯、社会趋势的变化等。

(5) **经济全球化**。

真题精练

【例5·多项选择题】根据行业的市场结构可以把行业划分为(　　)。

A. 垄断竞争的行业　　B. 寡头垄断的行业

C. 完全垄断的行业　　D. 完全竞争的行业

E. 完全合作的行业

ABCD　根据行业的市场结构可以把行业划分为完全竞争的行业、垄断竞争的行业、寡头垄断的行业、完全垄断的行业四个市场结构类型。

第三节　区域经济发展分析

一、区域发展条件分析 ★★★

区域发展的自然条件及社会经济背景条件主要指区域自然条件和自然资源、人口与劳动力、科学技术条件、基础设施条件及政策、管理、法制等社会因素。对这些条件的分析主要目的是明确区域发展的基础,评估潜力,为选择区域发展的方向、调整区域产业结构和空间结构提供依据。

(1)**自然条件和自然资源是区域社会经济发展的物质前提和物质基础**,自然资源的数量、质量、地域组合及开发利用条件等都将对区域发展产生重要的影响。对区域自然条件和自然资源的分析,应明确其数量、质量和组合特征,优势、潜力和限制因素,可能的开发利用方向及技术经济前提,资源开发利用与生态保护的关系等问题。

(2)区域劳动人口的数量会影响区域自然资源开发利用的规模(生产规模的大小),区域人口的素质会影响区域经济的发展水平和区域产业的构成状况。应重点分析人口的数量、素质、分布及其与资源数量和分布及生产布局的适应性或协调性,区域适度人口的规模等问题。

(3)技术是构成区域生产力的重要组成部分,科学技术条件是发展的重要条件之一。自然条件和自然资源提供了区域发展的可能性,而技术将这种可能性转变为现实性,技术革新会带来社会经济的迅速发展。对科学技术条件的分析主要应评价区域科学技术发展水平及引进并消化吸收新技术的能力,技术引进的有利条件和阻力,适用技术的选择等。

(4)对区域基础设施的分析应重点评价基础设施的种类、规模、水平、配套等对区域发展的影响。

真题精练

【例6·判断题】区域劳动人口是区域社会经济发展的物质前提和物质基础。(　　)

A. 正确　　B. 错误

B　自然条件和自然资源是区域社会经济发展的物质前提和物质基础,自然资源的数量、质量、地域组合及开发利用条件等都将对区域发展产生重要的影响。

二、区域经济分析 ★★★

区域经济分析主要是从经济发展的角度对区域经济发展的水平及所处的发展阶段、区域产业结构和地域结构进行分析。它是在区域自然条件分析的基础上，进一步对区域经济发展的现状作一个全面的考察、评估。

对区域经济发展水平和发展阶段的分析主要是在建立经济发展水平量度标准的基础上，通过横向比较，明确区域经济发展水平，确定其所处的发展阶段，为区域经济发展的战略决策提供依据。对区域产业结构和空间结构的分析，主要是通过各种计量方法分析比较产业结构和地域结构的合理性，为区域产业结构和空间结构的调整提供依据。

三、区域发展分析 ★★★

区域发展分析是在区域自然条件和经济分析的基础上，通过发展预测、结构优化和方案比较，确定区域发展的方向，并分析预测其实施效应。由于区域发展是一个综合性的问题，它不仅涉及经济发展，而且还涉及社会发展和生态保护，因此区域发展的分析也应包括经济、社会和生态环境三个方面，并以三者综合效益作为分析判断的标准。

在区域发展中，经济发展仍然是核心，因此，对区域发展的分析，也应重点分析区域发展的优势、主导产业及其发展方向，经济增长的形式以及产业结构和地域结构的优化等问题。

要点点拨

区域分析主要是对区域发展的自然条件和社会经济背景、特征及其对区域经济发展的影响进行分析。

真题精练

【例7·单项选择题】区域发展的核心是(　　)。

A. 人口素质　　B. 技术水平

C. 自然资源　　D. 经济发展

D　在区域发展中，经济发展是核心。

章节自测

一、**单项选择题**（在以下各小题所给出的四个选项中，只有一个选项符合题目要求，请将正确选项的代码填入括号内）

1. 宏观经济发展目标中，充分就业目标的衡量指标是(　　)。

A. 国内生产总值　　B. 失业率

C. 通货膨胀率　　D. 国际收支

2. 劳动力人口是指年龄在(　　)周岁以上具有劳动能力的人的全体。

A. 16　　B. 18

C. 23　　D. 25

3. 在衡量通货膨胀时，使用得最多、最普遍的指标是(　　)。

A. 消费者物价指数　　B. 生产者物价指数

C. 国内生产总值物价平减指数　　D. 国内生产总值增长指数

4. 随着经济全球化及金融创新的发展,金融危机越来越多地表现为(　　)。
A. 货币危机　　B. 银行危机
C. 外债危机　　D. 系统性金融危机

5. (　　)的特点之一是生产者众多,各种生产资料可以完全流动。
A. 完全竞争的行业　　B. 垄断竞争的行业
C. 寡头垄断的行业　　D. 完全垄断的行业

6. 下列属于增长型行业的是(　　)。
A. 耐用品制造业　　B. 房地产行业
C. 食品业　　D. 生物技术行业

7. 下列关于行业生命周期分析的说法中,错误的是(　　)。
A. 初创期是一个行业的起步阶段　　B. 成长期是一个行业的起步阶段
C. 成熟期是一个行业发展的稳定阶段　　D. 衰退期是行业生命周期的最后阶段

8. 影响行业兴衰的政府政策的核心是(　　)。
A. 产业结构政策和产业组织政策　　B. 经济结构政策和经济组织政策
C. 行政结构政策和行政组织政策　　D. 技术结构政策和技术组织政策

二、多项选择题(在以下各小题所给出的选项中,至少有两个选项符合题目要求,请将正确选项的代码填入括号内)

1. 衡量通货膨胀常用的指标包括(　　)。
A. 消费者物价指数　　B. 生产者物价指数
C. 国内生产总值物价平减指数　　D. 国际收支平衡
E. 失业率

2. 经济周期的阶段一般包括(　　)。
A. 开始阶段　　B. 繁荣阶段
C. 衰退阶段　　D. 萧条阶段
E. 复苏阶段

3. 下列属于衡量金融危机的金融指标的有(　　)。
A. 短期利率　　B. 货币资产
C. 证券　　D. 房地产
E. 商业破产数

4. 从支出角度来看,GDP 由(　　)构成。
A. 消费　　B. 投资
C. 净出口　　D. 生产
E. 流通

5. 一般来说,行业的生命周期分为(　　)。
A. 初创期　　B. 成长期
C. 成熟期　　D. 衰退期
E. 复苏期

6. 影响行业兴衰的主要因素包括(　　)。
A. 技术进步　　B. 政府政策
C. 行业组织创新　　D. 社会变化
E. 经济全球化

三、判断题(请判断以下各小题的正误,正确的选 A,错误的选 B)

1. 国际收支平衡是指国际收支差额为零,既无国际收支赤字,又无国际收支盈余。(　　)
A. 正确　　B. 错误

2. 经济结构对商业银行只有间接影响，没有直接影响。（ ）
A. 正确　　B. 错误
3. 投资也称为资本形成，包括固定资本形成和存货增加两部分。（ ）
A. 正确　　B. 错误
4. 对区域产业结构和空间结构的分析，主要是通过各种计量方法分析比较产业结构和地域结构的合理性，为区域产业结构和空间结构的调整提供依据。（ ）
A. 正确　　B. 错误

答案详解

一、单项选择题

1. B。【解析】宏观经济发展的总体目标一般包括经济增长、充分就业、物价稳定和国际收支平衡，这四大目标分别通过国内生产总值、失业率、通货膨胀率和国际收支等指标来衡量。

2. A。【解析】劳动力人口是指年龄在16周岁以上具有劳动能力的人的全体。

3. A。【解析】在衡量通货膨胀时，消费者物价指数使用得最多、最普遍。

4. D。【解析】随着经济全球化及金融创新的发展，金融危机越来越多地表现为系统性金融危机。

5. A。【解析】在完全竞争的行业中，生产者众多，各种生产资料可以完全流动。

6. D。【解析】增长型行业包括生物技术、物联网、4D技术等新生的成长型行业。选项A、B属于周期型行业，选项C属于防守型行业。

7. B。【解析】初创期是一个行业的起步阶段；成长期是一个行业的黄金发展时期，行业利润迅猛增加；成熟期是一个行业发展的稳定阶段；衰退期是行业生命周期的最后阶段。

8. A。【解析】政府政策的核心是产业结构政策和产业组织政策。

二、多项选择题

1. ABC。【解析】对通货膨胀的衡量可以通过对一般物价水平上涨幅度的衡量来进行。一般来说，常用的指标包括消费者物价指数、生产者物价指数和国内生产总值物价平减指数。

2. BCDE。【解析】经济周期一般分为四个阶段，即繁荣阶段、衰退阶段、萧条阶段和复苏阶段。

3. ABCDE。【解析】衡量金融危机的金融指标包括短期利率、货币资产、证券、房地产、商业破产数和金融机构倒闭数等。

4. ABC。【解析】从支出角度来看，GDP由消费、投资和净出口三大部分构成。

5. ABCD。【解析】一般来说，行业的生命周期分为初创期、成长期、成熟期和衰退期四个阶段。

6. ABCDE。【解析】影响行业兴衰的主要因素包括：(1)技术进步。(2)政府政策。(3)行业组织创新。(4)社会变化。(5)经济全球化。

三、判断题

1. B。【解析】国际收支平衡是指国际收支差额处于一个相对合理的范围内，既无巨额的国际收支赤字，又无巨额的国际收支盈余。

2. B。【解析】经济结构对商业银行既有直接影响，也有间接影响。

3. A。【解析】投资也称为资本形成，包括固定资本形成（其中含房地产和非房地产投资）和存货增加两部分。

4. A。【解析】对区域产业结构和空间结构的分析，主要是通过各种计量方法分析比较产业结构和地域结构的合理性，为区域产业结构和空间结构的调整提供依据。

第二章 金融基础知识

考情直击

本章的主要内容是一系列与银行有关的金融基础知识，主要包括货币基础知识、货币政策、利息与利率、外汇与汇率。分析近几年的考试情况，本章的常考点有货币的本质和职能、货币需求与供给的影响因素、通货膨胀与通货紧缩的治理对策、货币政策目标及传导机制、利率的分类及利率市场化的影响、汇率的分类、标价方法和影响因素等，在考试中约占3~8分。

考纲要求

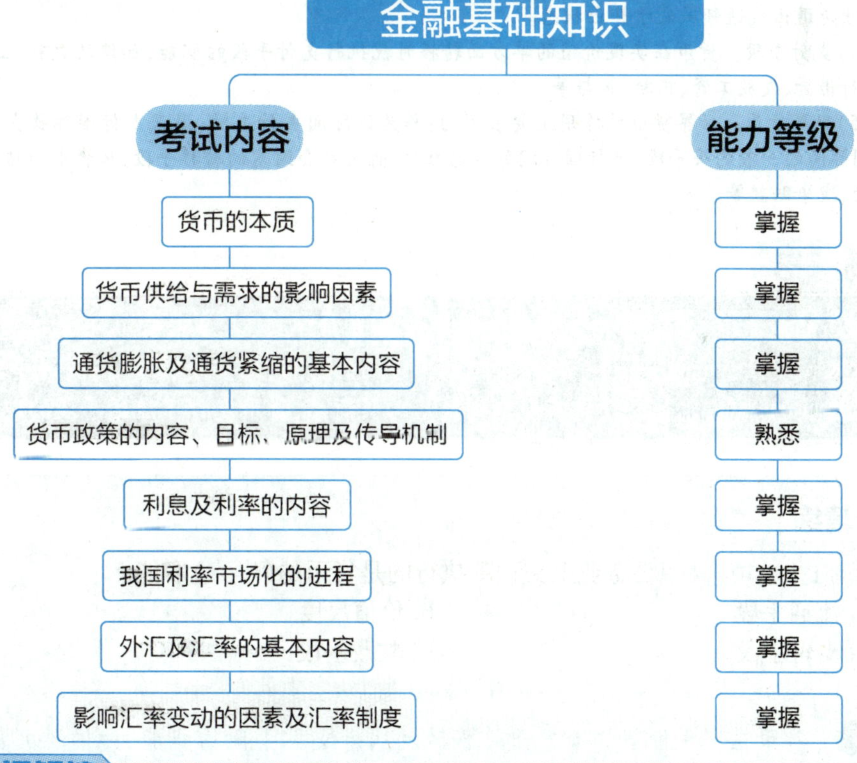

知识解读

第一节 货币基础知识

一、货币的本质与职能 ★★★

货币是随着商品经济发展而产生的，是商品生产和商品交换发展的产物。

在商品交换过程中，一种商品的价值通过其他具有相同价值的商品来表现就是价值表现形式，简称价值形式。在交换发展过程中，商品的价值表现经历了简单的价值形式、扩大的价值形式、一般价值形式、货币价值形式四个阶段，并最终产生货币。货币是商品经济内在矛盾的产物，是价值表现形式发展的必然结果。

货币的本质

货币是一般等价物，是固定充当一般等价物的特殊商品，体现商品生产者之间的社会关系。

货币的职能

(1)价值尺度。货币在表现商品的价值并衡量商品价值量的大小时，执行价值尺度的职能。货币执行价值尺度的特点：可以是观念形态的货币。

(2)流通手段。在商品交换中，当货币作为交换的媒介实现商品的价值时就执行流通手段的职能。货币执行流通手段的特点：第一，必须是现实的货币。第二，不需要具有十足价值，可以用符号代替。

(3)贮藏手段。当货币暂时退出流通而处于静止状态被当作独立的价值形态和社会财富而保存起来时，就执行贮藏手段职能。货币执行贮藏手段的特点：第一，必须是现实的、足值的货币。第二，必须是退出流通领域处于静止状态。

(4)支付手段。货币在实现价值的单方面转移时就执行支付手段的职能，如偿还欠款、上交税款、银行借贷、发放工资、捐款、赠与等。

(5)世界货币。世界货币的作用主要表现为：作为国际间支付手段，用来支付国际收支差额；作为国际间的一般购买手段，进行国际间的贸易往来；作为社会财富的转移手段，如资本的转移、对外援助、战争赔款等。

教你一招

货币的职能中，最容易混淆的是流通手段和支付手段，也是最容易出单选题的考点。这里需要注意的是，支付手段是价值的单方面的转移，比如发放工资；流通手段中，货币是交换的媒介，比如公众持有现金到商店购买商品，货币发挥了流通手段的职能。

真题精练

【例1·单项选择题】企业上交税款执行的是货币的(　　)职能。

A. 流通手段　　B. 价值尺度

C. 支付手段　　D. 贮藏手段

C　货币在实现价值的单方面转移时就执行支付手段的职能，如偿还欠款、上交税款、银行借贷、发放工资、捐款、赠与等。

二、货币需求与货币供给 ★★★

1. 货币需求及影响因素

货币需求是指在一定时期内，社会各阶层（个人、企业单位、政府）愿意以货币形式持有财产的需要，或社会各阶层对货币的流通手段、支付手段和贮藏手段的需求。

货币需求影响因素	具体关系
收入水平	收入状况是决定货币需求的主要因素之一。在一般情况下，**货币需求量与收入水平成正比**
利率水平	**利息率与货币需求呈负相关关系**
社会商品可供量、物价水平、货币流通速度	若以 M 代表货币需求量，P 代表物价水平，Q 代表社会商品可供量，V 代表货币流通速度，则根据货币流通规律有如下公式：M = PQ / V。可见，**物价水平和社会商品可供量同货币需求成正比；货币流通速度同货币需求成反比**
信用制度发达程度	当信用制度发达时，货币需求降低
汇率	当本币汇率下降即本国货币贬值时，对外币需求增加，对本国货币需求就减少。反之，当本国货币升值时，对外币需求减少，对本国货币需求就增加
公众的预期和偏好	当人们预期物价水平上升、货币贬值时，会减少货币持有，则货币需求减少。人们偏好货币，则货币需求增加，人们偏好其他金融资产，则货币需求减少

要点点拨

人口数量、人口密集程度、经济结构、社会分工、交通通信等技术状况都会影响货币需求。

2. 货币供给及货币层次划分

货币供给量是指一国在某一时点上为社会经济运转服务的货币量。货币供给量一般由中央银行和商业银行供应的现金货币和存款货币构成。货币供给量是一个存量概念，货币供给量在很大程度上能够被中央银行政策所调控。

现阶段，我国按流动性不同将货币供应量划分为以下三个层次：M_0、M_1、M_2。

M_0 = 流通中现金

M_1 = M_0 + 企业单位活期存款 + 农村存款 + 机关团体部队存款 + 银行卡项下的个人人民币活期储蓄存款

M_2 = M_1 + 城乡居民储蓄存款 + 企业单位定期存款 + 证券公司保证金存款 + 其他存款

其中，M_0是指流通中现金，M_1被称为狭义货币，是现实购买力，M_2被称为广义货币；M_2与 M_1之差被称为准货币，是潜在购买力。由于 M_2通常反映社会总需求变化和未来通货膨胀的压力状况，因此一般所说的货币供应量是指 M_2。

教你一招

需要注意，同一个国家，在不同时期，货币层次划分不相同。比如，1994 年 10 月，按照国际通行的原则，以货币流动性差别作为划分各层次货币供应量的标准，根据我国实际情况，将我国货币供应量划分为 M_0、M_1、M_2、M_3。此处作为了解内容，考试中一般会考现阶段我国的货币层次划分。

3. 存款货币创造过程及影响因素

商业银行创造信用货币是在它的资产负债业务中，通过创造派生存款形成的。在现代信用制度中，活期存款是存款人可以随时提取的一种存款。一般来说，只有商业银行才有权经营活期存款，在此基础上，形成商业银行创造存款即创造信用货币的能力。

原始存款是客户以现金存入银行形成的存款。在实际经济生活中，银行提供的货币和贷款会通过数次存款、贷款等活动产生出数倍于它的存款。**原始存款是派生存款创造的基础，而派生存款是信用扩张的条件**。

货币乘数（K）也称货币扩张系数或货币扩张乘数，是指在基础货币（高能货币）基础上，货币供给量通过商业银行创造派生存款的作用而产生的信用扩张倍数，是货币供给扩张的倍数。影响货币乘数的因素主要有以下几种：

（1）**法定存款准备金率（r_d）**。法定存款准备金率越高，银行吸收的存款中可用于放款的资金越少，创造存款货币的数量则越少，反之，法定存款准备金率越低，创造存款货币的数额则越大。因此，许多国家都把调高或降低法定存款准备金率作为紧缩或扩张信用的一个重要手段。

（2）**现金漏损率（c）**。

（3）**超额准备金率（e）**。超额准备金和活期存款总额是反向比例关系。

（4）**定期存款的存款准备金率（r_t）**。

知识加油站

基础货币是指流通中现金与存款准备金之和。我国基础货币由三部分构成：金融机构存入中国人民银行的存款准备金、流通中的现金和金融机构的库存现金。

真题精练

【例 2 · 多项选择题】影响货币需求的主要因素包括（　　）。

A. 利率水平　　B. 收入水平

C. 信用制度发达程度　　D. 汇率

E. 公众的预期和偏好

ABCDE　影响货币需求的主要因素包括：（1）收入水平。（2）利率水平。（3）社会商品可供量、物价水平、货币流通速度。（4）信用制度发达程度。（5）汇率。（6）公众的预期和偏好。

三、通货膨胀与通货紧缩 ★★★

	通货膨胀	通货紧缩
概念	通货膨胀是在纸币流通的情况下，货币供应量超过需要量，引起纸币贬值、物价持续上涨的经济现象。**物价总水平上涨是通货膨胀的必然结果，是通货膨胀的主要标志**	通货紧缩是指经济中货币供应量少于客观需要量，社会总需求小于总供给，导致单位货币升值、价格水平普遍和持续下降的经济现象
原因	(1)需求拉上型通货膨胀。 (2)成本推动型通货膨胀。 ①工资推进的通货膨胀。 ②利润推进的通货膨胀。 (3)供求混合推动型的通货膨胀。 (4)结构型通货膨胀	(1)货币供给减少。 (2)有效需求不足。 (3)供需结构不合理。 (4)国际市场的冲击
影响	(1)对生产和流通的影响。 (2)对分配和消费的影响。 (3)对金融秩序和经济、社会稳定的影响	(1)导致社会总投资减少。 (2)减少消费需求。 (3)影响社会收入再分配
治理对策	(1)**紧缩的货币政策：减少货币供应量；提高利率**。 (2)**紧缩的财政政策：主要是增收节支、减少赤字**。增收的措施主要是增加税赋；节支的措施主要是压缩政府机构费用开支，抑制公共事业投资，减少各种补贴和救济等福利性支出。 此外，还可以通过紧缩的收入政策、积极的供给政策以及货币改革等措施对通货膨胀进行治理	(1)扩大有效需求。 (2)实行扩张的财政政策和货币政策。 (3)引导公众预期

通货膨胀的具体影响：

(1)对生产和流通的影响：通货膨胀不利于生产正常发展；通货膨胀打乱了正常的商品流通秩序。

(2)对分配和消费的影响：通货膨胀会引起不利于固定薪金收入阶层的国民收入的再分配；通货膨胀是有利于债务人而不利于债权人的分配；通货膨胀降低消费规模。

(3)对金融秩序和经济、社会稳定的影响：

①通货膨胀使货币贬值，当名义利率低于通货膨胀率，实际利率为负值时，常常会引起居民挤提存款，用于抢购商品。而企业争相贷款，将贷款的资金用于囤积商品，赚取暴利。这会导致银行资金紧张，扰乱了金融领域的正常秩序。

②严重的通货膨胀，会使社会公众失去对本国纸币的信心，不愿意接受和使用纸币，甚至会出现排斥货币的现象，导致一国的货币制度走向崩溃。

③由于通货膨胀使生产领域受到打击，生产性投资的预期收益普遍低落，而流通领域则存在过度的投机，导致经济紊乱。

④通货膨胀引起的经济领域的混乱,会直接波及整个社会,社会各阶层的利益分配不公会激化社会矛盾,导致政府威信下降,政局不稳定。

知识加油站

积极的供给政策在抑制总需求的同时,积极运用刺激生产的方法增加供给来治理通货膨胀,主要措施有减税、削减社会福利开支、适当增加货币供给发展生产和精简规章制度。

通货膨胀与经济停滞并存,产业结构和产品结构失衡,治理滞胀、刺激经济增长成为首要目标,此时适用“紧货币松财政”政策。

真题精练

【例3·单项选择题】(　　)是通货膨胀的必然结果,是通货膨胀的主要标志。

A.物价总水平下降　　B.物价总水平上涨

C.纸币增值　　D.货币需求量超过供应量

B　物价总水平上涨是通货膨胀的必然结果,是通货膨胀的主要标志。

【例4·多项选择题】通货紧缩的原因包括(　　)。

A.货币供给减少　　B.有效需求不足

C.供需结构不合理　　D.国际市场的冲击

E.货币供给增加

ABCD　通货紧缩的原因包括:(1)货币供给减少。(2)有效需求不足。(3)供需结构不合理。(4)国际市场的冲击。

第二节　货币政策

一、货币政策的概念和目标 ★★

货币政策是指中央银行为实现特定经济目标而采用的控制和调节货币供应量、信用及利率等方针和措施的总称,是国家调节和控制宏观经济的主要手段之一。

货币政策的目标

(1)最终目标。在现阶段,我国的货币政策目标是“**保持货币币值稳定,并以此促进经济增长**”。

(2)操作目标。通常被采用的**操作目标主要有基础货币和存款准备金**。

(3)中介目标。**中介目标主要包括货币供应量和利率**。现阶段我国货币政策的中介目标主要是货币供应量。

货币政策目标的选择标准

货币政策中介目标和操作目标的选择标准是可观测性、可控性和相关性。

货币政策的传导过程

中央银行货币政策实施传导过程是:中央银行→操作目标→中介目标→最终目标。

真题精练

【例5·判断题】现阶段我国货币政策的中介目标主要是存款准备金。( )

A. 正确　　B. 错误

B　现阶段我国货币政策的中介目标主要是货币供应量。

二、货币政策工具 ★★

1. 一般性货币政策工具

中央银行调节经济时最常用的货币政策工具是一般性货币政策工具,主要包括法定存款准备金政策、再贴现政策及公开市场业务,即中央银行的"三大传统法宝"。

一般性货币政策工具	具体内容
法定存款准备金政策	存款准备金是商业银行为保证客户提取存款和资金清算需要而准备的资金。商业银行存款准备金分为法定存款准备金和超额存款准备金。在法定存款准备金制度下,商业银行必须按照中央银行规定的法定存款准备金率,将其存款的一定比例缴存到中央银行。法律规定金融机构必须存放在中央银行的这部分资金是法定存款准备金。 超额存款准备金是商业银行存放在中央银行的超出法定存款准备金部分的资金,主要用于支付清算、头寸调拨或作为资产运用的备用资金
再贴现政策	再贴现是指金融机构为了取得资金,将未到期的已贴现商业汇票再以贴现方式向中央银行转让的行为
公开市场业务	公开市场业务是指中央银行在金融市场上卖出或买进有价证券,吞吐基础货币,以改变商业银行等金融机构的可用资金,进而影响货币供应量和利率,实现货币政策目标的一种政策措施。中央银行公开市场业务买卖的证券主要是政府公债和国库券。 公开市场业务政策具有主动性、灵活准确性、可逆转性、可微调、操作过程迅速、可持续操作等优点,所以成为中央银行常用的主要货币政策工具

教你一招

再贴现是经常会考到的一个概念,关键词有"未到期""已贴现""中央银行",掌握这三个关键词,遇到此类题基本就能选对了。

知识加油站

公开市场业务中，卖出有价证券是为了减少市场的货币供应量，因为卖出证券的同时收回了一部分货币。

2.其他货币政策工具

（1）选择性货币政策工具。选择性货币政策工具主要包括证券市场信用控制、消费者信用控制、不动产信用控制、优惠利率、预缴进口保证金等。消费者信用控制是指中央银行对不动产以外的各种耐用消费品的销售融资予以控制。主要内容包括规定分期付款购买耐用消费品的首付最低金额、还款最长期限、适用的耐用消费品种类等。

（2）直接性货币政策工具。直接性货币政策工具主要包括利率限制、信用配额、直接干预、流动性比率等。

（3）间接性货币政策工具。间接性货币政策工具主要包括窗口指导、道义劝告、金融检查、公开宣传等。

知识加油站

信用间接控制工具，指中央银行凭借其在金融体制中的特殊地位，通过与金融机构之间的磋商、宣传等，指导其信用活动，以控制信用，其方式主要有窗口指导、道义劝告。

3.创新型货币政策工具

随着利率市场化改革的不断完善，我国中央银行还创设了多种新型政策工具，包括短期流动性调节工具（SLO）、临时流动性便利（TLF）、常备借贷便利（SLF）、中期借贷便利（MLF）、抵押补充贷款（PSL）、定向中期便利（TMLF）。

我国的货币政策工具逐步从数量型向价格型转变。

真题精练

【例6·多项选择题】一般性货币政策工具主要包括（　　）。

A.法定存款准备金政策　　B.再贴现政策
C.公开市场业务　　D.消费者信用控制
E.优惠利率

ABC　一般性货币政策工具主要包括法定存款准备金政策、再贴现政策及公开市场业务，即中央银行的“三大传统法宝”。

三、货币政策传导机制 ★★

货币政策传导机制是指中央银行根据货币政策目标，运用货币政策工具，通过金融机构的经营活动和金融市场进行传导，进而影响企业和家庭的生产、投资和消费等行为，最终对总需求和经济运行产生影响的过程。

（1）传统的利率渠道。利率渠道是指当中央银行采取扩张性货币政策时，货币供应量的增加会降低利率，借贷成本下降，进而会促使企业增加投资支出和消费者增加对耐用品的消费支出。

（2）信贷渠道。信贷渠道是指货币政策工具通过调控货币供给量的增加和减少，影响到银行规模和结构的变化，从而对实际经济产生影响。

（3）**资产价格渠道**。资产价格渠道是指货币政策的变化引起资产价格的变化，进而对微观经济主体的投资和消费产生影响。货币政策的资产价格渠道主要有两种：一种是基于托宾q理论的“托宾效应”。q是指企业的市场价值与资本的重置成本之比，q同投资支出存在正相关关系。另一种是莫迪利安尼的“消费财富效应”，是指货币政策通过货币供给的增减影响股票价格，使公众持有的以股票市值计算的个人财富变动，从而影响其消费支出。

（4）**汇率渠道**。汇率渠道也称国际贸易渠道，是指货币政策的变动通过货币供给量影响汇率，进而对净出口产生影响的过程。

真题精练

【例7·判断题】根据托宾q理论的“托宾效应”，q同投资支出存在正相关关系。（　　）

A. 正确　　　　B. 错误

A　根据托宾q理论的“托宾效应”，q是指企业的市场价值与资本的重置成本之比，q同投资支出存在正相关关系。

第三节　利息与利率

一、利息与利息率的概念 ★★★

利息是指在信用关系中债务人支付给债权人的报酬，也就是资金的价格。利息率是一定时期内利息收入同本金之间的比率，它是计量借贷资本增值程度的数量指标。

二、利息率的主要种类 ★★★

1. **固定利率和浮动利率**

（1）固定利率是指在借贷业务发生时，由借贷双方商定的利率，在整个借贷合同期内，利率不因市场资金供求状况或其他因素而变化。

（2）浮动利率是指银行借贷业务发生时，由借贷双方共同商定并根据市场变化情况进行相应调整的利率。

2. **存款利率与贷款利率**

（1）存款利率是指客户在银行或其他金融机构存款所取得的利息与存款本金的比率。存款利率的高低直接决定了存款人的利息收益和金融机构的融资成本，对金融机构集中社会资金的数量有重要的影响。

（2）贷款利率是指银行或其他金融机构发放贷款所收取的利息与贷款本金的比率。贷款利率的高低直接决定着金融机构的利息收入和借款人的筹资成本，影响着借贷双方的经济利益。

3. **基准利率和市场利率**

（1）基准利率通常是由一个国家中央银行直接制定和调整、在整个利率体系中发挥基础性作用的利率，在市场经济国家主要指再贴现利率。**中国人民银行对商业银行的再**

贷款利率，可以理解为我国目前的基准利率。

(2)市场利率通常是指借贷双方在金融市场上通过竞争所形成的反映一定时期金融市场货币供求关系的利率。

知识加油站

我国有权调整金融机构人民币存贷款基准利率的机构是中国人民银行。

4. **名义利率和实际利率**

名义利率是以名义货币表示的对物价变动因素未作剔除的利率，通常是指商业银行和其他金融机构对社会公布的挂牌利率。**实际利率是指名义利率扣除当期通货膨胀率之后的真实利率**。

教你一招

实际利率 = 名义利率 − 通货膨胀率。

5. 官定利率和公定利率

官定利率是由政府金融管理部门或中央银行根据国家经济发展和金融市场需要所确定和调整的利率。公定利率是由一个国家或地区银行公会(同业协会)等金融机构行业组织所确定的利率。

三、利率市场化 ★★★

利率市场化是指在市场经济中，利率水平及其结构由经济主体自主决定的过程。利率市场化的实质是通过市场机制的作用，使反映资金价格的利率在供求关系的影响下达到均衡，以期实现对资金资源的有效配置。

1. 利率市场化形成机制的组成部分

(1)市场基准利率体系。

(2)以中央银行政策利率为核心的利率调控机制。

(3)金融机构和企业的市场定价能力和利率风险管理能力。

2. 利率市场化对商业银行的影响及对策

(1)影响：利率波动的不确定性影响银行存贷差的利润空间，尤其对国内银行高度依赖利息收入的传统经营模式造成冲击；把定价权交给了市场，对银行金融产品的定价能力和技术水平提出了更高的要求；加大商业银行面临的利率风险、信用风险、流动性风险等一系列风险；改变商业银行外部经营环境，影响银行业的竞争格局，使竞争日益激烈；影响商业银行的资产负债结构，增加了资本管理难度。

(2)机遇：利率市场化有利于扩大商业银行经营自主权，有利于商业银行开展金融产品创新；利率市场化给商业银行创造更加自由的经营环境，有利于促进资源的优化配置；利率市场化增加了商业银行主动匹配资产与负债的手段。

(3)对策：向综合化经营模式转变，调整盈利模式及收入结构，积极开展产品创新，加快中间业务发展，摆脱利差利润的限制；建立科学的产品定价体系，提升自身的定价能力；调整存贷款的客户结构、产品结构，优化资产负债结构，降低经营成本；完善信用评估体系，建立健全信用评估方法和相关制度，加强信用风险管理能力，避免信用风险增加带来的潜在危机；丰富和提高商业银行的管理方法和水平，完善管理体制，为银行取得收益提供保障。

知识加油站

利率市场化是指金融机构在货币市场经营融资的利率水平。它是由市场供求来决定,包括利率决定、利率传导、利率结构和利率管理的市场化。

我国利率市场化改革的总体思路为:先放开货币市场利率和债券市场利率,再逐步推进存、贷款利率的市场化。其中,存、贷款利率市场化按照“先外币、后本币;先贷款、后存款;先长期、大额,后短期、小额”的顺序进行。

第四节 外汇与汇率

一、概述 ★★★

1. 外汇的概念

外汇是指以外币表示的可以用做国际结算的支付手段和资产。

我国2008年8月修订的《中华人民共和国外汇管理条例》明确规定:“本条例所称外汇,是指下列以外币表示的可以用做国际清偿的支付手段和资产:外币现钞,包括纸币、铸币;外币支付凭证或者支付工具,包括票据、银行存款凭证、银行卡等;外币有价证券,包括债券、股票等;特别提款权;其他外汇资产。”

外汇一般常指自由外汇,作为自由外汇必须同时具备以下特征:以外币表示的外国金融资产;在国外能够得到偿付的货币债权;可以兑换成其他支付手段的外币资产。

2. 汇率及其标价方法

汇率是指两种货币的折算比率,是以一国货币来表示的另一国货币的价格。

汇率有不同的标价方法,最常使用的是直接标价法和间接标价法。

(1)**直接标价法是以一定单位的外币作为标准,来计算应付多少本币的标价方法,又称为应付标价法**。在直接标价法下,外币的数额作为标准保持固定不变,应付本币金额随着外币和本币币值的变化而变动。

(2)**间接标价法是以一定单位的本币作为标准,来计算应收多少外币的标价方法,又称为应收标价法**。在间接标价法下,本币的数额作为标准保持固定不变,应收外币金额随着本币和外币币值的变化而变动。

要点点拨

目前,世界上绝大多数国家都采用直接标价法,我国人民币汇率也采用这种标价方法。只有少数国家的货币如英国和美国等采用间接标价法。

3. 汇率的种类

(1)**固定汇率和浮动汇率**。固定汇率是指本国货币与其他国家货币之间维持一个固定比率,汇率波动只能限制在一定范围内,由官方干预来保证汇率的稳定。浮动汇率是本国货币与其他国家货币之间的汇率不由官方制定,而由外汇市场供求关系决定,可以自由浮动,官方在汇率出现过度波动时才干预市场。这是布雷顿森林体系解体后西方国家普遍实行的汇率制度。**浮动汇率制度又可以进一步分为自由浮动、管理浮动、联合浮动、钉住浮动等**。

（2）**即期汇率和远期汇率**。即期汇率也称为现汇汇率，是指买卖外汇双方成交当天或两天以内进行交割的汇率。远期汇率是在未来一定时期进行交割，而事先由买卖双方签订合同、达成协议的汇率。到了交割日期，由协议双方按预定的汇率、金额进行钱汇两清。

（3）**官方汇率和市场汇率**。官方汇率是外汇管制较严格的国家授权其外汇管理当局制定并公布的本国货币与其他各种货币之间的外汇牌价。市场汇率是外汇管制较松的国家在自由外汇市场上进行外汇交易的汇率。

（4）**名义汇率和实际汇率**。名义汇率是由官方公布的或在市场上通行、没有剔除通货膨胀因素的汇率。**实际汇率是在名义汇率的基础上剔除了通货膨胀因素后的汇率。**

真题精练

【例8·单项选择题】我国人民币汇率采用的标价方法是（　　）。

A. 直接标价法　　B. 间接标价法

C. 混合标价法　　D. 应收标价法

A　目前，世界上绝大多数国家都采用直接标价法，我国人民币汇率也采用这种标价方法。

二、汇率变动的影响因素 ★★★

在纸币制度下影响汇率变动的因素主要有以下几个方面：

（1）**国际收支**。国际收支是影响汇率变动的最重要因素。当一国存在较大国际收支逆差时，说明本国外汇收入比外汇支出少，对外汇的需求大于外汇供给，会造成外汇汇率上涨，本币对外贬值；反之，当一国处于国际收支顺差时，说明本国出口增加、外汇收入增加，而进口减少、外汇支付减少，这时，外汇供给大于支出，从而造成本币对外升值，外汇汇率下跌。

（2）**利率水平**。当一国提高利率水平或本国利率高于外国利率时，会引起资本流入，由此对本国货币需求增大，使本币升值，外汇贬值；反之，当一国降低利率或本国利率低于外国利率时，会引起资本从本国流出，由此对外汇需求增大，外汇升值，本币贬值。

（3）**通货膨胀因素**。在一国发生通货膨胀的情况下，该国货币所代表的价值量就会减少，其实际购买力也随之下降，于是其对外币比价同样趋于下跌。

（4）**政府干预**。各国政府为了稳定外汇市场，或者使汇率的变动控制在一定范围内，通常要对外汇市场进行干预。这种干预的形式主要是直接在外汇市场上买进或卖出外汇，以改变外汇供求关系，促使汇率发生变化。

（5）**一国经济实力**。一国经济实力的强弱是奠定其货币汇率高低的基础。与其他因素相比较，一国经济实力强弱对汇率变化的影响是长期的。

（6）**其他因素**。一些非经济因素、非市场因素的变化往往也会波及外汇市场，如一国政局不稳，有关国家领导人更替、战争爆发等。另外黄金市场、股票市场、石油市场等其他投资品市场价格发生变化也会引致外汇市场汇率波动。

知识加油站

当一国货币对外贬值时，出口商所换回的外汇可以在国内兑换更多的本国货币，而进口商则需要支付更多的本国货币兑换进口所需的外汇，因此，一国货币对外贬值时会刺激出口、抑制进口。反之，若一国货币对外升值，不利于出口，有利于进口，导致该国贸易收支的恶化。

三、汇率制度 ★★★

1. 汇率制度的含义及内容

汇率制度又称汇率安排，是指一国货币当局对其货币汇率的变动所做的一系列安排或规定的统称。

2. 汇率制度的分类

(1)固定汇率制度。固定汇率制度是指各国货币的交换价值按照某些共同接受的价值为参照物，形成汇率之间的固定比值，货币当局把汇率波动幅度限制在一定范围之内的汇率制度。

(2)浮动汇率制度。浮动汇率制度是指一国不再规定其货币的金平价及现实汇率的波动幅度，货币当局也不再承担维持汇率波动界限的义务，而是由外汇市场的供求变化来决定货币汇率水平的汇率制度。

3. 我国的汇率制度

目前，我国实行以市场供求为基础、参考一篮子货币进行调节、有管理的浮动汇率制度。这主要包括三个方面的内容：第一，以市场供求为基础的汇率浮动，发挥汇率的价格信号作用；第二，根据经常项目主要是贸易平衡状况动态调节汇率浮动幅度，发挥“有管理”的优势；第三，参考一篮子货币，即从一篮子货币的角度看汇率，不片面地关注人民币与某个单一货币的双边汇率。

↓码上看总结↓

章节自测

一、单项选择题(在以下各小题所给出的四个选项中，只有一个选项符合题目要求，请将正确选项的代码填入括号内)

1. 在商品交换中，当货币作为交换的媒介实现商品的价值时就执行(　　)的职能。

A. 价值尺度　　B. 贮藏手段
C. 支付手段　　D. 流通手段

2. 在一般情况下，货币需求量与收入水平(　　)。

A. 成正比　　B. 成反比
C. 没有直接关系　　D. 以上说法都不正确

3. 2022 年，某国待售商品量 1 000 亿件，平均每件售价 15 元，该年度货币流通次数为 3 次，则该国本年度流通中所需要的货币量为(　　)亿元。

A. 1 000　　B. 2 000
C. 5 000　　D. 15 000

4. 在现代信用制度中，(　　)是存款人可以随时提取的一种存款。

A. 活期存款　　B. 定期存款
C. 公积金存款　　D. 个人通知存款

5. 银行借贷业务发生时，由借贷双方共同商定并根据市场变化情况进行相应调整的利率是(　　)。
A. 固定利率　　B. 浮动利率
C. 存款利率　　D. 贷款利率
6. 我国目前的基准利率是(　　)。
A. 中国人民银行对商业银行的再贷款利率　B. 中国人民银行对商业银行的贷款利率
C. 商业银行的贷款利率　　D. 商业银行的存款利率
7. 下列不属于货币行政当局的是(　　)。
A. 中央银行　　B. 货币机构
C. 财政部　　D. 商业银行
8. 下列不属于浮动汇率制度的是(　　)。
A. 自由浮动　　B. 管理浮动
C. 联合浮动　　D. 相机抉择

二、多项选择题(在以下各小题所给出的选项中，至少有两个选项符合题目要求，请将正确选项的代码填入括号内)

1. 在交换发展过程中，商品的价值表现经历了(　　)阶段，并最终产生货币。
A. 简单的价值形式　　B. 扩大的价值形式
C. 一般价值形式　　D. 复杂价值形式
E. 货币价值形式
2. 货币的职能包括(　　)。
A. 价值尺度　　B. 流通手段
C. 贮藏手段　　D. 支付手段
E. 世界货币
3. 影响货币乘数的因素主要有(　　)。
A. 法定存款准备金率　　B. 现金漏损率
C. 超额准备金率　　D. 定期存款的存款准备金率
E. 活期存款的存款准备金率
4. 通货膨胀对社会经济的影响包括(　　)。
A. 不利于生产正常发展　　B. 有利于债务人而不利于债权人
C. 打乱了正常的商品流通秩序　　D. 导致社会总投资减少
E. 减少消费需求
5. 公开市场业务政策的优点包括(　　)。
A. 主动性　　B. 灵活准确性
C. 可逆转性　　D. 可微调
E. 可持续操作
6. 货币政策传导渠道主要有(　　)。
A. 利率渠道　　B. 信贷渠道
C. 资产价格渠道　　D. 汇率渠道
E. 资产创造渠道

三、判断题(请判断以下各小题的正误，正确的选A，错误的选B)

1. 货币是随着资本经济发展而产生的，是资本生产和资本交换发展的产物。(　　)
A. 正确　　B. 错误

2. 货币执行价值尺度时可以是观念形态的货币。 ( )
A. 正确 B. 错误
3. 一般来说,只有中央银行才有权经营活期存款。 ( )
A. 正确 B. 错误

答案详解

一、单项选择题

1. D。【解析】在商品交换中,当货币作为交换的媒介实现商品的价值时就执行流通手段的职能。

2. A。【解析】在一般情况下,货币需求量与收入水平成正比。

3. C。【解析】根据货币流通规律的公式可得,该国本年度货币需求量 = 物价水平 × 社会商品可供量/货币流通速度 = 15 × 1 000/3 = 5 000(亿元)。

4. A。【解析】在现代信用制度中,活期存款是存款人可以随时提取的一种存款。

5. B。【解析】浮动利率是指银行借贷业务发生时,由借贷双方共同商定并根据市场变化情况进行相应调整的利率。

6. A。【解析】中国人民银行对商业银行的再贷款利率,是我国目前的基准利率。

7. D。【解析】货币行政当局包括中央银行、货币机构、外汇平准基金和财政部,不包括选项 D。

8. D。【解析】浮动汇率制度是布雷顿森林体系解体后西方国家普遍实行的汇率制度,又可以进一步分为自由浮动、管理浮动、联合浮动、钉住浮动等。

二、多项选择题

1. ABCE。【解析】在交换发展过程中,商品的价值表现经历了简单的价值形式、扩大的价值形式、一般价值形式、货币价值形式四个阶段,并最终产生货币。

2. ABCDE。【解析】货币的职能包括:(1)价值尺度。(2)流通手段。(3)贮藏手段。(4)支付手段。(5)世界货币。

3. ABCD。【解析】影响货币乘数的因素主要有:(1)法定存款准备金率。(2)现金漏损率。(3)超额准备金率。(4)定期存款的存款准备金率。

4. ABC。【解析】选项 D、E 属于通货紧缩的影响。

5. ABCDE。【解析】公开市场业务政策具有主动性、灵活准确性、可逆转性、可微调、操作过程迅速、可持续操作等优点,所以成为中央银行常用的主要货币政策工具。

6. ABCD。【解析】不同的货币政策传导机制理论,提出了不同的货币政策传导渠道,其传导渠道主要有利率渠道、信贷渠道、资产价格渠道、汇率渠道等。

三、判断题

1. B。【解析】货币是随着商品经济的发展而产生的,是商品生产和商品交换发展的产物。

2. A。【解析】货币执行价值尺度时可以是观念形态的货币。

3. B。【解析】一般来说,只有商业银行才有权经营活期存款,在此基础上,形成商业银行创造存款即创造信用货币的能力。

第三章

金融市场

考情直击

本章的主要内容是金融市场的功能、种类,我国金融市场组织体系。分析近几年的考试情况,本章的常考点有金融市场的分类、功能,金融工具的特点、种类,货币市场与资本市场的划分,我国的金融机构、监管机构、自律组织,银行业金融机构与非银行业金融机构的区分等,在考试中约占4~6分。

考纲要求

金融市场

考试内容	能力等级
金融市场的内容、特点和分类	了解
金融工具的特点及种类	掌握
央行、金融监管机构、金融机构及自律组织的分类和职能	熟悉
金融机构的基本业务、职能、经营特点	掌握

知识解读

第一节　金融市场概述

一、金融市场的主体和客体 ★

金融市场是指货币资金融通和金融工具交易的场所。金融市场的融资行为既包括以银行等金融机构为信用媒介的间接融资行为,也包括各类交易主体之间的直接融资行为。

金融市场的主体是各类融资活动的参与者,它们既是资金的供应者,也是资金的需求者,一般包括工商企业、金融机构、中央银行、居民个人与家庭、政府、海外投资者等。金融市场的客体是金融交易对象。金融市场的交易对象是货币资金,通常以金融工具为载体。

真题精练

【例1·单项选择题】金融市场的客体是(　　)。

A. 海外投资者　　B. 政府

C. 中央银行　　D. 金融交易对象

D　金融市场的客体是金融交易对象。金融市场的交易对象是货币资金,通常以金融工具为载体。

二、金融市场的功能和种类 ★

1. 金融市场的功能

(1)货币资金融通功能。

(2)优化资源配置功能。

(3)风险分散与风险管理功能。

(4)经济调节功能。

(5)交易及定价功能。

(6)反映经济运行的功能。金融市场是国民经济景气情况的重要信号系统,是反映国民经济情况的"晴雨表"。

要点点拨

融通货币资金是金融市场最主要、最基本的功能。

2. 金融市场的种类

(1)**按金融工具的期限划分可分为货币市场(短期)和资本市场(长期)**。

(2)**按具体的交易工具类型划分可分为债券市场、票据市场、外汇市场、股票市场、黄金市场等**。

(3)**按金融工具发行和流通的阶段划分可分为发行市场和流通市场**。

①发行市场也称为一级市场,是债券、股票等金融工具初次发行、供投资者认购投资的市场。

②流通市场也称为二级市场,是对已上市的金融工具(如债券、股票等)进行买卖转让的市场。

(4)**按交割时间划分可分为现货市场和期货市场**。

①现货市场是当日成交,当日、次日或隔日等几日内进行交割(一方支付款项、另一方交付证券等金融工具)的市场。

②期货市场是进行期货交易的场所,是将款项和证券等金融工具的交割放在成交后的某一约定时间(如一个月、两个月、三个月或半年等,一般在一个月以上、一年之内)进行的市场。

(5)**按交易场所和空间划分可分为有形市场(又称场内交易市场)和无形市场(又称场外交易市场)**。

①有形市场是指有固定场所、有专门的组织机构和人员、有专门设备的金融交易市场,如股票交易所。

②无形市场是指没有固定交易场所和交易设施、交易者通过经纪人或交易商的电话、网络等洽谈成交的市场。

(6)按照资金融资方式可分为直接融资市场和间接融资市场。

①直接融资市场是指资金的供给者直接向资金需求者进行融资的市场。

②间接融资市场是指通过银行等信用中介机构进行资金融通的市场。

知识加油站

金融市场的发展既为商业银行的经营提供了风险管理工具，但同时也会放大银行经营的风险。

真题精练

【例2·多项选择题】金融市场的功能包括(　　)。

A. 货币资金融通功能　　B. 优化资源配置功能

C. 风险分散与风险管理功能　　D. 经济调节功能

E. 交易及定价功能

ABCDE　金融市场的功能包括：(1)货币资金融通功能。(2)优化资源配置功能。(3)风险分散与风险管理功能。(4)经济调节功能。(5)交易及定价功能。(6)反映经济运行的功能。

【例3·单项选择题】(　　)是国民经济景气情况的重要信号系统，是反映国民经济情况的"晴雨表"。

A. 商品市场　　B. 金融市场

C. 经济市场　　D. 资金市场

B　金融市场是国民经济景气情况的重要信号系统，是反映国民经济情况的"晴雨表"。

三、金融工具 ★★★

金融工具是用来证明融资双方权利义务的条约，是证明债权、债务关系的合法书面凭证，是金融交易的载体。其特点有：

(1)流动性。流动性是指信用工具迅速变现而不致遭受损失的能力。

(2)收益性。收益性即信用工具能定期或不定期地给持有者带来收益，收益的大小通过收益率来反映。

(3)风险性。风险性是指信用工具的本金和预期收益的安全保证程度。

金融工具的类型	划分依据及具体内容
短期金融工具和长期金融工具	按期限的长短划分，金融工具分为短期金融工具和长期金融工具。 (1)短期金融工具的期限一般在一年以下（含一年），如商业票据、短期国库券、银行承兑汇票、可转让大额定期存单、回购协议等。 (2)长期金融工具的期限一般在一年以上，如股票、企业债券、长期国债等

（续表）

金融工具的类型	划分依据及具体内容
直接融资工具和间接融资工具	按融资方式划分，金融工具可分为直接融资工具和间接融资工具。 (1)**直接融资工具包括政府、企业发行的国库券、企业债券、商业票据、公司股票等**。 (2)**间接融资工具包括银行债券、银行承兑汇票、可转让大额存单、人寿保险单等**
债权工具、股权工具和混合工具	按投资者所拥有的权利划分，金融工具可分为债权工具、股权工具和混合工具。债权工具的代表是债券，股权工具的代表是股票，混合工具的代表是可转换公司债券和证券投资基金

知识加油站

银行将根据客户的经济状况、风险偏好、消费计划及其生命周期特点，为客户选择合适的金融产品和投资工具。

真题精练

【例4·单项选择题】下列不属于金融工具的特点的是(　　)。

A. 流动性　　B. 收益性

C. 风险性　　D. 稳定性

D　金融工具的特点包括:(1)流动性。(2)收益性。(3)风险性。

第二节　货币市场和资本市场

一、货币市场、资本市场的概念及特点 ★★★

1. 货币市场的概念和特点

货币市场是指以短期金融工具为媒介进行的、**期限在一年以内（含一年）**的短期资金融通市场。其特点包括:**低风险、低收益；期限短、流动性高；交易量大、交易频繁**。

2. 资本市场的概念和特点

资本市场是指以长期金融工具为媒介进行的、期限在**一年以上**的长期资金融通市场，主要**包括债券市场和股票市场**。其特点包括:**风险大、收益较高、期限长、流动性差**。

近年来，随着我国金融市场改革开放不断深入，货币市场、资本市场等直接融资市场加快创新与发展，“银行主导型”的市场格局正在发生根本改变，我国的金融“脱媒”现象也日益突出。

真题精练

【例 5 · 单项选择题】下列关于货币市场主要特点的说法中，错误的是（　　）。

A. 低风险、低收益　　B. 高风险、高收益

C. 期限短、流动性高　　D. 交易量大、交易频繁

B　货币市场的主要特点包括：（1）低风险、低收益。（2）期限短、流动性高。（3）交易量大、交易频繁。

二、货币市场的种类 ★★★

货币市场种类	具体内容
同业拆借市场	同业拆借市场是银行等金融机构间的短期资金借贷市场。同业拆借市场具有以下特点： （1）资金融通的期限较短，主要用于金融机构临时性资金需要。 （2）同业拆借是在**无担保**条件下进行的资金与信用的直接交换，潜在**信用风险较高**，因此**要求拆借主体具有较高的信用等级**。 （3）同业拆借形成的资金价格信号，反映了整个金融体系的资金供求状况和流动性状况，在货币政策传导和整个金融市场中起到基础性作用
回购市场	回购市场是指对回购协议进行交易的短期融资市场。回购协议是指交易的一方将持有的债券卖出，并在未来约定的日期以约定的价格将债券买回的协议
票据市场	票据是约定由债务人按期无条件支付一定金额，并可以转让流通的债务凭证。**票据主要有三类，即汇票、本票、支票**。票据市场主要包括票据承兑市场和票据贴现市场。 商业汇票由企业签发，向银行申请办理承兑，银行承诺商业汇票到期日支付汇票金额。商业汇票承兑后，持票企业可以背书转让，也可以向银行申请贴现。贴现是指商业票据的持票人将其持有的未到期商业票据转让给银行，银行扣除贴息后将余款支付给持票人
大额可转让定期存单市场	大额可转让定期存单，简称 CDs，是由商业银行发行的、有固定面额和约定期限并可以在市场上转让流通的存款凭证

要点点拨

大额可转让定期存单与传统的定期存款相比具有以下不同的特点：

（1）定期存款记名而且不可以转让，没有特定的流通市场；大额可转让定期存单则是不记名而且可以转让，有专门的大额可转让定期存单二级市场可以进行流通转让。

（2）定期存款金额往往根据存款人意愿决定，数额大小并不固定；大额可转让定期存单则一般面额固定，而且都比较大。

（3）定期存款可以提前支取，只是所得利息要低于原来的固定利率计算的利息；大额可转让定期存单不可提前支取，但可以在二级市场上转让。

真题精练

【例6·判断题】定期存款不记名而且可以转让,大额可转让定期存单可以在二级市场上进行流通转让。( )

A.正确　　B.错误

B 定期存款记名而且不可以转让。大额可转让定期存单不记名而且可以转让,有专门的大额可转让定期存单二级市场可以进行流通转让。

三、资本市场的种类 ★★★

1.股票市场

股票市场是专门对股票进行公开交易的市场,包括股票的发行与转让。

股票是股份有限公司发行的、用以证明投资者的股东身份和权益,并据以获得股息和红利的凭证。

股票的分类包括:

(1)按股票所代表的股东权利划分可分为**普通股和优先股**。

①普通股股票是股票中最普遍的一种形式,是股份公司最重要的股份,其持有人享有股东的基本权利和义务。**普通股股东享有的主要权利有:经营决策的参与权;公司盈余的分配权;剩余财产索取权;优先认股权**。

②优先股是相对于普通股股票而言的,是股东权利受到一定限制,但在公司盈余和剩余资产分配上享有优先权的股票。优先股股东享有的主要权利有:优先按约定方式领取股息;优先清偿权;限制参与经营决策;优先股股息是固定的。

(2)按照是否记载股东姓名,可以分为**记名股票和无记名股票**。

①记名股票是指在股票和股份公司股东名册上记载股东姓名的股票。

②无记名股票是指在股票票面和股份公司股东名册上均不记载股东姓名的股票。

(3)按照是否在股票面额上标明金额,可以分为**有面额股票和无面额股票**。

①有面额股票是指在股票票面上记载一定金额的股票。记载的账面金额叫票面价值。大多数国家的股票都是有面额股票。

②无面额股票是指在股票票面上不记载股票面额,只注明它在公司总股本中所占有比例的股票。无面额股票没有票面价值,但有账面价值,其价值反映在股票发行公司的账面上。

(4)按照是否有实物载体,可以分为实体股票和记账股票。

①实体股票是指股份公司向股东发行纸质的票据,作为其持有股份的表现形式。

②记账股票是指不发行股票实体,只做股东名册登记的股票。

(5)我国的股票根据上市地点及股票投资者的不同,分为**A股、B股、H股、N股**等几种。

①**A股**是以**人民币标明面值**、以**人民币认购**和进行交易、供国内投资者买卖的股票。

②**B股**又称为**人民币特种股票**,是指以**人民币标明面值**、以**外币认购**和进行交易、专供外国和我国香港、澳门、台湾地区的投资者买卖的股票。

③**H股**是指由**中国境内注册**的公司发行、直接在**中国香港上市**的股票。

④**N股**是指由**中国境内注册**的公司发行、直接在**美国纽约上市**的股票。

(6)我国的股票根据投资主体的性质的不同，还可以分为**国家股、法人股、社会公众股**。

①国家股是指有权代表国家投资的部门或机构，以国有资产向公司投资形成的股份，包括公司现有国有资产折算成的股份。

②法人股是指企业法人或具有法人资格的事业单位和社会团体，以其依法可支配的资产投入公司形成的股份。

③社会公众股是指社会公众(个人和机构)，依法以其拥有的财产向可上市流通股权部分投资所形成的股份。

我国多层次股票市场分为场内市场和场外市场，场内市场主要包括沪深主板市场、中小企业板市场和创业板市场，场外市场包括全国中小企业股份转让系统、区域股权交易市场以及已试点的券商柜台交易市场。

知识加油站

在创业板市场上市的公司大多从事高科技业务，具有较高的成长性，但往往成立时间较短，规模较小，业绩也不突出，但有很大的成长空间。可以说，创业板是一个门槛低、风险大、监管严格的股票市场，也是一个孵化科技型、成长型企业的摇篮。根据规定，到创业板上市的企业应当是依法设立且持续经营三年以上的股份有限公司。

2. 长期债券市场

债券市场是指债券发行和交易的场所。作为金融市场的一个重要组成部分，**债券市场具有融资功能、资源优化配置功能、投资功能、宏观调控功能以及防范金融风险功能**。作为资本市场的重要组成部分，长期债券市场是指政府、企业和金融机构等募集长期资金的主要场所。

债券是债务人向债权人出具的、在一定时期支付利息和到期归还本金的债权债务凭证，一般要载明债券发行机构、面额、期限、利率等事项。按发行主体分类可分为国家债券、地方政府债券、公司债券和金融债券。按利率是否固定分类可分为固定利率债券、浮动利率债券。按利息支付方式分类可分为普通债券、附息债券、贴现债券、零息债券。按有无担保分类可分为信用债券、担保债券。按是否可转换可分为可转换债券与不可转换债券。按募集方式可分为公募债券和私募债券。

(1)债券的发行与定价。债券的发行是通过债券发行市场即一级市场来完成。债券的发行方式分为直接发行和间接发行两种。债券的发行价格是指债券原始投资者购入债券时应支付的市场价格，它与债券的面值可能一致也可能不一致。**影响债券定价的因素**包括：

①**内部因素，包括债券的面值、债券的票面利息、债券的有效期、是否可提前赎回、是否可以转换、税收待遇、流通性、违约的可能性等**。

②**外部因素，包括贴现率、基准利率、市场利率、通货膨胀水平、市场汇率等**。

③**发行人发行成本**。支付给承销商的费用就是发行成本，主要包括债券印刷费、发行手续费、宣传广告费、律师费、担保抵押费、信用评级和资产重估费用、其他发行费用等。

(2)债券价格指数。债券价格指数是反映债券市场价格总体走势的指标体系。中债指数产品体系主要包括中债总指数、中债成分指数、中债定制指数、中债策略型指数、中债投资者分类指数、中债外币计价指数、中债绿色系列指数、中债美元债券指数、中债离岸人民币债指数等。

真题精练

【例7·单项选择题】(　　)是指由中国境内注册的公司发行、直接在美国纽约上市的股票。

A. A股　　B. B股

C. H股　　D. N股

D　N股是指由中国境内注册的公司发行、直接在美国纽约上市的股票。

【例8·多项选择题】按照是否有实物载体,股票可以分为(　　)。

A. 实体股票　　B. 记账股票

C. 记名股票　　D. 无记名股票

E. 有面额股票

AB　按照是否有实物载体,股票可以分为实体股票和记账股票。选项C、D属于股票按照是否记载股东姓名的分类。

第三节　我国金融市场组织体系

一、货币当局 ★★

货币当局包括中国人民银行、国家外汇管理局。

中国人民银行是我国的中央银行,是国务院组成部门之一,是代表政府干预经济、管理金融的国家机关。国家外汇管理局是依法进行外汇管理的行政机构,是国务院部委管理的国家局,由中国人民银行管理。

2018年3月,组建中国银行保险监督管理委员会后,原银监会、原保监会拟订银行业、保险业重要法律法规草案和审慎监管基本制度的职责划入中国人民银行。

真题精练

【例9·单项选择题】下列属于货币当局的是(　　)。

A. 金融监管机构　　B. 银行业金融机构

C. 保险类金融机构　　D. 国家外汇管理局

D　货币当局包括中国人民银行和国家外汇管理局。

二、金融监督管理机构 ★★

金融监督管理机构包括中国银行保险监督管理委员会、中国证券监督管理委员会。

1. 中国银行保险监督管理委员会

中国银行保险监督管理委员会(简称:中国银保监会或银保监会)成立于2018年,是国务院直属事业单位,其主要职责是依照法律法规统一监督管理银行业和保险业,维护银行业和保险业合法、稳健运行,防范和化解金融风险,保护金融消费者合法权益,维护金融稳定。

2018 年 4 月 8 日上午，中国银行保险监督管理委员会正式挂牌，中国银行业监督管理委员会和中国保险监督管理委员会成为历史。

2. 中国证券监督管理委员会

中国证券监督管理委员会是国务院直属正部级事业单位，依照法律、法规和国务院授权，统一监督管理全国证券期货市场，维护证券期货市场秩序，保障其合法运行。

知识加油站

直接审批银行业金融机构的设立属于中国银保监会的职责。

真题精练

【例 10 · 单项选择题】中国银行保险监督管理委员会正式挂牌于（　　）。

A. 2018 年 4 月 8 日　　B. 2018 年 3 月 18 日

C. 2018 年 5 月 13 日　　D. 2018 年 6 月 8 日

A　2018 年 4 月 8 日上午，中国银行保险监督管理委员会正式挂牌，中国银行业监督管理委员会和中国保险监督管理委员会成为历史。

三、银行业金融机构和非银行业金融机构 ★★

银行业金融机构		非银行业金融机构	
开发性金融机构和政策性银行	我国开发性金融机构是国家开发银行。 我国政策性银行包括中国进出口银行、中国农业发展银行	证券期货类金融机构	证券期货类金融机构主要包括证券公司、证券交易所、中国证券登记结算有限责任公司、基金管理公司、期货公司、中国金融期货交易所等
商业银行	商业银行包括大型商业银行、股份制商业银行、城市商业银行、农村中小金融机构、中国邮政储蓄银行、外资银行等	保险类金融机构	保险类金融机构主要包括保险公司、保险专业中介机构、保险资产管理公司等
其他银行业金融机构	由中国银行业监督管理机构负责监管的其他银行业金融机构包括金融资产管理公司、信托公司、企业集团财务公司、金融租赁公司、汽车金融公司、货币经纪公司、贷款公司和消费金融公司	其他金融机构	其他金融机构是金融体系的重要组成部分，主要包括金融控股公司、小额贷款公司、第三方支付公司、融资性担保公司等准金融机构

教你一招

金融资产管理公司、信托公司、企业集团财务公司、金融租赁公司、汽车金融公司、货币经纪公司、贷款公司和消费金融公司，是非银行金融机构，但属于银行业金融机构。这一点非常容易混淆，在答题时应看清楚题目表述，才能做出正确的选择。

四、金融行业自律组织 ★★

1. 中国银行业协会

中国银行业协会是我国银行业自律组织，是全国性非营利社会团体。凡经中国银行业监督管理机构批准设立的、具有独立法人资格的银行业金融机构以及经相关监管机构批准、具有独立法人资格、在民政部门登记注册的各省银行业协会均可申请加入中国银行业协会成为会员单位。

2. 中国证券业协会

中国证券业协会是依据《中华人民共和国证券法》和《社会团体登记管理条例》的有关规定设立的全国性证券业自律组织，是非营利性社会团体法人。

3. 中国期货业协会

中国期货业协会成立于2000年12月，是全国期货行业自律性组织，为非营利性的社会团体法人。协会接受中国证监会和国家社会团体登记管理机关的业务指导和管理。

4. 中国证券投资基金业协会

中国证券投资基金业协会是依法设立的，由证券投资基金行业相关机构自愿结成的全国性、行业性、非营利性社会组织，从事非营利性活动。

5. 中国保险行业协会

中国保险行业协会是经原中国保险监督管理委员会审查同意并在中华人民共和国民政部登记注册的中国保险业的全国性自律组织，是非营利性社会团体法人。中国保险行业协会成立于2001年2月。

6. 中国银行间市场交易商协会

中国银行间市场交易商协会经国务院同意、民政部批准于2007年9月成立，为全国性的非营利性社会团体法人，其业务主管部门为中国人民银行。中国银行间市场交易商协会是由市场参与者自愿组成的，包括银行间债券市场、同业拆借市场、外汇市场、票据市场和黄金市场在内的银行间市场的自律组织。

7. 中国信托业协会

中国信托业协会是全国性信托业自律组织，是经中国银行保险监督管理委员会同意并在中华人民共和国民政部登记注册的非营利性社会团体法人。

8. 中国互联网金融协会

中国互联网金融协会2015年由中国人民银行会同原银监会、证监会、原保监会等国家有关部委组织建立的国家级互联网金融行业自律组织。主要职责是互联网金融行业自律管理。

章节自测

一、单项选择题(在以下各小题所给出的四个选项中,只有一个选项符合题目要求,请将正确选项的代码填入括号内)

1. 金融市场最主要、最基本的功能是(　　)。
A. 货币资金融通功能　　B. 优化资源配置功能
C. 经济调节功能　　D. 反映经济运行的功能

2. 按交割时间划分,金融市场可分为(　　)。
A. 货币市场和资本市场　　B. 发行市场和流通市场
C. 现货市场和期货市场　　D. 有形市场和无形市场

3. (　　)也称为二级市场,是对已上市的金融工具进行买卖转让的市场。
A. 货币市场　　B. 资本市场
C. 发行市场　　D. 流通市场

4. 下列属于短期金融工具的是(　　)。
A. 股票　　B. 商业票据
C. 企业债券　　D. 长期国债

5. 下列不属于货币市场的是(　　)。
A. 同业拆借市场　　B. 股票市场
C. 回购市场　　D. 大额可转让定期存单市场

6. 资本市场是指以长期金融工具为媒介进行的、期限在(　　)年以上的长期资金融通市场。
A. 1　　B. 2
C. 3　　D. 5

7. 以下属于影响债券定价的外部因素的是(　　)。
A. 债券的面值　　B. 是否可提前赎回
C. 税收待遇　　D. 贴现率

8. 下列不属于商业银行的是(　　)。
A. 城市商业银行　　B. 中国邮政储蓄银行
C. 中国农业发展银行　　D. 外资银行

二、多项选择题(在以下各小题所给出的选项中,至少有两个选项符合题目要求,请将正确选项的代码填入括号内)

1. 金融市场的主体包括(　　)。
A. 工商企业　　B. 金融机构
C. 中央银行　　D. 居民个人和家庭
E. 政府

2. 按具体的交易工具类型划分,金融市场可分为(　　)。
A. 债券市场　　B. 票据市场
C. 外汇市场　　D. 股票市场
E. 黄金市场

3. 下列属于间接融资工具的是(　　)。
A. 银行债券　　B. 银行承兑汇票
C. 可转让大额存单　　D. 企业债券
E. 商业票据

4. 优先股股东享有的主要权利有(　　)。
A. 优先按约定方式领取股息
B. 优先清偿权
C. 限制参与经营决策
D. 经营决策的参与权
E. 公司盈余的分配权

5. 按发行主体分类,债券可分为(　　)。
A. 国家债券
B. 地方政府债券
C. 金融债券
D. 公司债券
E. 普通债券

6. 金融行业自律组织包括(　　)。
A. 中国银行业协会
B. 中国证券业协会
C. 中国期货业协会
D. 中国证券投资基金业协会
E. 中国保险行业协会

三、判断题(请判断以下各小题的正误,正确的选 A,错误的选 B)

1. 资本市场是长期资金融通市场,在资本市场上,发行主体所筹集的资金大多用于固定资产的投资,偿还期长,流动性相对较小,风险相对较高,被当作固定资产投资的资本来运用。(　　)
A. 正确
B. 错误

2. 有形市场是指有固定场所、有专门的组织机构和人员、有专门设备的金融交易市场,一般也称为场外交易市场。(　　)
A. 正确
B. 错误

3. 一般来说,金融工具的流动性与偿还期限成正比,而与债务人的信用能力成反比。(　　)
A. 正确
B. 错误

4. 债券的发行是通过债券发行市场即一级市场来完成。(　　)
A. 正确
B. 错误

答案详解

一、单项选择题

1. A。【解析】融通货币资金是金融市场最主要、最基本的功能。

2. C。【解析】按交割时间划分,金融市场可分为现货市场和期货市场。选项 A 是金融市场按金融工具的期限的分类;选项 B 是金融市场按金融工具发行和流通的阶段的分类;选项 D 是金融市场按交易场所和空间的分类。

3. D。【解析】流通市场也称为二级市场,是对已上市的金融工具(如债券、股票等)进行买卖转让的市场。

4. B。【解析】短期金融工具的期限一般在 1 年以下(含 1 年),如商业票据、短期国库券、银行承兑汇票、可转让大额定期存单、回购协议等。

5. B。【解析】货币市场是指以短期金融工具为媒介进行的、期限在 1 年以内(含 1 年)的短期资金融通市场,主要包括同业拆借市场、回购市场、票据市场、大额可转让定期存单市场等。

6. A。【解析】资本市场是指以长期金融工具为媒介进行的、期限在 1 年以上的长期资金融通市场,主要包括债券市场和股票市场。

7. D。【解析】影响债券定价的因素包括:(1)内部因素,包括债券的面值、债券的票面利息、债券的有效期、是否可提前赎回、是否可以转换、税收待遇、流通性、违约的可能性等。(2)外部因素,包括贴现率、基准利率、市场利率、通货膨胀水平、市场汇率等。(3)发行人发行成本,主要包括债券印刷费、发行手续费、宣传广告费、律师费、担保抵押费、信用评级和资产重估费用、其他发行费用等。

8. C。【解析】商业银行包括大型商业银行、股份制商业银行、城市商业银行、农村中小金融机构、中国邮政储蓄银行、外资银行等。选项C属于政策性银行。

二、多项选择题

1. ABCDE。【解析】金融市场的主体是各类融资活动的参与者，它们既是资金的供应者，也是资金的需求者，一般包括工商企业、金融机构、中央银行、居民个人与家庭、政府、海外投资者等。

2. ABCDE。【解析】金融市场按具体的交易工具类型划分，可分为债券市场、票据市场、外汇市场、股票市场、黄金市场等。

3. ABC。【解析】间接融资工具包括银行债券、银行承兑汇票、可转让大额存单、人寿保险单等。选项D、E属于直接融资工具。

4. ABC。【解析】优先股股东享有的主要权利有：(1)优先按约定方式领取股息。(2)优先清偿权。(3)限制参与经营决策。(4)优先股股息是固定的，不能享有公司利润增长的收益，不能因公司利润增长而增加股息收入。选项D、E属于普通股股东享有的主要权利。

5. ABCD。【解析】债券按发行主体分类可分为国家债券、地方政府债券、公司债券和金融债券。

6. ABCDE。【解析】金融行业自律组织包括中国银行业协会、中国证券业协会、中国期货业协会、中国证券投资基金业协会、中国保险行业协会、中国银行间市场交易商协会、中国信托业协会和中国互联网金融协会等。

三、判断题

1. A。【解析】资本市场是长期资金融通市场，在资本市场上，发行主体所筹集的资金大多用于固定资产的投资，偿还期长，流动性相对较小，风险相对较高，被当作固定资产投资的资本来运用。

2. B。【解析】有形市场是指有固定场所、有专门的组织机构和人员、有专门设备的金融交易市场，如股票交易所。一般也称为场内交易市场。

3. B。【解析】一般来说，金融工具的流动性与偿还期限成反比，而与债务人的信用能力成正比。

4. A。【解析】债券的发行是通过债券发行市场即一级市场来完成。

第四章 银行体系

考情直击

本章的主要内容是银行的发展、分类与职能和银行体系的安全保障，其中银行体系的安全保障属于中级大纲要求的内容。分析近几年的考试情况，本章的常考点有中央银行、商业银行的职能、银行的分类、银行与非银行金融机构的区分等，在考试中约占2~3分。

考纲要求

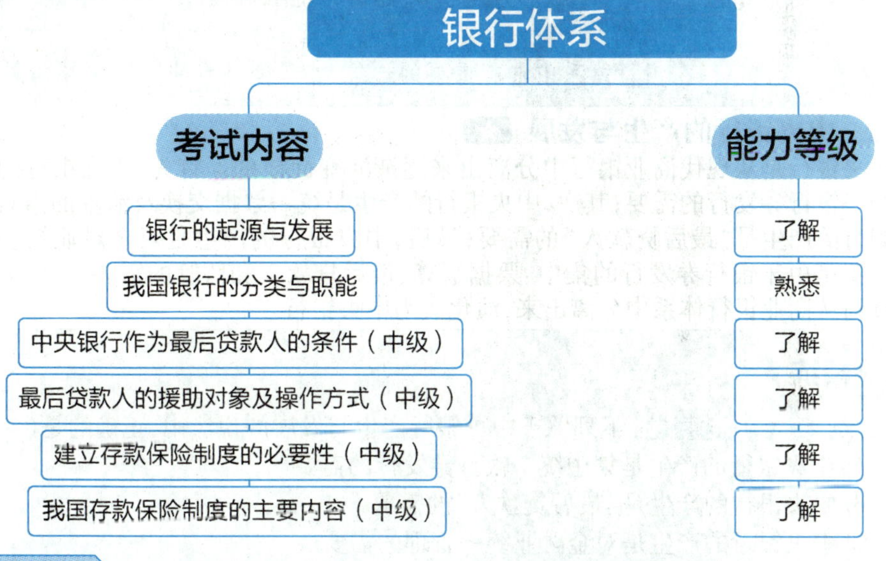

知识解读

第一节 银行的起源与发展

一、商业银行的产生与发展 ★

商业银行是指能够吸收公众存款、发放贷款、办理结算等多种业务，以盈利为主要经营目标，经营货币的金融企业。**商业银行在银行体系中占有重要的地位，在信用活动中起着主导作用。**

现代商业银行是随着资本主义生产方式的产生而发展起来的，主要是通过两条途径建立起来的：

(1)高利贷性质的银行逐渐转变为资本主义商业银行。

(2)按照资本主义经济的要求组建股份商业银行。

现代商业银行具有三个特点：

(1)利息水平适当。

(2)信用功能扩大。

(3)具有信用创造功能。

知识加油站

银行是在经济发展过程中产生的，其发展的根本动力是经济发展中的投融资需求和服务性需求。经济环境构成银行运行的基础条件和背景，经济发展状况直接决定和影响银行经营状况。

真题精练

【例1·单项选择题】在信用活动中起着主导作用的是(　　)。

A. 中央银行　　B. 商业银行

C. 政策性银行　　D. 非银行金融机构

B　商业银行在银行体系中占有重要的地位，在信用活动中起着主导作用。

二、中央银行的产生与发展 ★

中央银行是从现代商业银行中分离出来逐渐演变而成的。首先，中央银行的产生是集中统一银行券发行的需要；其次，中央银行的产生是统一票据交换及清算的需要；再次，中央银行的产生是“最后贷款人”的需要；最后，中央银行的产生是对金融业统一管理的需要。正是由于银行券发行的集中、票据清算、最后贷款人和监管的需要，一些大的商业银行逐渐从商业银行体系中分离出来，演化成为中央银行。

真题精练

【例2·多项选择题】下列关于中央银行产生与发展的说法中，正确的是(　　)。

A. 中央银行的产生是集中统一银行券发行的需要

B. 中央银行的产生是“最后贷款人”的需要

C. 中央银行的产生是对金融业统一管理的需要

D. 中央银行的产生是对金融业分散管理的需要

E. 中央银行的产生是统一票据交换及清算的需要

ABCE　中央银行是从现代商业银行中分离出来逐渐演变而成的。首先，中央银行的产生是集中统一银行券发行的需要；其次，中央银行的产生是统一票据交换及清算的需要；再次，中央银行的产生是“最后贷款人”的需要；最后，中央银行的产生是对金融业统一管理的需要。

第二节　银行业分类与职能

一、中央银行 ★★

中央银行是代表政府干预经济、管理金融的特殊的金融机构。我国的中央银行是中国人民银行,成立于1948年。它是代表政府干预经济、管理金融、制定和执行金融方针政策的机构。

职能	具体含义
中央银行是“发行的银行”	发行的银行是指中央银行垄断货币发行权，统一全国货币发行，并通过调控货币流通，稳定币值
中央银行是银行的银行	银行的银行是指中央银行是商业银行的银行，即主要同商业银行发生业务关系，集中商业银行的准备金并对它们提供信用。具体包括：集中商业银行的存款准备金；办理商业银行间的清算；对商业银行发放贷款
中央银行是政府的银行	政府的银行是指中央银行代表国家贯彻执行金融政策，代为管理财政收支，为国家提供各种金融服务。具体包括：代理国库，中央银行经办政府的财政收支，执行国库的出纳职能；对国家提供信贷；在国际关系中，代表国家与外国金融机构、国际金融机构建立业务联系，处理各种国际金融事务

真题精练

【例3·单项选择题】我国的中央银行成立于(　　)。

A. 1948年　　B. 1949年

C. 1955年　　D. 1978年

A　我国的中央银行是中国人民银行,成立于1948年。

【例4·判断题】发行的银行是指中央银行代表国家贯彻执行金融政策,代为管理财政收支,为国家提供各种金融服务。(　　)

A. 正确　　B. 错误

B　政府的银行是指中央银行代表国家贯彻执行金融政策,代为管理财政收支,为国家提供各种金融服务。

二、开发性金融机构和政策性银行 ★★

1. 开发性金融机构——国家开发银行

我国开发性金融机构是国家开发银行。

开发性金融的基本内涵包括以下方面:以服务国家战略为宗旨,以国家信用为依托,以市场运作为基本模式,以保本微利为经营原则,以中长期投融资为载体。

国家开发银行的主要业务包括:规划业务、信贷业务、资金业务、营运业务、综合金融业务等。

要点点拨

开发性金融机构就是既开展政策性金融业务,又开展商业性金融业务的金融机构。

2. 政策性银行

我国政策性银行包括中国进出口银行、中国农业发展银行。政策性银行具有特殊的融资原则、坚持经济效益而不以营利为目的。**政策性银行的职能主要包括经济调控职能、政策导向职能、补充性职能、金融服务职能**。

三、商业银行 ★★

我国商业银行是以办理存贷款和转账结算为主要业务，以营利为主要经营目标，经营货币的金融企业。与其他金融机构相比商业银行最明显的特征是能够吸收活期存款，创造货币。

要点点拨

《中华人民共和国商业银行法》规定，商业银行以“安全性、流动性、效益性”为经营原则，实行自主经营，自担风险，自负盈亏，自我约束。

1. 商业银行的职能

（1）**充当信用中介**。这是银行最基本的职能。

（2）**充当支付中介**。商业银行在办理负债业务的基础上，通过为客户办理货币结算、货币收付、货币兑换、存款转移等业务时就发挥支付中介职能。

（3）**信用创造功能**。

（4）**金融服务**。金融服务是指商业银行利用在国民经济中联系面广、信息灵通的特殊地位和优势，借助于电子计算机等先进手段和工具，为客户提供信息咨询、融资代理、信托租赁、代收代付等各种金融服务。

真题精练

【例 5 · 判断题】商业银行最基本的职能是充当支付中介。（　　）

A. 正确　　　　B. 错误

B　商业银行最基本的职能是充当信用中介。

2. 商业银行机构

（1）**大型商业银行**。我国大型商业银行包括中国工商银行股份有限公司、中国农业银行股份有限公司、中国银行股份有限公司、中国建设银行股份有限公司、交通银行股份有限公司、中国邮政储蓄银行。

（2）**股份制商业银行**。目前全国性股份制商业银行包括招商银行、中信银行、中国光大银行、华夏银行、上海浦东发展银行、中国民生银行、广发银行、兴业银行、平安银行、浙商银行、渤海银行、恒丰银行 12 家。

（3）**城市商业银行**。20 世纪 90 年代中期，以城市信用社为基础，我国开始陆续组建城市合作银行，后改称城市商业银行。经过多年的发展，城市商业银行已经逐渐发展成熟，已经基本完成了股份制改革，转变经营模式，在当地占有相当大的市场份额。

（4）**农村中小金融机构**。我国农村中小金融机构主要包括农村信用社、农村商业银行、农村合作银行和村镇银行。

（5）**外资银行**。外资银行是指在我国境内由外国独资创办的银行。

真题精练

【例 6 · 单项选择题】商业银行最基本的职能是（　　）。

A. 充当支付中介　　B. 信用创造功能

C. 充当信用中介　　D. 金融服务

C 我国商业银行的职能包括充当信用中介、充当支付中介、信用创造功能和金融服务，其中充当信用中介是其最基本的职能。

【例 7 · 判断题】我国第一家外资银行营业性机构是日本输出入银行在北京设立的。（　　）

A. 正确　　B. 错误

B 1979 年，日本输出入银行在北京设立第一家外资银行代表处。1981 年，香港南洋商业银行在深圳设立第一家外资银行营业性机构。

四、非银行金融机构 ★★

机构种类	具体内容
金融资产管理公司	金融资产管理公司（AMC）是指由国家出面专门设立的以处理银行不良资产为使命的金融机构，具有特定使命以及较为宽泛的业务范围。经过多年运作，金融资产管理公司处置政策性不良贷款的任务基本完成，逐渐开始股份制改革和商业化转型，向市场化金融机构转变
企业集团财务公司	企业集团财务公司简称财务公司，是指以加强企业集团资金集中管理和提高企业集团资金使用效率为目的，为企业集团成员单位提供财务管理服务的非银行金融机构。财务公司主要是为集团内部成员单位提供财务管理服务
信托公司	信托公司是依法设立的、主要经营信托业务的金融机构。信托业务是指信托投资公司以营业和收取报酬为目的，**以受托人身份**承诺信托和处理信托事务的经营行为
金融租赁公司	在我国，金融租赁公司特指由国务院银行业监督管理机构批准设立的、以**经营融资租赁业务为主**的非银行金融机构
汽车金融公司	汽车金融公司是指经国务院银行业监督管理机构批准设立的为中国境内的汽车购买者及销售者提供金融服务的非银行金融机构。与其他金融机构相比，汽车金融公司的优势在于对车辆和品牌经销商足够了解，回收车辆处置更便利

（续表）

机构种类	具体内容
货币经纪公司	货币经纪公司是指经批准在中国境内设立的，通过电子技术或其他手段，专门从事促进金融机构间资金融通和外汇交易等经纪服务，并从中收取佣金的非银行金融机构。在我国，按照国务院银行业监督管理机构批准经营的业务范围，货币经纪公司可以经营下列经纪业务：境内外外汇市场交易、境内外货币市场交易、境内外债券市场交易、境内外衍生产品交易等
消费金融公司	消费金融公司是指经国务院银行业监督管理机构批准，在中华人民共和国境内设立的，不吸收公众存款，以小额、分散为原则，为中国境内居民个人提供以消费为目的的贷款的非银行金融机构
贷款公司	贷款公司是由境内商业银行或农村合作银行全额出资的有限责任公司。经批准，贷款公司可经营下列业务：办理各项贷款；办理票据贴现；办理资产转让；办理贷款项下的结算；经国务院银行业监督管理机构批准的其他资产业务。贷款公司的营运资金来源包括实收资本、向投资人的借款、向其他金融机构融资但融资资金余额不得超过其资本净额的50%

要点点拨

贷款公司发放贷款应当坚持小额、分散的原则，提高贷款覆盖面，防止贷款过度集中。贷款公司对同一借款人的贷款余额不得超过资本净额的10%；对单一集团企业客户的授信余额不得超过资本净额的15%。

真题精练

【例8·单项选择题】设立金融租赁公司的目的是(　　)。

A. 加强企业集团资金集中管理　　B. 提高企业集团资金使用效率

C. 营业和收取报酬　　D. 资金融通

D　金融租赁公司是以资金融通为目的，以租赁业务为载体的非银行金融机构。

第三节　银行体系的安全保障（中级考试内容）

一、最后贷款人制度 ★

最后贷款人制度是指在银行体系由于遭遇不利的冲击引起流动性需求增加，而银行体系本身又无法满足这种需求时，由中央银行向银行体系提供流动性以确保银行体系稳健经营的一种制度安排。

最后贷款人的主要目标是防范系统性金融风险。最后贷款人制度主要表现在：

(1)**中央银行是承担最后贷款人角色的主要机构**。中央银行对法定货币发行权的垄断,决定了最后贷款人功能应该也必须由中央银行来承担。

(2)**最后贷款人的援助对象**。最后贷款人的援助对象是暂时出现流动性不足但仍然具有清偿力的金融机构。

(3)最后贷款人的操作方式。**中央银行最后贷款人的操作方式包括**:

①**公开市场业务**,通过公开市场购买合格资产,向整个金融市场提供流动性。

②**再贴现窗口**,直接向有偿债能力但资金暂时周转不灵的金融机构提供贷款。

真题精练

【例9·判断题】中国银行是承担最后贷款人角色的主要机构。(　　)

A. 正确　　　　B. 错误

B　中央银行是承担最后贷款人角色的主要机构。

二、存款保险制度 ★

存款保险制度又称存款保障制度,是指由符合条件的各类存款性金融机构集中起来建立一个保险机构,各存款机构作为投保人按一定存款比例向其缴纳保险费,建立存款保险准备金,当成员机构发生经营危机或面临破产倒闭时,存款保险机构向其提供财务救助或直接向存款人支付部分或全部存款,从而保护存款人利益,维护银行信用,稳定金融秩序的一种制度。

我国存款保险制度的主要内容包括:

(1)目的。建立和规范存款保险制度,依法保护存款人的合法权益,及时防范和化解金融风险,维护金融稳定。

(2)投保机构。我国境内设立的商业银行、农村合作银行、农村信用合作社等吸收存款的银行业金融机构,应当依照《存款保险条例》的规定投保存款保险。

(3)保险币种。被保险存款包括投保机构吸收的人民币存款和外币存款。

(4)最高偿付限额。**存款保险实行限额偿付,最高偿付限额为人民币50万元**。

(5)被保险存款的赔付。有下列情形之一的,存款人有权要求存款保险基金管理机构在本条例规定的限额内,使用存款保险基金偿付存款人的被保险存款:

①存款保险基金管理机构担任投保机构的接管组织。

②存款保险基金管理机构实施被撤销投保机构的清算。

③人民法院裁定受理对投保机构的破产申请。

④经国务院批准的其他情形。

知识加油站

通常认为,中央银行的最后贷款人制度、金融监管机构的审慎监管、存款保险制度是构成金融安全网的三大支柱。

真题精练

【例10·单项选择题】金融安全网的三大支柱不包括（　　）。

A. 中央银行的最后贷款人制度

B. 商业银行的最后贷款人制度

C. 存款保险制度

D. 金融监管机构的审慎监管

B　通常认为，中央银行的最后贷款人制度、金融监管机构的审慎监管、存款保险制度是构成金融安全网的三大支柱。

码上看总结

章节自测

一、单项选择题（在以下各小题所给出的四个选项中，只有一个选项符合题目要求，请将正确选项的代码填入括号内）

1. 下列关于现代商业银行特点的说法中，错误的是（　　）。

A. 利息水平适当　　B. 利息水平较高

C. 信用功能扩大　　D. 具有信用创造功能

2. 我国的中央银行是（　　）。

A. 中国进出口银行　　B. 中国农业发展银行

C. 中国邮政储蓄银行　　D. 中国人民银行

3.《中华人民共和国商业银行法》规定，商业银行的经营原则不包括（　　）。

A. 安全性　　B. 流动性

C. 效益性　　D. 公平性

4.（　　）是指以加强企业集团资金集中管理和提高企业集团资金使用效率为目的，为企业集团成员单位提供财务管理服务的非银行金融机构。

A. 金融租赁公司　　B. 金融资产管理公司

C. 消费金融公司　　D. 企业集团财务公司

5. 下列关于汽车金融公司的说法中，正确的是（　　）。

A. 汽车金融公司的优势在于对车辆和品牌经销商足够了解

B. 汽车金融公司的缺点在于对车辆和品牌经销商不够了解

C. 汽车金融公司的缺点在于回收车辆处置更复杂

D. 消费者在购买汽车需要贷款时，不可以直接向汽车金融公司申请优惠的支付方式

6. 贷款公司的营运资金来源包括实收资本、向投资人的借款、向其他金融机构融资但融资资金余额不得超过其资本净额的（　　）。

A. 10%　　B. 30%

C. 50%　　D. 80%

7. 贷款公司发放贷款应当坚持（　　）的原则。

A. 大额、分散　　B. 小额、集中

C. 大额、集中　　D. 小额、分散

8. 贷款公司对单一集团企业客户的授信余额不得超过资本净额的(　　)。

A. 10%　　B. 15%

C. 30%　　D. 50%

二、多项选择题(在以下各小题所给出的选项中,至少有两个选项符合题目要求,请将正确选项的代码填入括号内)

1. 中央银行的职能包括(　　)。

A. 发行的银行　　B. 银行的银行

C. 政府的银行　　D. 信用创造功能

E. 充当支付中介

2. 下列属于政策性银行的职能的有(　　)。

A. 金融服务职能　　B. 补充性职能

C. 政策导向职能　　D. 执行国库的出纳职能

E. 经济调控职能

3. 我国大型商业银行包括(　　)。

A. 中国工商银行股份有限公司　　B. 中国农业银行股份有限公司

C. 中国建设银行股份有限公司　　D. 交通银行股份有限公司

E. 中国银行股份有限公司

4. 目前全国性股份制商业银行包括(　　)。

A. 招商银行　　B. 中信银行

C. 中国光大银行　　D. 兴业银行

E. 中国农业发展银行

5. 下列属于非银行金融机构的有(　　)。

A. 企业集团财务公司　　B. 消费金融公司

C. 货币经纪公司　　D. 金融资产管理公司

E. 金融租赁公司

6. 在我国,货币经纪公司可以经营的经纪业务包括(　　)。

A. 境内外外汇市场交易　　B. 境内外货币市场交易

C. 境内外债券市场交易　　D. 境内外衍生产品交易

E. 融资租赁业务

三、判断题(请判断以下各小题的正误,正确的选A,错误的选B)

1. 一般来说,政策性银行具有特殊的融资原则、坚持经济效益并以营利为目的。(　　)

A. 正确　　B. 错误

2. 与其他金融机构相比,商业银行最明显的特征是能够吸收活期存款,创造货币。(　　)

A. 正确　　B. 错误

3. 财务公司主要是为集团外部成员单位提供财务管理服务。(　　)

A. 正确　　B. 错误

4. 消费金融公司是指经国务院银行业监督管理机构批准,在中华人民共和国境内设立的,不吸收公众存款,以小额、分散为原则,为中国境内居民个人提供以消费为目的的贷款的非银行金融机构。(　　)

A. 正确　　B. 错误

答案详解

一、单项选择题

1. B。【解析】现代商业银行具有三个特点:(1)利息水平适当。(2)信用功能扩大。(3)具有信用创造功能。

2. D。【解析】中央银行是代表政府干预经济、管理金融的特殊的金融机构。我国的中央银行是中国人民银行,成立于1948年。

3. D。【解析】《中华人民共和国商业银行法》规定,商业银行以"安全性、流动性、效益性"为经营原则,实行自主经营,自担风险,自负盈亏,自我约束。

4. D。【解析】企业集团财务公司简称财务公司,是指以加强企业集团资金集中管理和提高企业集团资金使用效率为目的,为企业集团成员单位提供财务管理服务的非银行金融机构。

5. A。【解析】汽车金融是指消费者在购买汽车需要贷款时,可以直接向汽车金融公司申请优惠的支付方式,按照自身个性化需求来选择不同的车型和不同的支付方法。与其他金融机构相比,汽车金融公司的优势在于对车辆和品牌经销商足够了解,回收车辆处置更便利。

6. C。【解析】贷款公司的营运资金来源包括实收资本、向投资人的借款、向其他金融机构融资但融资资金余额不得超过其资本净额的50%。

7. D。【解析】贷款公司发放贷款应当坚持小额、分散的原则,提高贷款覆盖面,防止贷款过度集中。

8. B。【解析】贷款公司对同一借款人的贷款余额不得超过资本净额的10%;对单一集团企业客户的授信余额不得超过资本净额的15%。

二、多项选择题

1. ABC。【解析】中央银行的职能主要有:(1)中央银行是"发行的银行"。(2)中央银行是银行的银行。(3)中央银行是政府的银行。

2. ABCE。【解析】政策性银行的职能包括:(1)经济调控职能。(2)政策导向职能。(3)补充性职能。(4)金融服务职能。

3. ABCDE。【解析】我国大型商业银行包括中国工商银行股份有限公司、中国农业银行股份有限公司、中国银行股份有限公司、中国建设银行股份有限公司、交通银行股份有限公司、中国邮政储蓄银行。

4. ABCD。【解析】目前全国性股份制商业银行包括招商银行、中信银行、中国光大银行、华夏银行、上海浦东发展银行、中国民生银行、广发银行、兴业银行、平安银行、浙商银行、渤海银行、恒丰银行12家。

5. ABCDE。【解析】非银行金融机构包括金融资产管理公司、企业集团财务公司、信托公司、金融租赁公司、汽车金融公司、货币经纪公司、消费金融公司、贷款公司等。

6. ABCD。【解析】在我国,货币经纪公司可以经营下列经纪业务:境内外外汇市场交易、境内外货币市场交易、境内外债券市场交易、境内外衍生产品交易等。

三、判断题

1. B。【解析】一般来说,政策性银行具有特殊的融资原则、坚持经济效益而不以营利为目的。

2. A。【解析】与其他金融机构相比,商业银行最明显的特征是能够吸收活期存款,创造货币。

3. B。【解析】财务公司主要是为集团内部成员单位提供财务管理服务。

4. A。【解析】消费金融公司是指经国务院银行业监督管理机构批准,在中华人民共和国境内设立的,不吸收公众存款,以小额、分散为原则,为中国境内居民个人提供以消费为目的的贷款的非银行金融机构。

第五章 存款业务

考情直击

本章的主要内容是个人存款业务、单位存款业务、外币存款业务和其他存款业务。分析近几年的考试情况，本章的常考点有个人存款应遵循的原则，存款的分类，各种存款类型的起存金额、计息方式，各种账户类型的开户限制、用途等，在考试中约占3~4分。

考纲要求

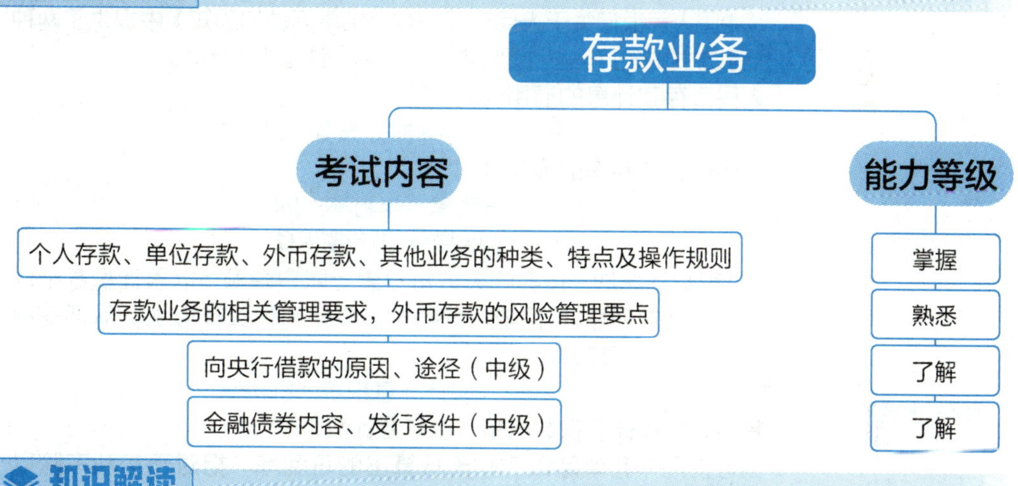

知识解读

第一节 个人存款业务

一、个人存款的概念 ★★★

个人存款又称储蓄存款，是指居民个人将闲置不用的货币资金存入银行，并可以随时或按约定时间支取款项的一种信用行为，是银行对存款人的负债。

《中华人民共和国商业银行法》规定，办理储蓄业务，应当遵循“**存款自愿、取款自由、存款有息、为存款人保密**”的原则。

知识加油站

存款关系是以存款合同确定的，通过存款合同，存款机构与存款客户之间形成债权债务关系。

二、活期存款 ★★★

活期存款是指不规定存款期限，客户可以随时存取的存款。客户凭存折或银行卡及预留密码，可在银行营业时间内通过银行柜面或通过银行自助设备随时存取现金。

要点	内容
起存金额	活期存款通常 1 元起存
计息起点	存款的计息起点为元，元以下角分不计利息。利息金额算至分位，分以下尾数四舍五入。分段计息算至厘位，合计利息后分以下四舍五入
计息方式	复利
计息、付息时间	《中国人民银行关于人民币存贷款计结息问题的通知》中规定：从 2005 年 9 月 21 日起，我国对活期存款实行按季度结息，每季度末月的 20 日为结息日，次日付息
利息计算方式	《中国人民银行关于人民币存贷款计结息问题的通知》中提供了两种计息方式的选择：一种是积数计息，另一种是逐笔计息。 人民币存款计息的通用公式： 利息 = 本金 × 实际天数 × 日利率 人民币存款利率的换算公式： 日利率 = 年利率 ÷ 360 月利率 = 年利率 ÷ 12 （1）积数计息法：按实际天数每日累计账户余额，以累计积数乘以日利率计算利息。目前，各家银行多使用积数计息法计算活期存款利息。计息公式： 利息 = 累计计息积数 × 日利率 其中，累计计息积数 = 每日余额合计数。 银行使用年利率除以 360 天折算出的日利率，相对于年利率除以 365 天（实际计息天数）折算出的日利率要高，实际上提高了储户的利息收益。 （2）逐笔计息法：按预先确定的计息公式逐笔计算利息。目前，各家银行多使用逐笔计息法计算整存整取定期存款利息。 ①计息期为整年（月）的，计息公式为： 利息 = 本金 × 年（月）数 × 年（月）利率 ②计息期有整年（月）又有零头天数的，计息公式为： 利息 = 本金 × 年（月）数 × 年（月）利率 + 本金 × 零头天数 × 日利率

要点点拨

除活期存款在每季度结息日时将利息计入本金作为下一季度的本金计算复利外，其他存款不论存期多长，一律不计复利。

教你一招

活期存款的计息、付息时间是常考点，通常以单选题的形式考查。需要注意的是，一定要看清题干表述，是考查结息日还是付息日，不同的题干设置，答案是不一样的。

三、定期存款 ★★★

定期存款是个人事先约定偿还期的存款，其利率视期限长短而定。根据不同的存取方式，定期存款分为四种：整存整取、零存整取、整存零取、存本取息，其中整存整取最为常见，是定期存款的典型代表。

存款种类	存款方式	取款方式	起存金额	存取期类别	特点
整存整取	整笔存入	到期一次支取本息	50 元	三个月、六个月、一年、二年、三年、五年	长期闲置资金
零存整取	每月存入固定金额	到期一次支取本息	5 元	一年、三年、五年	利率低于整存整取定期存款，高于活期存款
整存零取	整笔存入	固定期限分期支取	1 000 元	存款期分为一年、三年、五年；支取期分为一个月、三个月或半年一次	本金可全部提前支取，不可部分提前支取。利息于期满结清时支取。利率高于活期存款
存本取息	整笔存入	约定取息期到期一次性支取本金、分期支取利息	5 000 元	存期分为一年、三年、五年；可以一个月或几个月取息一次	本金可全部提前支取，不可部分提前支取。取息日未到不得提前支取利息，取息日未取息，以后可随时取息，但不计复利

（1）存款利率。**定期存款利率视期限长短而定，通常期限越长，利率越高。**

（2）到期支取的定期存款计息。到期支取的定期存款按约定期限和约定利率计付利息。

(3)逾期支取的定期存款计息。超过原定存期的部分,除约定自动转存外,按支取日挂牌公告的活期存款利率计付利息,并全部计入本金。

(4)**提前支取的定期存款计息。支取部分按活期存款利率计付利息，提前支取部分的利息同本金一并支取**。

(5)存期内遇有利率调整,仍按存单开户日挂牌公告的相应定期存款利率计息。

真题精练

【例1·单项选择题】定期存款的典型代表是(　　)。

A. 零存整取　　B. 整存零取

C. 存本取息　　D. 整存整取

D　根据不同的存取方式,定期存款分为四种,即整存整取、零存整取、整存零取、存本取息。其中,整存整取最为常见,是定期存款的典型代表。

四、其他种类的储蓄存款 ★★★

1. 定活两便存款

存期灵活:开户时不约定存期,一次存入本金,随时可以支取,银行根据客户存款的实际存期按规定计息。

利率优惠:利息高于活期储蓄。

2. 个人通知存款

个人通知存款开户时不约定存期,预先确定品种,支取时只要提前一定时间通知银行,约定支取日期及金额。目前,**银行提供一天、七天通知储蓄存款两个品种。一般5万元起存**。

3. 教育储蓄存款

父母为了子女接受非义务教育而存钱,分次存入,到期一次支取本金和利息。

利率优惠:一年期、三年期教育储蓄按开户日同期同档次整存整取定期储蓄存款利率计息;六年期按开户日五年期整存整取定期储蓄存款利率计息。

总额控制:**教育储蓄起存金额为50元，本金合计最高限额为2万元**。

储户特定:在校小学四年级(含四年级)以上学生。如果需要申请助学贷款,金融机构优先解决。

存期灵活:教育储蓄属于零存整取定期储蓄存款。**存期分为一年、三年和六年**。提前支取时必须全额支取。

4. 保证金存款

保证金存款主要指个人购汇保证金存款中,即商业银行向居民个人收存一定比例人民币作为居民购汇的取得外汇的保证金,以解决境内居民个人自费出国(境)留学需预交一定比例外汇保证金才能取得前往国家入境签证的特殊需要。

五、个人存款业务的管理要求 ★★

商业银行开办储蓄存款业务,要遵守《中华人民共和国商业银行法》《储蓄管理条例》

和《个人存款账户实名制规定》等相关法律法规要求，建立健全覆盖储蓄业务的内部控制制度，包括业务管理办法、业务操作规程、财务核算办法、储蓄存款业务授权制度和岗位责任制度。储蓄业务客户群体大，其主要风险**操作风险较为明显**。

第二节 单位存款业务

一、单位存款的概念及分类 ★★★

1. 单位存款的概念

单位存款是机关、团体、部队、企业、事业单位和其他组织以及个体工商户将货币资金存入银行，并可以随时或按约定时间支取款项的一种信用行为，又称对公存款。

2. 单位存款的分类

按存款的支取方式不同，单位存款一般分为单位活期存款、单位定期存款、单位通知存款、单位协定存款和保证金存款等。

单位存款类型	具体内容
单位活期存款	单位活期存款是指单位类客户在商业银行开立结算账户，办理不规定存期、可随时转账、存取的存款类型。 **单位活期存款账户又称为单位结算账户，包括基本存款账户、一般存款账户、专用存款账户和临时存款账户**。 (1)基本存款账户简称基本户，是指存款人因办理日常转账结算和现金收付需要开立的银行结算账户。**同一存款客户只能在商业银行开立一个基本存款账户**。 (2)一般存款账户简称一般户，是指存款人因借款或其他结算需要，在基本存款账户开户银行以外的银行营业机构开立的银行结算账户。**一般存款账户可以办理现金缴存，但不得办理现金支取**。 (3)专用存款账户是指存款人对其特定用途的资金进行专项管理和使用而开立的银行结算账户。 (4)**临时存款账户**是指存款人因临时需要并在规定期限内使用而开立的银行结算账户，**有效期最长不得超过2年**
单位定期存款	单位定期存款是指单位类客户在商业银行办理的约定期限、整笔存入，到期一次性支取本息的存款类型
单位通知存款	单位通知存款是指单位类客户在存入款项时不约定存期，支取时需提前通知商业银行，并约定支取存款日期和金额方能支取的存款类型。不论实际存期多长，按存款人提前通知的期限长短，可再分为**一天通知存款和七天通知存款**两个品种

（续表）

单位存款类型	具体内容
单位协定存款	单位协定存款是一种单位类客户通过与商业银行签订合同的形式约定合同期限、确定结算账户需要保留的基本存款额度，对超过基本存款额度的存款按中国人民银行规定的上浮利率计付利息、对基本存款额度按活期存款利率付息的存款类型
保证金存款	保证金存款是商业银行为保证客户在银行为客户对外出具具有结算功能的信用工具，或提供资金融通后按约履行相关义务，而与其约定将一定数量的资金存入特定账户所形成的存款类别

知识加油站

关于被冻结单位存款的利息计算，要分情况而定。冻结款项，不属于赃款的，冻结期应计付利息。被冻结的存款在冻结期限内如需解冻，应以作出冻结决定的机关签发的“解除冻结存款通知书”为凭，银行不得自行解冻。

真题精练

【例2·多项选择题】按存款的支取方式不同，单位存款一般分为（　　）。

A. 单位活期存款　　B. 单位定期存款

C. 单位协定存款　　D. 保证金存款

E. 单位通知存款

ABCDE　按存款的支取方式不同，单位存款一般分为单位活期存款、单位定期存款、单位通知存款、单位协定存款和保证金存款等。

二、人民币同业存款 ★★★

同业存款也称同业存放，全称是同业及其他金融机构存入款项，是指因支付清算和业务合作等的需要，由其他金融机构存放于商业银行的款项。

要点点拨

同业存放属于商业银行的负债业务，与此相对应的概念是存放同业，即存放在其他商业银行的款项，属于商业银行的资产业务。

三、单位存款业务的管理要求 ★★

开办单位存款业务，要符合结算账户管理办法及单位存款管理办法的相关监管要求，建立健全覆盖对公存款业务的内部控制制度，包括业务管理办法、业务操作规程、财务核算办法、对公存款业务授权制度和岗位责任制度。其主要风险点是所承受的操作风险和流动性风险较为集中。目前，存款业务也是商业银行之间业务竞争的重点。2018年1月，《中国银监会关于进一步深化整治银行业市场乱象的通知》明确规定，严禁虚存虚贷，严禁违规通过第三方中介、返利、延迟支付、以贷吸存等方式吸存；不得违规通过理财产品、同业业务倒存、虚增存款规模。

第三节 外币存款业务

一、外汇储蓄存款 ★★★

中国人民银行发布的《个人外汇管理办法》规定:个人外汇账户按主体类别区分为境内个人外汇账户和境外个人外汇账户;按账户性质区分为外汇结算账户、资本项目账户及外汇储蓄账户。外汇结算账户用于转账汇款等资金清算支付,外汇储蓄账户一般不能进行转账,但本人或与其直系亲属之间同一主体类别的储蓄账户的资金划转等情况除外。

要点点拨

外币存款业务与人民币存款业务都可按存款期限分为活期存款和定期存款,按客户类型分为个人存款和单位存款。目前,我国银行开办的外币存款业务币种主要有9种:美元、欧元、日元、港元、英镑、澳大利亚元、加拿大元、瑞士法郎、新加坡元。

二、单位外汇存款 ★★★

(1)**单位经常项目外汇账户**。境内机构原则上只能开立一个经常项目外汇账户。境内机构经常项目外汇账户的限额统一采用美元核定。

(2)**单位资本项目外汇账户**。包括贷款(外债及转贷款)专户、还贷专户、发行外币股票专户、B股交易专户等。

真题精练

【例3·单项选择题】境内机构经常项目外汇账户的限额统一采用( )核定。

A. 美元　　B. 人民币

C. 日元　　D. 英镑

A 境内机构原则上只能开立一个经常项目外汇账户。境内机构经常项目外汇账户的限额统一采用美元核定。

三、外币存款业务的风险管理要点 ★★

外币存款业务风险管理要求,除同人民币存款管理要求基本一致外,在日常经营中,还需管控以下风险点:

(1)**假钞风险**。由于商业银行员工对外币假钞的识别能力有限,容易收进国外流入的假钞或已停止流通的废币。

(2)**政策性风险**。主要包括资本项下外币储蓄、提钞、兑换人民币时未经国家外汇管理部门批准。

商业银行要加强外汇存款业务合规性、内部控制完备性和核算真实性风险的把控。

第四节 其他存款业务

一、大额存单业务 ★★★

大额存单是由银行业存款类金融机构面向非金融机构投资人发行的、以人民币计价的记账式大额存款凭证,是银行存款类金融产品,**属一般性存款**。

大额存单采用标准期限的产品形式。大额存单期限包括1个月、3个月、6个月、9个月、1年、18个月、2年、3年和5年共9个品种。

大额存单的发行主体为银行业存款类金融机构，包括商业银行、政策性银行、农村合作金融机构以及中国人民银行认可的其他金融机构等。

大额存单的投资人包括个人、非金融企业、机关团体等非金融机构投资人；鉴于保险公司、社保基金在商业银行的存款具有一般存款属性，且需缴纳准备金，这两类机构也可以投资大额存单。**个人投资人认购的大额存单起点金额不低于20万元，机构投资人则不低于1 000万元**。

大额存单发行采用**电子化**的方式。**大额存单发行利率以市场化方式确定**。大额存单自认购之日起计息，付息方式分为到期一次还本付息和定期付息、到期还本。

教你一招

大额存单和第三章第二节讲述的大额可转让定期存单是不一样的，可对比记忆。普通大额存单在存续期间不能进行转让；而大额可转让定期存单在存续期间可以进行转让。普通大额存单只能在一级市场购买；而大额可转让定期存单既可以在一级市场购买，又可以在二级市场购买。

真题精练

【例4·单项选择题】个人投资人认购的大额存单起点金额不低于（　　）。

A. 20万元　　B. 30万元

C. 70万元　　D. 50万元

A　个人投资人认购的大额存单起点金额不低于20万元，机构投资人则不低于1 000万元。

二、同业存单业务 ★★★

同业存单是指由银行业存款类金融机构法人（即存款类金融机构）在全国银行间市场上发行的记账式定期存款凭证，是一种货币市场工具。存款类金融机构包括政策性银行、商业银行、农村合作金融机构以及中国人民银行认可的其他金融机构。存款类金融机构可以在当年发行备案额度内，自行确定每期同业存单的发行金额、期限，但**单期发行金额不得低于5 000万元人民币**。

同业存单的投资和交易主体为全国银行间同业拆借市场成员、基金管理公司及基金类产品。同业存单发行采取电子化的方式，在全国银行间市场上公开发行或定向发行。全国银行间同业拆借中心提供同业存单的发行、交易和信息服务。

同业存单的发行利率、发行价格等以市场化方式确定。其中，固定利率存单期限原则上不超过1年，为1个月、3个月、6个月、9个月和1年，参考同期限上海银行间同业拆借利率定价。浮动利率存单以上海银行间同业拆借利率为浮动利率基准计息，期限原则上在1年以上，包括1年、2年和3年。同业存单在银行间市场清算所股份有限公司登记、托管、结算。

要点点拨

发行人不得认购或变相认购自己发行的同业存单。

三、个人结构性存款 ★★★

个人结构性存款是银行向个人发售的在普通外汇存款的基础上嵌入某种金融衍生工具(主要是各类期权),通过与利率、汇率、指数等的波动挂钩或与某实体的信用情况挂钩,使存款人在承受一定风险的基础上获得更高收益的外汇存款。

四、向中央银行借款(中级考试内容) ★

商业银行在需要时还可以向中央银行申请借款。但是,商业银行一般只把向中央银行借款作为融资的最后选择,只有在通过其他方式难以借到足够的资金时,才会求助于中央银行,这也是中央银行为什么被称为“最后贷款人”的原因。

商业银行向中央银行借款有再贴现和再贷款两种途径。再贴现是商业银行将未到期的已贴现商业汇票再以贴现方式向中国人民银行转让的票据行为。再贷款有商业银行总行统一借款和商业银行分支机构的头寸性借款。

五、金融债券(中级考试内容) ★

1. 金融债券的概念和分类

金融债券是商业银行在金融市场上发行的、按约定还本付息的有价证券,也是商业银行的资金来源业务。我国商业银行所发行的金融债券,均是在全国银行间债券市场上发行和交易的。分类如下:

(1)**政策性金融债券**,即由国家开发银行、中国进出口银行、中国农业发展银行三家银行发行的债券。

(2)**商业银行债券**,包括商业银行普通债券、次级债券、可转换债券、混合资本债券等。

(3)**其他金融债券**,即企业集团财务公司及其他金融机构所发行的金融债券。

2. 商业银行发行金融债券应具备的条件

(1)具有良好的公司治理机制。

(2)**核心资本充足率不低于4%**。

(3)**最近3年连续盈利**。

(4)贷款损失准备计提充足。

(5)风险监管指标符合监管机构的有关规定。

(6)**最近3年没有重大违法、违规行为**。

(7)中国人民银行要求的其他条件。

根据商业银行的申请,中国人民银行可以豁免上述个别条件。

真题精练

【例5·判断题】我国商业银行所发行的金融债券,均是在全国银行间债券市场上发行和交易的。(　　)

A. 正确　　　　B. 错误

A　我国商业银行所发行的金融债券,均是在全国银行间债券市场上发行和交易的。

章节自测

一、单项选择题(在以下各小题所给出的四个选项中,只有一个选项符合题目要求,请将正确选项的代码填入括号内)

1. 下列关于活期存款计息金额的说法中,错误的是(　　)。
A. 存款的计息起点为元,元以下角分不计利息
B. 利息金额算至分位,分以下尾数四舍五入
C. 分段计息算至厘位,合计利息后分以下四舍五入
D. 不计复利

2. 整存零取的起存金额为(　　)元。
A. 5　　B. 50
C. 1 000　　D. 5 000

3. 个人通知存款一般(　　)万元起存。
A. 1　　B. 2
C. 5　　D. 50

4. 单位类客户在商业银行开立结算账户,办理不规定存期、可随时转账、存取的存款类型是(　　)。
A. 单位通知存款　　B. 单位协定存款
C. 单位定期存款　　D. 单位活期存款

5. 临时存款账户的有效期最长不得超过(　　)年。
A. 1　　B. 2
C. 5　　D. 10

6. 境内机构原则上只能开立(　　)个经常项目外汇账户。
A. 1　　B. 2
C. 3　　D. 5

二、多项选择题(在以下各小题所给出的选项中,至少有两个选项符合题目要求,请将正确选项的代码填入括号内)

1. 定期存款的种类包括(　　)。
A. 整存整取　　B. 零存整取
C. 零存零取　　D. 整存零取
E. 存本取息

2. 办理储蓄业务,应当遵循的原则包括(　　)。
A. 存款自愿　　B. 取款自由
C. 存款有息　　D. 信息公开
E. 为存款人保密

3. 单位通知存款不论实际存期多长,按存款人提前通知的期限长短,可分为(　　)。
A. 一天通知存款　　B. 两天通知存款
C. 三天通知存款　　D. 五天通知存款
E. 七天通知存款

4. 目前,我国银行开办的外币存款业务币种主要有(　　)。
A. 美元　　B. 英镑
C. 瑞士法郎　　D. 欧元
E. 日元

三、判断题（请判断以下各小题的正误，正确的选 A，错误的选 B）

1. 单位存款又称储蓄存款，是指居民个人将闲置不用的货币资金存入银行，并可以随时或按约定时间支取款项的一种信用行为。（　）

A. 正确　　　B. 错误

2. 教育储蓄起存金额为 50 元，本金合计最高限额为 2 万元。（　）

A. 正确　　　B. 错误

答案详解

一、单项选择题

1. D 【解析】存款的计息起点为元，元以下角分不计利息。利息金额算至分位，分以下尾数四舍五入。分段计息算至厘位，合计利息后分以下四舍五入。除活期存款在每季度结息日时将利息计入本金作为下一季度的本金计算复利外，其他存款不论存期多长，一律不计复利。

2. C 【解析】整存整取的起存金额为 50 元；零存整取的起存金额为 5 元；整存零取的起存金额为 1 000 元；存本取息的起存金额为 5 000 元。

3. C 【解析】个人通知存款一般 5 万元起存。

4. D 【解析】单位活期存款是指单位类客户在商业银行开立结算账户，办理不规定存期、可随时转账、存取的存款类型。

5. B 【解析】临时存款账户是指存款人因临时需要并在规定期限内使用而开立的银行结算账户，有效期最长不得超过 2 年。

6. A 【解析】境内机构原则上只能开立 1 个经常项目外汇账户。

二、多项选择题

1. ABDE 【解析】定期存款的种类包括整存整取、零存整取、整存零取和存本取息。

2. ABCE 【解析】《中华人民共和国商业银行法》规定，办理储蓄业务，应当遵循“存款自愿、取款自由、存款有息、为存款人保密”的原则。

3. AE 【解析】单位通知存款不论实际存期多长，按存款人提前通知的期限长短，可分为一天通知存款和七天通知存款两个品种。

4. ABCDE 【解析】目前，我国银行开办的外币存款业务币种主要有 9 种：美元、欧元、日元、港元、英镑、澳大利亚元、加拿大元、瑞士法郎、新加坡元。

三、判断题

1. B 【解析】个人存款又称储蓄存款，是指居民个人将闲置不用的货币资金存入银行，并可以随时或按约定时间支取款项的一种信用行为，是银行对存款人的负债。

2. A 【解析】教育储蓄起存金额为 50 元，本金合计最高限额为 2 万元。

第六章

贷款业务

考情直击

本章的主要内容是个人贷款业务,公司贷款业务,票据业务,保函、承诺等业务,普惠金融和绿色金融,其中,普惠金融和绿色金融是中级大纲要求的内容。分析近几年的考试情况,本章的常考点有个人贷款(尤其是个人汽车贷款和助学贷款)和公司贷款的种类,个人贷款和公司贷款的基本流程,票据业务的种类,票据贴现、转贴现、再贴现的区分,融资类保函与非融资类保函的分类等,在考试中约占2~3分。

考纲要求

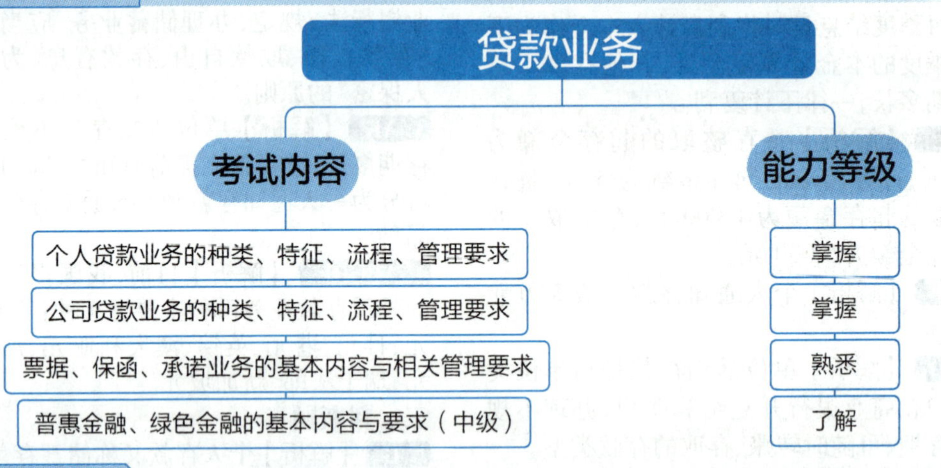

知识解读

第一节　个人贷款业务

一、个人贷款的概念 ★★★

贷款是指经批准可以经营贷款业务的金融机构对借款人提供的并按约定的利率和期限还本付息的货币资金。贷款是银行最主要的资产,是银行最主要的资金运用。同时,也是最大、最明显的信用风险领域。

个人贷款是指贷款人向符合条件的自然人发放的用于个人消费、生产等用途的本外币贷款。

二、个人贷款业务的种类 ★★★

1. 个人消费贷款

个人消费贷款一般包括个人汽车贷款、助学贷款、个人消费额度贷款、个人住房装修贷款、个人耐用消费品贷款、个人权利质押贷款等。

(1)个人汽车贷款。个人汽车贷款是指银行向个人发放的用于购买汽车的人民币贷款。根据《汽车贷款管理办法》的规定,**自用传统动力汽车贷款最高发放比例为80%,商用传统动力汽车贷款最高发放比例为70%;自用新能源汽车贷款最高发放比例为85%,商用新能源汽车贷款最高发放比例为75%;二手车贷款最高发放比例为70%**。

要点点拨

汽车贷款的贷款期限(含展期)不得超过5年,其中,二手车贷款的贷款期限(含展期)不得超过3年,经销商汽车贷款的贷款期限不得超过1年。

(2)助学贷款。

①**国家助学贷款**是指银行向中华人民共和国境内的(不含香港和澳门特别行政区、台湾地区)高等学校中经济确实困难的全日制普通本、专科生(含高职生)、研究生和第二学士学位学生发放的,用于支付学费、住宿费和生活费用的人民币贷款。

②**一般商业性助学贷款**是指银行向正在接受非义务教育学习的学生或其直系亲属、法定监护人发放的,只能用于学生的学杂费、生活费以及其他与学习有关的费用的商业性贷款。

(3)个人消费额度贷款。个人消费额度贷款是指银行对个人客户发放的可在一定期限和额度内随时支用的人民币贷款。借款人提供银行认可的质押、抵押、第三方保证或具有一定信用资格后,银行核定借款人相应的质押额度、抵押额度、保证额度或信用额度。质押额度一般不超过借款人提供的质押权利凭证票面价值的90%;抵押额度一般不超过抵押物评估价值的70%;保证额度和信用额度根据借款人的信用等级确定。

(4)个人住房装修贷款。个人住房装修贷款是指银行向个人客户发放的用于装修自用住房的人民币担保贷款。住房装修贷款可以用于支付家庭装潢和维修工程的施工款、相关的装修材料款和厨卫设备款等。

(5)个人耐用消费品贷款。个人耐用消费品贷款是银行对个人客户发放的用于购买大件耐用消费品的人民币贷款。

(6)个人权利质押贷款。个人权利质押贷款是指借款人以本人或其他自然人的未到期本外币定期储蓄存单、凭证式国债、电子记账类国债、个人寿险保险单以及银行认可的其他权利出质,由银行按权利凭证票面价值或记载价值的一定比例向借款人发放的人民币贷款。

知识加油站

个人综合消费贷款是指商业银行向借款人发放的指定具体消费用途的人民币贷款。其用途包括房屋装修、购买车位、购买各类大额耐用消费品、旅游、出国留学、子女婚嫁、医疗保健、购买大额人寿保险等个人生活消费。

2. 个人住房贷款

个人住房贷款是个人贷款最主要的组成部分,是指向借款人发放的用于购买、建造和大修理各类型住房的贷款。

个人住房贷款种类	含义
个人住房按揭贷款	个人住房按揭贷款是银行向自然人为购买、建造、大修各类型住房而发放的贷款
二手房贷款	二手房贷款是银行向自然人在二级市场购买各类型再次交易的住房而发放的银行自营性贷款
公积金个人住房贷款	公积金个人住房贷款是按时足额缴存住房公积金的个人在购买、建造各类型住房时，银行受住房公积金管理中心委托向借款人提供的个人住房委托贷款
个人住房组合贷款	个人住房组合贷款是指银行以公积金存款和信贷资金为来源，向同一借款人发放的用于购买自用普通住房的贷款，是个人住房委托贷款和银行自营性贷款的组合
个人住房最高额抵押贷款	个人住房最高额抵押贷款是指银行向借款人发放的、以借款人自有住房作最高额抵押、可在有效期间和贷款额度内循环使用的贷款
直客式个人住房贷款	直客式个人住房贷款是指借款人未通过合作机构推介直接向银行申请办理的个人住房贷款
固定利率个人住房贷款	固定利率个人住房贷款是指贷款人向借款人发放的，在约定期限内贷款利率不随中国人民银行利率调整或市场利率变化而浮动的个人住房贷款
个人商用房贷款	个人商用房贷款是指贷款人向借款人发放的用于购买商业用房的贷款

知识加油站

个人住房公积金贷款是政策性的住房公积金所发放的委托贷款，是指按时向资金管理中心正常缴存住房公积金的单位在职职工，在本市购买、建造自住住房（包括二手住房）时，以其拥有的产权住房为抵押物，并由有担保能力的法人提供保证而向资金管理中心申请的贷款。该贷款可由资金管理中心委托银行发放。

3. 个人经营贷款

个人经营贷款是指银行对自然人发放的、用于合法生产、经营的贷款。个人申请经营贷款，一般需要有一个经营实体作为借款基础，经营实体一般包括个体工商户、个人独资企业投资人、合伙企业合伙人等。

4. 个人信用卡透支

个人信用卡透支，是指持卡人进行信用消费、取现或其他情况所产生的累积未还款金。

真题精练

【例1·多项选择题】个人住房贷款主要包括（　　）。

A. 个人住房按揭贷款　　B. 个人住房装修贷款
C. 个人商用房贷款　　D. 个人住房最高额抵押贷款
E. 直客式个人住房贷款

ACDE　个人住房贷款主要包括个人住房按揭贷款、二手房贷款、公积金个人住房贷款、个人住房组合贷款、个人住房最高额抵押贷款、直客式个人住房贷款、固定利率个人住房贷款和个人商用房贷款。

三、个人贷款的还款方式 ★★★

个人贷款业务的还款方式通常包括**等额本息及等额本金**两种。目前，各银行还根据个人需求提供个性化的还款方式及还款服务，较为常见的特色还款方式包括：**按周还本付息、递增还款法、递减还款法、先息后本法、组合还款法、到期一次还本付息法**等。要选择最佳的还款方式，需要综合考虑借款人的收入水平、还款能力及借款额度、借款利率、借款期限、担保方式等方面情况。

教你一招

等额本金和等额本息还款方式比较容易混淆，在此进行如下总结：等额本金是每月偿还同等数额的本金和剩余贷款在该月所产生的利息，等额本息是每月都偿还同等数额的贷款；等额本金每个月的偿还金额会逐渐减少，而等额本息每个月的偿还金额固定不变；等额本息产生的总体利息要高于等额本金。

四、个人贷款基本流程及管理要求 ★★★

1. 个人贷款基本流程

个人贷款基本流程与公司贷款的基本流程环节基本一致，具体可见本章第二节“七、公司贷款基本流程”，此处不再赘述。

2. 管理要求

要遵守“了解你的客户”原则，全面持续评估借款人的信用情况、偿付能力、贷款用途等，审慎确定借款人适当性、综合资金成本、贷款金额上限、贷款期限、贷款用途限定、还款方式等。要防止借款人“以贷养贷”“多头借款”等行为。根据《中国银监会关于进一步深化整治银行业市场乱象的通知》的规定，**不得发放“首付贷”和首付不合规的个人住房贷款，各类消费贷款、个人经营性贷款、信用卡透支等不得用于购房**。

第二节　公司贷款业务

一、公司贷款的概念 ★★★

公司贷款，又称企业贷款或对公贷款，是以企事业单位为对象发放的贷款。根据贷款用途、风险特征不同，公司贷款业务种类包括流动资金贷款、固定资产贷款、项目融资、房地产贷款、贸易融资等。

二、流动资金贷款 ★★★

流动资金贷款是指商业银行向企(事)业法人或国家规定可以作为借款人的其他组织发放的用于借款人日常生产经营周转的本外币贷款。流动资金贷款用途限于借款人日常生产经营周转，即用来弥补营运资金的不足。商业银行应与借款人约定明确、合法的贷款用途，**不得将流动资金贷款用于固定资产、股权等投资，不得用于国家禁止生产、经营的领域和用途**。

贷款流程	具体内容
贷款申请	借款人的申请条件：借款人依法设立、贷款用途明确合法、借款人具有持续经营能力，有合法的还款来源，借款人信用状况良好，无重大不良信用记录等

（续表）

贷款流程	具体内容
尽职调查	商业银行受理客户的借款申请后，应采取现场与非现场相结合的形式尽职调查，形成书面报告，并对其内容的真实性、完整性和有效性负责
贷款审查	商业银行应根据借款人经营规模、业务特征及应收账款、存货、应付账款、资金循环周期等要素测算其营运资金需求，综合考虑借款人现金流、负债、还款能力、担保等因素，合理确定贷款结构，包括金额、期限、利率、担保和还款方式等
贷款审批、合同签订	流动资金贷款审批通过后，商业银行应和借款人及其他相关当事人签订书面借款合同及其他相关协议，需担保的应同时签订担保合同。在借款合同中应与借款人明确约定流动资金贷款的金额、期限、利率、用途、支付、还款方式等条款
贷款发放	商业银行在发放流动资金贷款前应确认借款人满足合同约定的提款条件，并按照合同约定通过**商业银行受托支付或借款人自主支付的方式**对贷款资金的支付进行管理与控制，监督贷款资金按约定用途使用
贷后管理	商业银行应加强流动资金贷款资金发放后的管理，针对借款人所属行业及经营特点，通过定期与不定期现场检查与非现场监测，分析借款人经营、财务、信用、支付、担保及融资数量和渠道变化等状况，掌握各种影响借款人偿债能力的风险因素

三、固定资产贷款 ★★★

1. 固定资产贷款的概念

固定资产贷款是指商业银行向企（事）业法人或国家规定可以作为借款人的其他组织发放的，用于借款人固定资产投资的本外币贷款。

知识加油站

固定资产贷款，也称为项目贷款，是为弥补企业固定资产循环中所出现的现金缺口，用于企业新建、扩建、改造、购置固定资产投资项目的贷款。固定资产贷款一般是中长期贷款，但也有用于项目临时周转用途的短期贷款。

2. 固定资产贷款的种类

（1）固定资产投资。固定资产投资是指建造和购置固定资产的活动，是社会固定资产再生产的主要手段。按照管理渠道，全社会固定资产投资总额可分为基本建设、更新改造、房地产开发投资和其他固定资产投资四个部分。

基本建设投资的综合范围为总投资**50万元以上**（含50万元，下同）的基本建设项目。更新改造投资的综合范围为总投资**50万元以上**的更新改造项目。

（2）固定资产贷款。**根据用途，固定资产贷款一般包括基本建设贷款、技术改造贷款**。一般来讲，客户申请固定资产贷款应具备以下条件：

①借款人依法经工商行政管理机关或主管机关核准登记。

②借款人信用状况良好,无重大不良记录。

③借款人为新设项目法人的,其控股股东应有良好的信用状况,无重大不良记录。

④国家对拟投资项目有投资主体资格和经营资质要求的,符合其要求。

⑤借款用途及还款来源明确、合法。

⑥项目符合国家的产业、土地、环保等相关政策,并按规定履行了固定资产投资项目的合法管理程序。

⑦符合国家有关投资项目资本金制度的规定等。

商业银行应按照审贷分离、分级审批的原则,规范固定资产贷款审批流程,明确贷款审批权限,确保审批人员按照授权独立审批贷款。商业银行应在合同中与借款人约定提款条件以及贷款资金支付接受商业银行管理和控制等与贷款使用相关的条款,**提款条件应包括与贷款同比例的资本金已足额到位、项目实际进度与已投资额相匹配**等要求。

商业银行在发放贷款前应确认借款人满足合同约定的提款条件,并按照同约定的方式对贷款资金的支付实施管理与控制,监督贷款资金按约定用途使用。**对于固定资产贷款项下借款人单笔支付金额超过项目总投资 5% 或超过 500 万元人民币的贷款资金支付,应采用商业银行受托支付方式**。

真题精练

【例 2 · 单项选择题】对于固定资产贷款项下借款人单笔支付金额超过项目总投资(　　)或超过(　　)万元人民币的贷款资金支付,应采用商业银行受托支付方式。

A. 3% ;300　　　　B. 10% ;1 000

C. 5% ;500　　　　D. 15% ;1 500

C　对于固定资产贷款项下借款人单笔支付金额超过项目总投资 5% 或超过 500 万元人民币的贷款资金支付,应采用商业银行受托支付方式。

四、项目融资 ★★★

项目融资是指符合以下特征的贷款:

(1)贷款用途通常是用于建造一个或一组大型生产装置、基础设施、房地产项目或其他项目,包括对在建或已建项目的再融资。

(2)借款人通常是为建设、经营该项目或为该项目融资而专门组建的企事业法人,包括主要从事该项目建设、经营或融资的既有企事业法人。

(3)**还款资金来源主要依赖该项目产生的销售收入、补贴收入或其他收入,一般不具备其他还款来源**。

项目融资属于特殊的固定资产贷款。但项目融资具有不同于一般固定资产投资项目的风险特征,如贷款偿还主要依赖项目未来的现金流或者项目自身资产价值;通常融资比例较高、金额较大、期限较长、成本较高和参与者较多,从而风险较大,往往需要多家银行业金融机构参与,并通过复杂的融资和担保结构以分散和降低风险等。

要点点拨

对于投资大、回收期长的大型能源开发、资源开发和基础设施建设类项目,以及不确定性大、风险高的文化创意和新技术开发项目,通常都采取项目融资的方式筹措资金。

五、房地产贷款 ★★★

房地产贷款也属于特殊的固定资产贷款，是指与房产或地产的开发、经营、消费活动有关的贷款。房地产开发贷款包括住房开发贷款和商业用房开发贷款两大类。

房地产开发企业申请银行贷款，其自有资金（指所有者权益）应不低于国家规定的资本金比例要求，且应取得土地使用权证书、建设用地规划许可证、建设工程规划许可证和施工许可证，即“四证”齐备。

六、贸易融资 ★★★

贸易融资是指银行对进口商或出口商提供的与进出口贸易结算相关的短期融资或信用便利，是企业在贸易过程中运用各种贸易手段和金融工具增加现金流量的融资方式。

贸易融资的方式	含义
保理	保理融资是指销售商通过将其合法拥有的应收账款转让给银行，从而获得融资的行为，分为有追索与无追索两种
信用证	信用证（L/C）是指由银行（开证行）依照（申请人的）要求和指示或自己主动，在符合信用证条款的条件下，凭规定单据向第三者（受益人）或其指定方进行付款的书面文件。**信用证是一种银行开立的有条件的承诺付款的书面文件**
福费廷	福费廷是指包买商从出口商那里无追索地购买已经承兑的，并通常由进口商所在地银行担保的远期汇票或本票的业务。**从业务运作的实质来看，福费廷就是远期票据贴现**
打包放款	打包放款又称信用证抵押贷款，是指出口商收到境外开来的信用证，出口商在采购这笔信用证有关的出口商品或生产出口商品时，资金出现短缺，用该笔信用证作为抵押，向银行申请本、外币流动资金贷款，用于出口货物进行加工、包装及运输过程出现的资金缺口
出口押汇	出口押汇是指银行凭出口商提供的信用证项下完备的货运单据作抵押，在收到开证行支付的货款之前，向出口商融通资金的业务
进口押汇	进口押汇是指信用证项下单到并经审核无误后，开证申请人因资金周转关系，无法及时对外付款赎单，以该信用证项下代表货权的单据为质押，并同时提供必要的抵押/质押或其他担保，由银行先行代为对外付款

真题精练

【例 3 · 判断题】信用证是一种银行开立的无条件的承诺付款的书面文件。（　　）

A. 正确　　　　B. 错误

B　信用证是一种银行开立的有条件的承诺付款的书面文件。

七、公司贷款基本流程 ★★★

1. 公司贷款基本流程

一般来说，一笔贷款的管理流程分为以下九个环节：

（1）贷款申请。贷款申请是贷款全流程管理的首要环节。借款人需用贷款资金时，应按照贷款人要求的方式和内容提出贷款申请，并恪守诚实守信原则，承诺所提供材料的真实、完整、有效。申请基本内容通常包括：借款人名称、企业性质、经营范围，申请贷款的种类、期限、金额、方式、用途，用款计划，还本付息计划等，并根据贷款人要求提供其他相关资料。

（2）受理与调查。银行在接到借款人的借款申请后，应由分管客户关系管理的客户经理采用有效方式收集借款人的信息，对其资质、信用状况、财务状况、经营情况等进行调查分析，评定资信等级，评估项目效益和还本付息能力；同时也应对担保人的资信、财务状况进行分析，如果涉及抵质押物的还必须分析其权属状况、市场价值、变现能力等，并就具体信贷条件进行初步洽谈。客户经理根据调查内容撰写书面报告，提出调查结论和信贷意见。

（3）风险评价。银行信贷人员将调查结论和初步贷款意见提交银行审批部门，由审批部门对贷前调查报告及贷款资料进行全面的风险评价，设置定量或定性的指标和标准，对借款人情况、还款来源、担保情况等进行审查，全面评价风险因素。风险评价隶属于贷款决策过程，是贷款全流程管理中的关键环节之一。

（4）贷款审批。银行要按照“审贷分离、分级审批”的原则对信贷资金的投向、金额、期限、利率等贷款内容和条件进行最终决策，逐级签署审批意见。

（5）合同签订。合同签订强调协议承诺原则。借款申请经审查批准后，银行与借款人应共同签订书面借款合同，作为明确借贷双方权利和义务的法律文件。其基本内容应包括金额、期限、利率、借款种类、用途、支付、还款保障及风险处置等要素和有关细节。对于保证担保贷款，银行还需与担保人签订书面担保合同；对于抵质押担保贷款，银行还须签订抵质押担保合同，并办理登记等相关法律手续。

（6）贷款发放。实行贷放分离、实贷实付。贷款人应设立独立的责任部门或岗位，负责贷款发放审核。贷款人在发放贷款前应确认借款人满足合同约定的提款条件，并按照合同约定的方式对贷款资金的支付实施管理与控制，监督贷款资金按约定用途使用。

（7）贷款支付。贷款人应设立独立的责任部门或岗位，负责贷款支付审核和支付操作。

（8）贷后管理。贷后管理的主要内容包括监督借款人的贷款使用情况、跟踪掌握企业财务状况及其清偿能力、检查贷款抵押品和担保权益的完整性等三个方面。

（9）贷款回收与处置。

此外，一般还要进行信贷档案管理。

2. 全流程管控

（1）全流程管理。全流程贷款管理强调要将有效的信贷风险管理行为贯穿到贷款生命周期中的每一个环节。

（2）诚信申贷。诚信申贷的实质包含两方面内容：一是借款人恪守诚实守信原则，按照贷款人要求的具体方式和内容提供贷款申请材料，并且承诺所提供材料是真实、完整、有效的；二是借款人应证明其设立合法、经营管理合规合法、信用记录良好、贷款用途明确合法以及还款来源明确合法等。

(3)**协议承诺**。协议承诺原则就是要求银行业金融机构作为贷款人应与借款人乃至其他相关各方通过签订完备的贷款合同等协议文件,规范各方有关行为,明确各方权利义务,调整各方法律关系,追究各方法律责任。

(4)**贷放分控**。贷放分控是商业银行将贷款审批与贷款发放作为两个独立的业务环节,分别管理和控制,从而改变传统信贷业务操作中贷款审批与贷款发放不分的弊端,以达到降低信贷业务操作风险的目的。

(5)**实贷实付**。实贷实付的关键是让借款人按照贷款合同的约定用途,减少贷款挪用的风险。

(6)**贷后管理**。贷后管理是指商业银行在贷款发放以后所开展的所有信贷风险管理工作。商业银行在延续传统贷后管理方式的同时,要监督贷款资金按用途使用;对借款人账户进行监控;注重借款合同的相关约定对贷后管理工作的指导性和约束性。

3. 商业银行贷款管理工作的禁止性规定

(1)严禁违反宏观调控政策,向产能过剩领域等限制领域或禁止性领域违规发放贷款。

(2)坚持集中度管理,防止出现多头授信、过度授信、不当分配授信额度等情形。

(3)不得超授权额度审批并发放贷款。

(4)不得接受空壳公司贷款、重复抵质押、虚假抵质押、违规担保等。

(5)不得违规发放流动资金贷款用于固定资产投资或股权投资。

(6)不得直接或变相为房地产企业支付土地购置费用提供各类表内外融资;向“四证”不全、资本金未足额到位的房地产开发项目提供融资。

真题精练

【例4·单项选择题】贷款全流程管理的首要环节是(　　)。

A. 贷款申请　　B. 贷款审批

C. 合同签订　　D. 受理与调查

A　贷款申请是贷款全流程管理的首要环节。

【例5·判断题】商业银行贷款管理中,严禁违反宏观调控政策,向产能过剩领域等限制领域或禁止性领域违规发放贷款。(　　)

A. 正确　　B. 错误

A　商业银行贷款管理中,严禁违反宏观调控政策,向产能过剩领域等限制领域或禁止性领域违规发放贷款。

第三节　票据业务

一、票据业务的含义 ★★

票据业务是商业银行一项传统的资产业务,建立在商业信用基础之上,是银行信用与商业信用的结合。

知识加油站

《中华人民共和国票据法》所称票据，是指汇票、本票、支票。

二、票据业务的分类 ★★

票据业务	具体内容
承兑业务	票据承兑业务是商业银行根据在本行开户客户提出的承兑申请，对客户的资信情况、交易背景情况、担保情况等进行审查，决定是否承兑的过程。票据承兑业务通过商业银行的承兑，商业信用就转化为银行信用，故一般归于信贷业务
票据贴现	票据贴现是指商业汇票的合法持票人，在商业汇票到期以前为获取票款，由持票人或第三人向金融机构贴付一定的利息后，以背书方式所做的票据转让。 按出票人不同，票据贴现业务又可分为银行承兑汇票贴现和商业承兑汇票贴现
转贴现	票据转贴现是指金融机构为了取得资金，将**未到期的已贴现**商业汇票再以卖断方式向另一金融机构转让的票据行为，是金融机构间融通资金的一种方式
买入返售（卖出回购）	买入返售（卖出回购）是指两家金融机构之间按照协议约定先买入（卖出）金融资产，再按约定价格于到期日将该项金融资产返售（回购）的资金融通行为。 开展买入返售（卖出回购）业务，不得接受和提供任何直接或间接、显性或隐性的第三方金融机构信用担保，国家另有规定的除外

教你一招

贴现、转贴现、再贴现是三个容易混淆的概念，可对比交易主体进行记忆。贴现是持票人或第三人向金融机构转让票据的行为，转贴现是金融机构向另一金融机构转让票据的行为，再贴现是金融机构向中央银行转让票据的行为。

真题精练

【例6·判断题】票据承兑业务通过商业银行的承兑，银行信用就转化为商业信用，故一般归于信贷业务。（ ）

A. 正确 B. 错误

B 票据承兑业务通过商业银行的承兑，商业信用就转化为银行信用，故一般归于信贷业务。

三、票据业务的监管要求 ★★

(1)坚持贸易背景真实性要求，严禁资金空转。

(2)加强客户授信调查和统一授信管理。

(3)规范票据交易行为。

(4)加强承兑保证金管理。

(5)不得掩盖信用风险。

第四节 保函、承诺等业务

一、银行保函业务 ★★

银行保函是指银行应申请人的要求，向受益人做出的书面付款保证承诺，银行将凭受益人提交的与保函条款相符的书面索赔履行担保支付或赔偿责任。银行保函根据担保银行承担风险的不同及管理的需要，可分为融资类保函和非融资类保函两大类。

融资类保函

(1)借款保函：担保借款人(申请人)向贷款人(受益人)按贷款合同的规定偿还贷款本息。

(2)授信额度保函：担保申请授信额度和在授信额度项下的偿还义务的履行。一般是母公司为海外的子公司申请。

(3)有价证券保付保函：为企业债券本息的偿还或可转债提供的担保。

(4)融资租赁保函：为融资租赁合同项下的租金支付提供的担保。

(5)延期付款保函：为延期支付的货款及其利息提供的担保。

非融资类保函

(1)投标保函：多用于公开招标的工程承包和物资采购合同项下，根据标书要求的担保。

(2)预付款保函：申请人一旦在基础交易项下违约，银行承担向受益人返还预付款的保证责任。

(3)履约保函：对保函申请人诚信、善意、及时履行基础交易中约定义务的保证。

(4)关税保函：为进出口物品缴纳关税提供的担保。

(5)即期付款保函：保证申请人因购买商品、技术、专利或劳动合同项下的付款责任而出具的类同信用证性质的保函。

(6)经营租赁保函：对经营租赁合同项下的租金支付提供的担保。

真题精练

【例7·单项选择题】下列属于非融资类保函的是(　　)。

A. 授信额度保函　　B. 有价证券保付保函

C. 即期付款保函　　D. 借款保函

C　银行保函根据担保银行承担风险的不同及管理的需要，可分为融资类保函和非融资类保函两类。其中，非融资类保函包括投标保函、预付款保函、履约保函、关税保函、即期付款保函和经营租赁保函。

二、备用信用证业务 ★★

备用信用证是开证行应借款人的要求，以放款人作为信用证的受益人而开具的一种特殊信用证，以保证在借款人不能及时履行义务或破产的情况下，由开证行向受益人及时支付本利。

备用信用证是在法律限制开立保函的情况下出现的保函业务的替代品，其实质也是银行对借款人的一种担保行为。备用信用证与其他信用证相比，其特征是在备用信用证业务关系中，开证行通常是第二付款人，即只有借款人发生意外才会发生资金的垫付。而在一般信用证业务中，只要受益人所提供的单据和信用证条款一致，不论申请人是否履行其义务，银行都要承担对受益人的第一付款责任。

备用信用证主要分为可撤销的备用信用证和不可撤销的备用信用证两类。可撤销的备用信用证是指附有申请人财务状况出现某种变化时可撤销或修改条款的信用证。不可撤销的备用信用证是指开证行不可以单方面撤销或修改的信用证。

知识加油站

银行的任何业务都会存在一定的风险，信用证业务一样会给银行带来风险，主要是信用风险。

三、承诺业务 ★★

承诺业务是指商业银行承诺在未来某一日期按照事先约定的条件向客户提供约定的信用业务，包括贷款承诺等。**贷款承诺业务可以分为项目贷款承诺、客户授信额度和票据发行便利及信贷证明**。

(1)项目贷款承诺。项目贷款承诺主要是为客户报批项目可行性研究报告时，向国家有关部门表明银行同意贷款支持项目建设的文件。

(2)客户授信额度。授信额度是银行确定的在一定期限内对某客户提供短期授信支持的量化控制指标，银行一般要与客户签订授信协议。

(3)票据发行便利。**票据发行便利是一种具有法律约束力的中期周转性票据发行融资的承诺**。

四、信贷证明业务 ★★

信贷证明实质属承诺业务的一个种类。开立信贷证明是应投标人和招标人或项目业主的要求，在项目投标人资格预审阶段开出的用以证明投标人在中标后可在承诺行获得针对该项目的一定额度信贷支持的授信文件。信贷证明根据银行承诺性质的不同，分为有条件的信贷证明和无条件的信贷证明两类。

五、保函、承诺等业务的管理要求 ★★

保函、承诺等业务要纳入商业银行综合授信管理范畴，实行综合授信额度管理。出具保函、信贷证明要符合各类监管规定，应对对应的基础合同认真审核，以防诈骗。涉外担保要符合国家外汇管理相关规定，落实好反担保，赔付条款要具体化。

第五节　普惠金融（中级考试内容）

一、普惠金融的概念和服务对象 ★

普惠金融是指立足机会**平等要求**和**商业可持续**原则，以可负担的成本为有金融服务需求的社会各阶层和群体提供适当、有效的金融服务。小微企业、农民、城镇低收入人群、贫困人群和残疾人、老年人等特殊群体是当前我国普惠金融重点服务对象。

真题精练

【例8·单项选择题】当前我国普惠金融重点服务对象不包括（　　）。

A. 小微企业　　B. 大型企业

C. 老年人　　D. 农民

B　小微企业、农民、城镇低收入人群、贫困人群和残疾人、老年人等特殊群体是当前我国普惠金融重点服务对象。

二、发展目标 ★

普惠金融事关发展和公平，有利于促进创业创新和就业。鼓励大中型商业银行设立普惠金融事业部，国有大型银行要率先做到，实行差别化考核评价办法和支持政策，有效缓解中小微企业融资难、融资贵问题。到2020年，建立与全面建成小康社会相适应的普惠金融服务和保障体系。

三、普惠金融事业部 ★

1.“条线化”管理体制

国务院银行业监督管理机构要求相关银行从总行到分支机构、自上而下搭建普惠金融垂直管理体系，总行设立普惠金融事业部，分支机构科学合理设置普惠金融事业部的前台业务部门和专业化的经营机构，下沉业务重心，下放审批权限，以便更好地服务普惠金融客户。

2.“五专”经营机制

（1）**专门的综合服务机制**。

（2）**专门的统计核算机制**。

（3）**专门的风险管理机制**。

（4）**专门的资源配置机制**。

（5）**专门的考核评价机制**。

四、激励机制 ★

为加强正向激励，提高开展普惠金融服务积极性，原银监会和相关部委在差异化监管、货币信贷政策、财税支持政策等方面强化支持保障。

第六节　绿色金融（中级考试内容）

一、绿色金融 ★

1. 绿色金融的概念

绿色金融指为支持环境改善、应对气候变化和资源节约高效利用的经济活动，即对环保、节能、清洁能源、绿色交通、绿色建筑等领域的项目投融资、项目运营、风险管理等所提供的金融服务。

2. 绿色金融体系

通过绿色信贷、绿色债券、绿色股票指数和相关产品、绿色发展基金、绿色保险、碳金融等金融工具和相关政策支持经济向绿色化转型的制度安排，构建绿色金融体系。

二、绿色信贷 ★

1. 评估分类

《绿色信贷指引》要求银行业金融机构制定针对客户的环境和社会风险评估标准，对客户的环境和社会风险进行动态评估与分类，相关结果应当作为其评级、信贷准入、管理和退出的重要依据，并在贷款"三查"、贷款定价和经济资本分配等方面采取差别化的风险管理措施。

2. 名单制管理

对存在重大环境和社会风险的客户实行名单制管理，要求其采取风险缓释措施，包括制定并落实重大风险应对预案，建立充分、有效的利益相关方沟通机制，寻求第三方分担环境和社会风险等。

3. 能力建设

加强绿色信贷能力建设，建立健全绿色信贷标识和统计制度，完善相关信贷管理系统，加强绿色信贷培训，培养和引进相关专业人才。必要时可以借助合格、独立的第三方对环境和社会风险进行评审或通过其他有效的服务外包方式，获得相关专业服务。

4. 授信管理

加强授信尽职调查，根据客户及其项目所处行业、区域特点，明确环境社会风险尽职调查的内容，确保调查全面、深入、细致。必要时可以寻求合格、独立的第三方和相关主管部门的支持。

三、节能减排 ★

1. 项目分类

为加强项目授信的分类管理，有条件的银行可以根据借款项目对环境的影响程度将其分为三类：

(1)A 类：严重改变环境原状且产生的不良环境和社会后果不易消除的项目。

(2)B 类：产生不良环境和社会后果，但较易通过缓释措施加以消除的项目。

(3)C 类：不会产生明显不良环境和社会后果的项目。

2. 管理要求

银行业金融机构应对上述不同类型的项目授信进行分类管理。对列为 A 类项目和 B 类中有较大风险的项目，银行业金融机构应要求建设单位乃至重要的第三方如承包商、供应商、监理商等，建立和实施针对环境影响的管理制度和行动计划、与当地社区和社会公众的沟通制度，以及监测、评估和报告（公告）制度，同时通过独立的第三方对其环境风险控制的机制、能力、结果进行监督和评估。对 B 类中风险较小的项目和列为 C 类的项目，银行业金融机构对建设单位的环境风险控制给予适当关注。

对存在重大耗能和污染风险的授信企业应实行名单式管理。

真题精练

【例 9 · 判断题】根据项目授信的分类管理，对 B 类中风险较小的项目和列为 C 类的项目，银行业金融机构对建设单位的环境风险控制应实行名单式管理。（　　）

A. 正确　　　　B. 错误

B　根据项目授信的分类管理，对 B 类中风险较小的项目和列为 C 类的项目，银行业金融机构对建设单位的环境风险控制给予适当关注。

四、提高能效 ★

2015 年 1 月，原中国银监会、国家发展改革委共同制定了能效信贷指引。能效信贷是指银行业金融机构为支持用能单位提高能源利用效率，降低能源消耗而提供的信贷融资。

（1）**重点服务领域**。

①**工业节能**。

②**建筑节能**。

③**交通运输节能**。

④**与节能项目、服务、技术和设备有关的其他重要领域**。

↓码上看总结↓

（2）能效项目。主要指通过优化设计、更新用能设备和系统、加强能源回收利用等方式，以节省一次、二次能源为目的的能源节约项目。

章节自测

一、单项选择题（在以下各小题所给出的四个选项中，只有一个选项符合题目要求，请将正确选项的代码填入括号内）

1. 个人贷款最主要的组成部分是（　　）。

A. 个人消费贷款　　　　B. 个人经营贷款

C. 个人住房贷款　　　　D. 个人信用卡透支

2. 自用传统动力汽车贷款最高发放比例为（　　）。

A. 50%　　　　B. 60%

C. 70%　　　　D. 80%

3. 下列关于公司贷款业务流程的说法中，错误的是（　　）。

A. 风险评价隶属于贷款决策过程，是贷款全流程管理中的关键环节之一

B. 银行要按照“审贷分离、分级审批”的原则对信贷资金的投向、金额、期限、利率等贷款内容和条件进行最终决策，逐级签署审批意见

C. 合同签订强调协议承诺原则

D. 贷款发放实行贷放集中统一办理

4. 下列关于票据业务的说法中，错误的是（　　）。

A. 票据业务是商业银行一项传统的资产业务

B. 票据业务建立在银行信用基础之上

C. 票据业务是银行信用与商业信用的结合

D. 票据承兑业务一般归于信贷业务

5. 下列属于融资类保函的是(　　)。
A. 投标保函　　B. 预付款保函
C. 关税保函　　D. 延期付款保函
6. (　　)要求相关银行从总行到分支机构、自上而下搭建普惠金融垂直管理体系。
A. 中国银行业协会　　B. 国务院银行业监督管理机构
C. 中国人民银行　　D. 国家发改委
7. 严重改变环境原状且产生的不良环境和社会后果不易消除的项目是(　　)。
A. A 类　　B. B 类
C. C 类　　D. D 类

二、多项选择题(在以下各小题所给出的选项中,至少有两个选项符合题目要求,请将正确选项的代码填入括号内)

1. 个人贷款主要分为(　　)。
A. 个人住房贷款　　B. 个人经营贷款
C. 个人信用卡透支　　D. 个人抵押贷款
E. 个人消费贷款
2. 个人贷款业务的还款方式包括(　　)。
A. 等额本金　　B. 先息后本法
C. 等额本息　　D. 递减还款法
E. 递增还款法
3. 客户申请固定资产贷款应具备的条件有(　　)。
A. 借款人信用状况良好,无重大不良记录
B. 项目符合国家的产业、土地、环保等相关政策
C. 借款人依法经工商行政管理机关或主管机关核准登记
D. 符合国家有关投资项目资本金制度的规定
E. 借款用途及还款来源明确、合法
4. 普惠金融事业部的"五专"经营机制包括(　　)。
A. 专门的综合服务机制　　B. 专门的资源配置机制
C. 专门的风险管理机制　　D. 专门的考核评价机制
E. 专门的统计核算机制

三、判断题(请判断以下各小题的正误,正确的选 A,错误的选 B)

1. 个人申请经营贷款,一般需要有一个经营实体作为借款基础,经营实体一般包括个体工商户、个人独资企业投资人、合伙企业合伙人等。(　　)
A. 正确　　B. 错误
2. 固定资产贷款是当前国内银行业金融机构最重要的信贷品种之一。(　　)
A. 正确　　B. 错误
3. 备用信用证与其他信用证相比,其特征是在备用信用证业务关系中,开证行通常是第一付款人。(　　)
A. 正确　　B. 错误

答案详解

一、单项选择题

1. C. 【解析】个人住房贷款是个人贷款最主要的组成部分。

2. D. 【解析】自用传统动力汽车贷款最高发放比例为 80%。

3. D. 【解析】公司贷款发放实行贷放分

离、实贷实付，选项 D 错误。

4. B。【解析】票据业务是商业银行一项传统的资产业务，建立在商业信用基础之上，是银行信用与商业信用的结合。

5. D。【解析】银行保函根据担保银行承担风险的不同及管理的需要，可分为融资类保函和非融资类保函两类。其中，融资类保函包括借款保函、授信额度保函、有价证券保付保函、融资租赁保函和延期付款保函。选项 A、B、C 属于非融资类保函。

6. B。【解析】国务院银行业监督管理机构要求相关银行从总行到分支机构、自上而下搭建普惠金融垂直管理体系。

7. A。【解析】A 类是严重改变环境原状且产生的不良环境和社会后果不易消除的项目。

二、多项选择题

1. ABCE。【解析】个人贷款主要分为个人消费贷款、个人住房贷款、个人经营贷款和个人信用卡透支四大类。

2. ABCDE。【解析】五个选项均为个人贷款业务的还款方式。

3. ABCDE。【解析】客户申请固定资产贷款应具备的条件有：(1)借款人依法经工商行政管理机关或主管机关核准登记。(2)借款人信用状况良好，无重大不良记录。(3)借款人为新设项目法人的，其控股股东应有良好的信用状况，无重大不良记录。(4)国家对拟投资项目有投资主体资格和经营资质要求的，符合其要求。(5)借款用途及还款来源明确、合法。(6)项目符合国家的产业、土地、环保等相关政策，并按规定履行了固定资产投资项目的合法管理程序。(7)符合国家有关投资项目资本金制度的规定等。

4. ABCDE。【解析】“五专”经营机制主要包括：(1)专门的综合服务机制。(2)专门的统计核算机制。(3)专门的风险管理机制。(4)专门的资源配置机制。(5)专门的考核评价机制。

三、判断题

1. A。【解析】个人申请经营贷款，一般需要有一个经营实体作为借款基础，经营实体一般包括个体工商户、个人独资企业投资人、合伙企业合伙人等。

2. A。【解析】固定资产贷款是当前国内银行业金融机构最重要的信贷品种之一。

3. B。【解析】备用信用证与其他信用证相比，其特征是在备用信用证业务关系中，开证行通常是第二付款人，即只有借款人发生意外才会发生资金的垫付。

第七章

结算、代理及托管业务

考情直击

本章的主要内容是商业银行的结算、代理及托管业务，即商业银行的中间业务。分析近几年的考试情况，本章的常考点有支付结算的方式，汇票、本票、支票的概念、特点及用途，国际结算的方式，常见的清算模式，代理业务和托管业务的种类等，在考试中约占3~8分。

考纲要求

结算、代理及托管业务

考试内容	能力等级
支付结算及清算业务、代收代付业务、代理银行业务、代理证券业务、代理保险业务、资产托管业务、代保管业务等的业务规则和管理要求	掌握
代理业务相关管理要求（中级）	了解

知识解读

第一节　支付结算业务

一、国内结算 ★★★

支付结算是指结算客户之间由于商品交易、劳务供应等经济活动而产生的债权债务关系，通过银行实现资金转移而完成的结算过程。

支付结算应遵循恪守信用、履约付款；谁的钱进谁的账，由谁支配；银行不垫款的原则。经中国人民银行批准的银行或非银行金融机构是办理支付结算和资金清算的中介机构。

现有的票据和结算方式有：汇票、本票、支票、银行卡及汇兑、托收承付、委托收款和国内信用证等。

1. 票据结算业务

票据种类	具体内容
汇票	**银行汇票是由出票银行签发的，由其在见票时按照实际结算金额无条件支付给收款人或持票人的票据**。申请人必须交足现金或其账户有足额资金支付，银行才能为其签发银行汇票，银行不垫款。 **银行汇票是一种见票即付、无须提示承兑的票据**，票随人走，人到款到，凭票取款，可以背书转让。其特点在于方便、灵活，具有较强的流通性和兑现性，是异地结算中广受欢迎、广为应用的结算工具。 单位和个人各种款项结算，均可使用银行汇票。银行汇票可以用于转账，填明“现金”字样的银行汇票可以用于支取现金。银行汇票的出票和付款，全国范围限于中国人民银行和各商业银行总行批准可以签发和兑付银行汇票业务的银行机构办理
	商业汇票是出票人签发的，委托付款人在指定付款日期无条件支付确定金额给收款人或持票人的票据。商业汇票按照承兑人的不同，分为商业承兑汇票和银行承兑汇票两种，**商业承兑汇票由银行以外的付款人承兑，银行承兑汇票由银行承兑**。 **银行承兑汇票（纸质）期限自出票之日起最长不得超过6个月**。银行承兑汇票以真实的商品交易为基础。**商业汇票的付款期限，最长不得超过6个月，提示付款期限自汇票到期日起10日内**
银行本票	**银行本票是银行签发的，承诺自己在见票时无条件支付确定的金额给收款人或者持票人的票据**。 银行本票可以用于转账，填明“现金”字样的银行本票也可用于支取现金，申请人或收款人为单位的，银行不予签发现金银行本票。银行本票一律记名，允许背书转让。 银行本票见票即付。其通用性强，灵活方便，限于在同一票据交换区域内使用。银行本票的提示付款期限为2个月
支票	支票是出票人签发的、委托办理支票存款业务的银行在见票时无条件支付确定的金额给收款人或者持票人的票据，分为现金支票、转账支票和普通支票。**现金支票只能用于支付现金；转账支票只能用于转账；普通支票既可以用于支取现金，也可以用于转账**。 支票的使用涉及出票人、付款人和受款人等。支票不受金额起点限制，**提示付款期限自出票日起10日**。 支票特点：支票的出票人是银行存款客户；支票的付款人是银行。支票是即期付款，是替代现金的一种支付工具。使用支票结算具有手续方便、使用灵活、结算及时、可以转让等特点。支票结算适用于单位和个人在同一票据交换区的各种款项的结算

知识加油站

银行承兑汇票的出票人是指签发银行承兑汇票的企业，必须为银行业金融机构以外的法人或其他组织。

2. 非票据结算业务

(1) **汇兑**。汇兑是汇款人委托银行将其款项支付给收款人的结算方式。汇兑能够及时、安全地将款项汇划至指定账户，操作环节相对简单，包括汇款人汇款、银行划款、解付款项三个环节，是异地结算中最广为使用的一种方式。

(2) **托收承付**。托收承付也称异地托收承付，是收款人根据购销合同发货后，委托银行向异地付款人收取款项，付款人向银行承认付款的结算方式，是一种先发货后收款的结算方式。

(3) **委托收款**。委托银行收款是指收款人向银行提供收款依据，委托银行向付款人收取款项的结算方式，分为异地委托收款、同城委托收款和同城特约委托收款。委托收款方式具有方便灵活、适用面广、不受金额起点限制等特点。

3. 结算账户管理

(1) 单位结算账户。存款人以单位名称开立的银行结算账户为单位结算账户。**单位结算账户按用途分为基本存款账户、一般存款账户、专用存款账户、临时存款账户**。

(2) 个人结算账户。个人结算账户是自然人因投资、消费、结算等而开立的可办理支付结算业务的存款账户。个人银行账户分为Ⅰ类银行账户、Ⅱ类银行账户和Ⅲ类银行账户（分别简称Ⅰ类户、Ⅱ类户和Ⅲ类户）。

真题精练

【例1·单项选择题】银行签发的，承诺在见票时无条件支付确定金额给收款人或者持票人的票据是(　　)。

A. 支票　　B. 汇款

C. 商业汇票　　D. 银行本票

D　银行本票是银行签发的，承诺在见票时无条件支付确定金额给收款人或者持票人的票据。

二、国际结算 ★★★

国际结算方式是指资金在国际间从付款一方转移到收款一方的方式。**目前在进出口业务中所采用的结算方式主要有汇款、托收和信用证三种**。汇款方式是顺汇法，托收和信用证方式是逆汇法。

1. 汇款

汇款是银行（汇出行）应汇款人（债务人）的要求，以一定的方式将一定的金额，以其国外联行或代理行作为付款银行（汇入行），付给收款人（债权人）的一种结算方式。**按汇款支付授权书的投递方式划分，汇款业务分为电汇、信汇、票汇三种**。

(1) 电汇。**电汇汇款是汇款人（付款人或债务人）委托银行以电报、电传、环球同业银行金融电讯协会（SWIFT）方式，指示出口地某一银行（其分行或代理行）作为汇入行，解付一定金额给收款人的汇款方式**。

(2) 信汇。信汇汇款是汇出行应汇款人申请，将信汇委托书或支付委托书邮寄给汇人行，授权其解付一定金额给收款人的一种汇款方式。

(3)票汇。票汇汇款是汇出行应汇款人申请，代汇款人开立以其分行或代理行为解付行的银行即期汇票，支付一定金额给收款人的一种汇款方式。

2. 托收

托收意指银行按照从出口商那里收到的指示办理：获得金融单据的付款及/或承兑，或者凭付款及/或承兑交出单据，或者以其他条款和条件交出单据。

托收结算方式分为光票托收、跟单托收和直接托收。

(1)光票托收。**光票托收是指不附带商业单据的金融票据的托收**，是委托人向银行提交凭以收取款项的金融票据，要求托收行通过其联行或代理行向付款人提示要求其付款的一种结算方式。

(2)跟单托收。**跟单托收是指附有商业单据的托收**。跟单托收按金融单据是否随附商业单据分为两种：一种是金融票据随商业单据的托收，这种托收是凭汇票付款，其他单据是汇票的附件，起"支持"汇票的作用。另一种是商业单据不附金融单据的托收。跟单托收按其交单方式，分为凭承兑交单与凭付款交单。

(3)直接托收。卖方/委托人从其银行即托收行那里获得托收指示的空白格式，由其自己填写，连同托收单据直接寄给买方银行，即代收行，请其代收货款，并将已经填妥的托收格式副本送给托收行，请其将此笔托收视同本行办理一样。

要点点拨

托收方式的基本当事人有四个，即委托人、托收行、代收行和付款人。

3. 信用证

信用证是银行应进口商请求，开出一项凭证给出口商的，在一定条件下保证付款，或者承兑并付款，或者议付的一种结算方式。信用证按不同的划分标准可以分为以下几类：

(1)按进出口可分为**进口信用证和出口信用证**。

(2)按开证行保证性质的不同，可分为**可撤销信用证和不可撤销信用证**。现在银行基本上只开不可撤销信用证。

(3)按信用证项下的汇票是否附商业单据，可分为**跟单商业信用证和光票信用证**。现在银行开立的基本上是跟单商业信用证。

(4)按信用证项下的权利是否可转让，可分为**可转让信用证和不可转让信用证**。现在银行开立的大多是不可转让信用证。

(5)按付款期限可分为**即期信用证和远期信用证**。

(6)按是否可循环使用可分为**循环信用证和不可循环信用证**。

(7)按是否保兑可分为**保兑信用证和无保兑信用证**。

要点点拨

信用证业务所涉及的基本当事人为三个：开证申请人、开证行和受益人。除此以外，还可能出现保兑行、通知行、被指定银行、转让行和偿付行等。

三、清算业务 ★★★

银行清算业务是指银行间通过账户或有关货币当地清算系统，在办理结算和支付中用以清讫双边或多边债权债务的过程和方法。按地域划分，清算业务可分为国内联行清算和国际清算。

常见的清算模式有实时全额清算、净额批量清算、大额资金转账系统及小额定时清算四种模式。

1. 国内联行清算

国内联行清算根据交易行是否属于同一银行分为系统内联行清算和跨系统联行往来。

(1)同一家银行的总行、分行、支行间彼此互称为联行。当资金结算业务发生在同一个银行系统,即同属一个总行的各个分支机构间的资金账务往来,称为联行往来。系统内联行清算包括全国联行往来、分行辖内往来和支行辖内往来。

(2)跨系统联行往来是指结算业务发生在两家不同的银行间的清算业务。**跨系统联行往来的资金清算必须通过中国人民银行办理**。

2. 国际清算

国际清算业务是国际银行间办理结算和支付中用以清讫双边或多边债权债务的过程和方法。国际清算业务是商业银行的一项综合性、服务性、国际性的基础业务,随着国际支付业务的日益发展,它对国际银行业务的发展起着重要的作用。

知识加油站

国际清算的类型主要分为内部转账型和交换型两种。

真题精练

【例2·多项选择题】按地域划分,清算业务可分为(　　)。

A. 实时全额清算　　B. 小额定时清算
C. 净额批量清算　　D. 国内联行清算
E. 国际清算

DE　按地域划分,清算业务可分为国内联行清算和国际清算。

【例3·判断题】国内跨系统联行往来的资金清算必须通过中国银行办理。(　　)

A. 正确　　B. 错误

B　国内跨系统联行往来的资金清算必须通过中国人民银行办理。

第二节　代理业务

一、代收代付业务 ★★★

代收代付业务是商业银行利用自身的结算便利,接受客户委托代为办理指定款项收付事宜的业务。

代收代付业务主要包括代理各项公用事业收费、代理行政事业性收费和财政性收费、代发工资、代扣住房按揭消费贷款等。目前主要是委托收款和托收承付两类。

二、代理业务 ★★★

1. 代理政策性银行业务

代理政策性银行业务是指商业银行受政策性银行的委托,对其自主发放的贷款代理结算,并对其账户资金进行监管的一种中间业务。主要解决政策性银行因服务网点设置的限制而无法办理业务的问题。目前主要代理中国进出口银行和国家开发银行业务。

代理政策性银行业务主要包括代理资金结算、代理现金支付、代理专项资金管理、代理贷款项目管理等业务。

2. 代理中央银行业务

代理中央银行业务是指根据政策、法规应由中央银行承担，但由于机构设置、专业优势等方面的原因，由中央银行指定或委托商业银行承担的业务。代理中央银行业务主要包括代理财政性存款、代理国库、代理金银等业务。

3. 代理商业银行业务

代理商业银行业务是商业银行之间相互代理的业务。代理商业银行业务包括代理结算业务、代理外币清算业务、代理外币现钞业务等。

4. 代理证券业务

代理证券资金清算业务是指商业银行利用其电子汇兑系统、营业机构以及人力资源为证券公司总部及其下属营业部代理证券资金的清算、汇划等结算业务。代理证券资金清算业务主要包括：

(1)一级清算业务，即各证券公司总部以法人为单位与证券登记结算公司之间发生的资金往来业务。

(2)二级清算业务，即法人证券公司与下属证券营业部之间的证券资金汇划业务。

5. 代理保险业务

代理保险业务是指代理机构接受保险公司的委托，代其办理保险业务的经营活动。代理保险业务的种类主要包括代理人寿保险业务、代理财产保险业务、代理收取保费及支付保险金业务、代理保险公司资金结算业务。

6. 其他代理业务

(1)委托贷款业务。根据《贷款通则》的定义，委托贷款是指由政府部门、企事业单位及个人等委托人提供资金，由贷款人(即受托人)根据委托人确定的贷款对象、用途、金额、期限、利率等代为发放、监督使用并协助收回的贷款。**贷款人（受托人）只收取手续费，不承担贷款风险。**

(2)代销开放式基金。开放式基金代销业务是指银行利用其网点柜台或电话银行、网上银行等销售渠道代理销售开放式基金产品的经营活动。银行向基金公司收取基金代销费用。投资者可以通过银行及时对开放式基金进行认购、申购及赎回。

(3)代理国债买卖。银行客户可以通过银行营业网点购买、兑付、查询凭证式国债、储蓄国债(电子式)以及柜台记账式国债。

知识加油站

开放式基金购买渠道：基金公司、银行、证券公司等。

真题精练

【例 4 · 单项选择题】下列关于委托贷款业务的说法中，正确的是(　　)。

A. 贷款人承担贷款风险　　B. 贷款人收取利息

C. 贷款人收取手续费　　D. 贷款人提供资金

C　委托贷款业务中，贷款人(受托人)只收取手续费，不承担贷款风险。

三、代理业务的管理要求 ★★★

开展代理业务，要按照“**内控优先、制度先行**”原则，制定完善较为科学的代理业务管理办法、操作规程和财务核算办法。开办代理业务,要有明确的授权,不得未经授权、擅自代理,不得超越权限代理。

第三节 托管业务

一、资产托管业务 ★★★

资产托管业务是指具备托管资格的商业银行作为托管人,依据有关法律法规,与委托人签订委托资产托管合同,履行托管人相关职责的业务。通常来讲,托管人的职责主要包括针对投资资产的安全保管、资金清算、会计核算、资产估值、投资监督及信息披露等。

目前,国内商业银行资产托管业务品种主要包括证券投资基金托管、保险资产托管、社保基金托管、企业年金基金托管、券商资产管理计划资产托管、信托资产托管、商业银行人民币理财产品托管、QFII(合格境外机构投资者)资产托管、QDII(合格境内机构投资者)资产托管等。

基金托管业务包括证券投资基金、开放式基金和其他基金托管业务。

商业银行要建立健全内部风险控制、监察与审计、财务管理与人事管理制度,确保托管资产的安全,保障托管的不同基金分别设置账户、独立核算、分账管理。

二、代保管业务 ★★★

代保管业务是商业银行利用自身安全设施齐全等有利条件设置保险箱库,为客户代理保管各种贵重物品和单证并收取手续费的业务。近年来,出租保管箱业务发展迅速,成为代保管业务的主要产品。此外,代保管业务还包括露封保管业务和密封保管业务。

(1)**露封保管业务**。露封保管业务是指客户将物品交给商业银行代保管时不加封,由商业银行保管部门当面验收点清后,收妥后给客户开出保管收据,订立代保管契约,载明保管物品的名称、种类、数量、保管期限、保管费用、双方责任和义务等内容。

(2)**密封保管业务**。密封保管业务是指客户先将代保管物品加以密封,然后交给商业银行代为保管的一种代保管方式。代保管期间,商业银行保管部门不得开启密封物品,保管期满后必须原封不动交还客户。**密封保管业务主要适用于金银珠宝、珍贵文物、契约文件等物品的保管。**

露封保管业务和密封保管业务在办理保管时都注明保管期限和保管物品的名称、种类、数量、金额等,区别在于密封保管的客户在将保管物品交给银行时先加以密封。

代保管业务经营风险即操作风险,主要是商业银行内部控制系统不完善而导致的风险,是代保管业务管理制度不完善或工作人员未严格遵守规章制度,违章操作,导致代保管行承受各种损失。商业银行代保管业务操作风险管理的重点在于事前防范和事中监管,具体要从强化商业银行内部风险控制和外部风险监管入手。

知识加油站

中间业务是商业银行不使用自己的资金而为客户办理支付和其他委托事项,并从中收取手续费的业务,也称为无风险业务。商业银行中间业务是指不构成银行表内资产、表内负债,形成银行非利息收入的业务。支付结算业务、代理业务、托管业务都属于商业银行的中间业务。

真题精练

【例5·判断题】代保管业务是商业银行利用自身安全设施齐全等有利条件设置保险箱库，为客户代理保管各种贵重物品和单证并收取手续费的业务。（　　）

A. 正确　　B. 错误

A　代保管业务是商业银行利用自身安全设施齐全等有利条件设置保险箱库，为客户代理保管各种贵重物品和单证并收取手续费的业务。

↓码上看总结↓

章节自测

一、单项选择题（在以下各小题所给出的四个选项中，只有一个选项符合题目要求，请将正确选项的代码填入括号内）

1. 经（　　）批准的银行或非银行金融机构是办理支付结算和资金清算的中介机构。

A. 国务院　　B. 中国人民银行

C. 中国银保监会　　D. 中国银行业协会

2. 银行本票提示付款期限为（　　）个月。

A. 1　　B. 2

C. 3　　D. 6

3. 汇款的方式不包括（　　）。

A. 电汇　　B. 票汇

C. 信汇　　D. 网汇

4. 下列关于托收的说法中，错误的是（　　）。

A. 托收方式的基本当事人有委托人、托收行、代收行和付款人

B. 托收结算方式分为光票托收、跟单托收和直接托收

C. 跟单托收附有商业单据

D. 光票托收附有商业单据

5. 信用证按付款期限可分为（　　）。

A. 循环信用证和不可循环信用证　　B. 保兑信用证和无保兑信用证

C. 即期信用证和远期信用证　　D. 可撤销信用证和不可撤销信用证

二、多项选择题（在以下各小题所给出的选项中，至少有两个选项符合题目要求，请将正确选项的代码填入括号内）

1. 支票的种类包括（　　）。

A. 现金支票　　B. 普通支票

C. 转账支票　　D. 银行承兑支票

E. 商业承兑支票

2. 常见的清算模式有（　　）。

A. 实时全额清算　　B. 大额定时清算

C. 净额批量清算　　D. 大额资金转账系统

E. 小额定时清算

3. 目前,国内商业银行资产托管业务品种主要包括( )。
A. 社保基金托管　　B. 企业年金基金托管
C. 券商资产管理计划资产托管　　D. 信托资产托管
E. 证券投资基金托管

4. 露封保管业务和密封保管业务在办理保管时都注明( )。
A. 保管期限　　B. 保管物品的数量
C. 保管物品的名称　　D. 保管物品的种类
E. 保管物品的金额

三、判断题(请判断以下各小题的正误,正确的选 A,错误的选 B)

1. 代保管业务经营风险即操作风险,主要是商业银行内部控制系统不完善而导致的风险。( )
A. 正确　　B. 错误

2. 转账支票既能转账,又能取现。( )
A. 正确　　B. 错误

3. 信用证是一种无条件的银行支付承诺。( )
A. 正确　　B. 错误

答案详解

一、单项选择题

1. B。【解析】经中国人民银行批准的银行或非银行金融机构是办理支付结算和资金清算的中介机构。

2. B。【解析】银行本票提示付款期限为2个月。

3. D。【解析】按汇款支付授权书的投递方式划分,汇款业务分为电汇、信汇、票汇三种。

4. D。【解析】光票托收是指不附带商业单据的金融票据的托收。

5. C。【解析】信用证按付款期限可分为即期信用证和远期信用证。

二、多项选择题

1. ABC。【解析】支票可分为现金支票、转账支票、普通支票。

2. ACDE。【解析】常见的清算模式有实时全额清算、净额批量清算、大额资金转账系统及小额定时清算四种模式。

3. ABCDE。【解析】目前,国内商业银行资产托管业务品种主要包括证券投资基金托管、保险资产托管、社保基金托管、企业年金基金托管、券商资产管理计划资产托管、信托资产托管、商业银行人民币理财产品托管、QFII(合格境外机构投资者)资产托管、QDII(合格境内机构投资者)资产托管等。

4. ABCDE。【解析】露封保管业务和密封保管业务在办理保管时都注明保管期限和保管物品的名称、种类、数量、金额等,区别在于密封保管的客户在将保管物品交给银行时先加以密封。

三、判断题

1. A。【解析】代保管业务经营风险即操作风险,主要是商业银行内部控制系统不完善而导致的风险。

2. B。【解析】转账支票只能转账,不能取现。

3. B。【解析】信用证是银行应进口商请求,开出一项凭证给出口商的,在一定条件下保证付款或者承兑并付款或者议付的一种结算方式。

第八章
金融市场业务（中级考试内容）

考情直击

本章的主要内容是债券投资、同业拆借、外汇交易、贵金属业务和债券回购。按照初、中级大纲的划分，本章属于中级大纲要求的内容。分析近几年的实际考试情况，初级考试中也可能会涉及债券收益率的各项指标、同业拆借的特点、外汇报价方式和债券回购业务，考生需要着重了解一下。

考纲要求

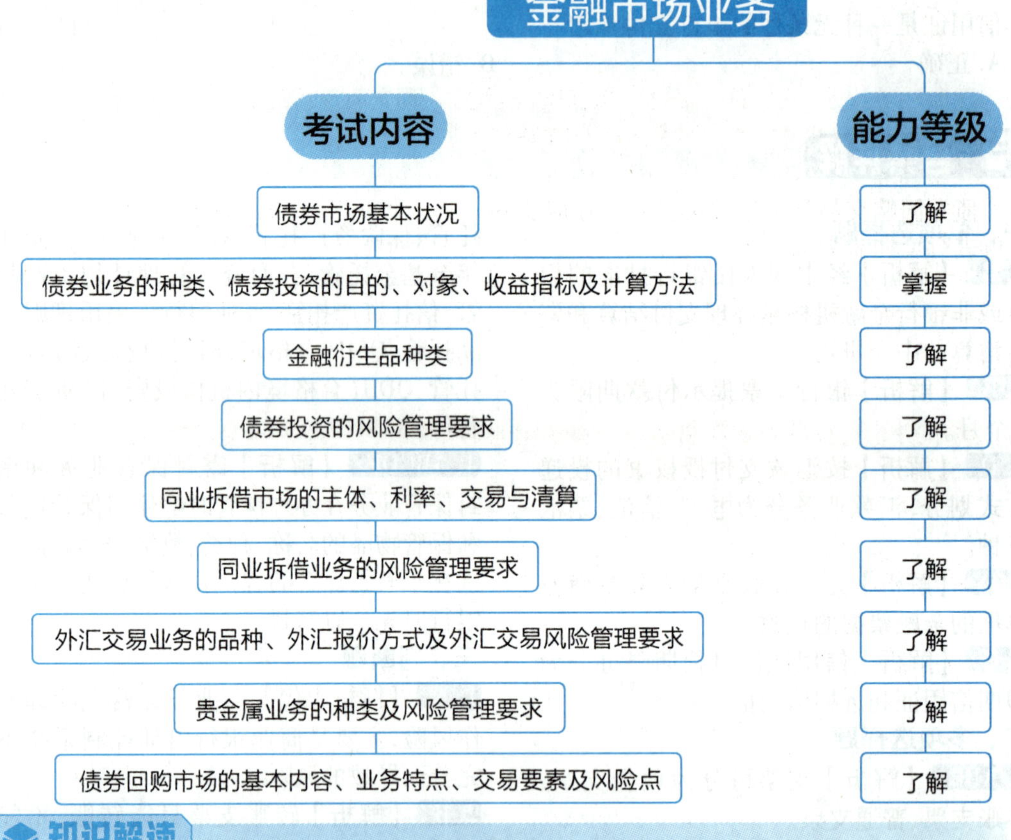

知识解读

第一节　债券投资

一、债券市场概况 ★

中国债券市场从1981年恢复发行国债开始至今，经历了曲折的探索。1996年年末建立债券中央托管机构后，中国债券市场进入快速发展阶段。

银行间市场是债券市场的主体，这一市场参与者是各类机构投资者，属于大宗交易市场（批发市场），实行双边谈判成交，典型的结算方式是逐笔结算。

（1）银行间市场的参与主体。银行间市场的参与者全部为机构投资者，包括银行类机构、证券公司、基金类机构、保险公司、非银行金融机构、信用社和非金融机构等。

（2）银行间市场的监管结构。从银行间市场的监管结构来看，已经基本明确"**政府监管、行业自律、中介监控**"三位一体的监管体系。

（3）银行间市场交易方式。银行间市场是机构投资者进行大宗交易的市场，买卖双方通过一对一报价方式进行交易。买卖双方既可以通过交易系统询价，也可以通过传真、网络、电话等方式一对一询价，逐笔成交。

要点点拨

目前，我国债券市场形成了包括银行间市场、交易所市场和商业银行柜台市场三个子市场在内的统一分层的市场体系。

二、债券交易的种类 ★★★

1. **债券现券交易**

债券现券交易是指债券买卖双方在成交后就办理交收手续，买方付出资金并获得债券，卖方得到资金并交付债券，成交和交收基本上同步进行。

2. **债券回购交易**

债券回购交易是指债券买卖双方在成交的同时，约定于未来某一时间以某一价格，双方再进行反向交易的行为。

3. **债券远期交易**

债券远期交易是指债券交易双方约定在未来某一时刻按照现在确定的价格进行交易。

4. **债券期货交易**

债券期货交易是指在交易所进行的标准化的远期交易，即债券交易双方在集中性的市场以公开竞价方式所进行的债券期货合约的交易。

真题精练

【例1·单项选择题】下列不属于债券交易种类的是（　　）。

A. 债券现券交易　　B. 债券回购交易

C. 债券远期交易　　D. 债券互换交易

D　债券交易的种类包括：（1）债券现券交易。（2）债券回购交易。（3）债券远期交易。（4）债券期货交易。

三、债券投资的目的和对象 ★★★

1. 债券投资的目的

商业银行债券投资的目标，主要是平衡流动性和盈利性，并降低资产组合的风险、提高资本充足率。

2. 债券投资的对象

我国商业银行债券投资的对象主要包括国债、地方政府债券、中央银行票据、金融债券、资产支持证券、企业债券和公司债券等。

（1）**国债**。国债是国家为筹措资金而向投资者出具的书面借款凭证，承诺在一定的时期内按约定的条件，按期支付利息和到期归还本金。**国债以国家信用为后盾，通常被认为是没有信用风险，而且其利息收入不用缴纳所得税**。国债分为记账式国债和储蓄国债两种。

（2）**地方政府债券**。地方政府债券也被称为市政债券，是指地方政府根据信用原则、以承担还本付息责任为前提而筹集资金的债务工具，是指有财政收入的地方政府及地方公共机构发行的债券。

（3）**中央银行票据**。中央银行票据简称央行票据或央票，是指中国人民银行面向全国银行间债券市场成员发行的、期限一般在三年以内的中短期债券。央行票据具有无风险、流动性高等特点，是商业银行债券投资的重要对象。

（4）**金融债券**。

（5）**资产支持证券**。资产支持证券是资产证券化产生的资产。资产证券化是指把缺乏流动性，但具有未来现金流的资产汇集起来，通过结构性重组，将其转变为可以在金融市场上出售和流通的证券，据以融通资金的机制和过程。

（6）**企业债券和公司债券**。在国外，没有企业债和公司债的划分，统称为公司债。在我国，企业债券是按照《企业债券管理条例》规定发行与交易、由国家发展和改革委员会监督管理的债券，在实践中，其发债主体为中央政府部门所属机构、国有独资企业或国有控股企业，因此它在很大程度上体现了政府信用。公司债券管理机构为中国证券监督管理委员会，发债主体为按照《中华人民共和国公司法》设立的公司法人，在实践中，其发行主体为上市公司，其信用保障是发债公司的资产质量、经营状况、盈利水平和持续盈利能力等。

知识加油站

可转换公司债券是一种可以在特定时间、按特定条件转换为普通股股票的特殊企业债券。可转换债券兼具债券和股票的特性。

真题精练

【例2·单项选择题】下列债券信用风险最低的是（　　）。

A. 国债　　B. 企业债券

C. 公司债券　　D. 金融债券

A　国债以国家信用为后盾，通常被认为是没有信用风险。

四、债券投资的收益 ★★★

债券收益率是指在一定时期内，一定数量的债券投资收益与投资额的比率，通常用年率来表示。

收益率种类	具体内容
名义收益率	名义收益率又称票面收益率，是票面利息与面值的比率，其计算公式是： **名义收益率＝票面利息／面值×100%** 名义收益率没有考虑债券市场价格对投资者收益产生的影响，衡量的仅是债券发行人每年支付利息的货币金额，一般仅供计算债券应付利息时使用，而无法准确衡量债券投资的实际收益

（续表）

收益率种类	具体内容
即期收益率	债券票面利率与购买价格之间的比率，其计算公式是： **即期收益率＝票面利息／购买价格×100%** 即期收益率反映的是以现行价格购买债券时，通过按债券票面利率计算的利息收入而能够获得的收益，但并未考虑债券买卖差价所能获得的资本利得收益，因此也不能全面反映债券投资的收益
持有期收益率	债券买卖价格差价加上利息收入后与购买价格之间的比率，其计算公式是： **持有期收益率＝（出售价格－购买价格＋利息）／购买价格×100%** 持有期收益率不仅考虑到了债券所支付的利息收入，而且还考虑到了债券的购买价格和出售价格，从而考虑到了债券的资本损益，因此比较充分地反映了实际收益率
到期收益率	到期收益率是投资购买债券的内部收益率，即可以使投资购买债券获得的未来现金流量的现值等于债券当前市场价格的贴现率，相当于投资者按照当前市场价格购买并且一直持有到满期时可以获得的年平均收益率，其中隐含了每期的投资收入现金流均可以按照到期收益率进行再投资。 $PV=C_1/(1+y)^1+C_2/(1+y)^2+\cdots+C_n/(1+y)^n$ 其中，PV 为债券当前市场价格；C_n 为第 n 期现金流；y 为到期收益率

真题精练

【例 3 · 单项选择题】某债券面值为 120 元，市场价格也为 120 元，偿还期 10 年，利息为 9 元，则其即期收益率是（　　）。

A. 7.5%　　B. 7.8%

C. 9%　　D. 10%

A　由即期收益率公式可得，即期收益率＝票面利息/购买价格×100%＝9/120×100%＝7.5%。

五、金融衍生产品 ★

（1）**债券远期**。债券远期是交易双方约定在未来某一日期，以约定价格和数量买卖标的债券的金融合约，是债券市场规避利率风险的金融衍生工具。

（2）**人民币利率互换**。人民币利率互换作为一种债务保值工具，具有降低筹资成本、规避利率风险、增加资产收益固定边际利润等功能。人民币利率互换交易的浮动端参考利率主要有 Shibor、7 天回购定盘利率和人民银行公布的基准利率。

（3）**远期利率协议**。远期利率协议无论在定价效率、参与主体及浮动利率基准方面都较利率互换有所改善，进一步提高机构的利率风险管理能力。

六、债券投资的风险 ★

商业银行债券投资的风险，主要包括信用风险、市场风险和流动性风险。

（1）债券投资的风险管理要实行风险分类管理，重点关注高风险投资，商业银行应按照风险程度对债券投资组合进行分类管理，重点关注高风险债券。高风险债券包括但不限于：信用评级在投资级别以下；债券结构复杂或杠杆率较高；发行人经营杠杆率过高；有关发行人的经营状况和财务状况等信息披露不够充分、完整、及时。

（2）加强信用风险管理，将债券资产纳入统一风险管理体系。

（3）加强市场风险管理，确保估值及时合理。

（4）加强流动性风险管理，关注投资变现能力。

（5）完善压力测试程序，提高预警及应急能力。

第二节　同业拆借

一、同业拆借的概念和特点 ★

同业拆借是指经中国人民银行批准进入全国银行间同业拆借市场（以下简称同业拆借市场）的金融机构之间，通过全国统一的同业拆借网络进行的无担保资金融通行为。**同业拆借具有期限短、金额大、风险低、手续简便等特点，从而能够反映金融市场上的资金供求状况**。

二、同业拆借市场 ★

1. 同业拆借市场的概念

同业拆借市场是指由各类金融机构相互间进行无担保短期资金借贷活动而形成的市场，是货币市场的重要组成部分。

2. 同业拆借市场的特点

（1）**市场参与主体广泛**，共有16类金融机构可以申请进入同业拆借市场，涵盖了所有银行类金融机构和绝大部分非银行类金融机构。

（2）**不同类别市场主体的拆借最长期限不同**，有7天、3个月和1年三个档次。

（3）**采用无担保交易方式**，严格的市场准入条件使金融机构可以其信誉参与拆借活动。

（4）**同业拆借交易必须在全国统一的拆借网络中进行**，目前我国拆借交易主要通过交易中心的本币交易系统达成。

3. 同业拆借市场的主体

共有16类金融机构可以向中国人民银行申请进入同业拆借市场，包括：政策性银行、中资商业银行、外商独资银行和中外合作银行、城市信用合作社、农村信用合作社县级联合社、企业集团财务公司、信托公司、金融资产管理公司、金融租赁公司、汽车金融公司、证券公司、保险公司、保险资产管理公司、中资商业银行（不包括城市商业银行、农村商业银行和农村合作银行）授权的一级分支机构、外国银行分行以及中国人民银行确定的其他机构。

4. 同业拆借市场的利率

上海银行间同业拆放利率（Shibor）从2007年1月4日起正式运行，为我国金融市场提供了1年以内产品的定价基准，具有极其重要的意义。目前，对社会公布的Shibor品种包括隔夜、1周、2周、1个月、3个月、6个月、9个月及1年。

要点点拨

上海银行间同业拆放利率是单利、无担保、批发性利率。

三、同业拆借的交易和清算 ★

同业拆借交易必须在全国统一的同业拆借网络中进行，以询价方式自主谈判，逐笔成交，**同业拆借利率由双方自行商定**。

同业拆借的资金清算可以在同一银行完成的，应以转账方式进行。任何同业拆借清算均不得使用现金支付。

真题精练

【例4·判断题】同业拆借的资金清算可以在同一银行完成的，应以转账方式进行。(　　)

A. 正确　　　　B. 错误

A　同业拆借的资金清算可以在同一银行完成的，应以转账方式进行。

四、同业拆借的交易要素 ★

同业拆借的拆借方向包括拆入和拆出两种。拆借期限最短为1天，最长为360天。拆借利率是指拆入方付给拆出方的资金价格，以年利率表示。拆借金额最低为10万元，最小变动量为10万元。达成交易到实际清算的天数有成交当日清算(T+0)和成交次日清算(T+1)两种。成交日为达成交易的日期。首次结算日为成交日加上清算速度，是资金从拆出方向拆入方发生实际转移的日期。到期还款日是指起息日加上拆借期限，是资金从拆入方实际归还至拆出方的日期。

五、同业拆借业务的风险控制 ★

商业银行应当将同业拆借风险管理纳入本机构风险管理的总体框架之中，并根据同业拆借业务的特点，建立健全同业拆借风险管理制度，设立专门的同业拆借风险管理机构，制定同业拆借风险管理内部操作规程和控制措施。

同业拆借实施严格的期限管理和限额管理。

第三节　外汇交易

一、外汇报价方式

(1)直接标价法。**直接标价法是以外国货币为基准的表示方式，即一个单位的外国货币，可以兑换若干单位的本国货币。**包括中国在内的世界上绝大多数国家都采用直接标价法。国际外汇市场上，日元(JPY)、瑞士法郎(CHF)、加元(CAD)等均为直接标价法。

(2)间接标价法。**间接标价法是以本国货币为基准的，即一定单位本国货币能兑换若干单位的外国货币。**国际外汇市场上，欧元(EUR)、英镑(GBP)、澳元(AUD)等均为间接标价法。

(3)美元标价法。以一种国际上的主要货币或者关键货币为汇价标准作为标价方法，即美元标价法。

二、外汇交易的主要业务品种

(1)**即期外汇交易**。即期外汇交易又称为现汇交易或外汇现货交易，是指在交易日后的第二个营业日或成交当日办理实际货币交割的外汇交易。

(2)**远期外汇交易**。远期外汇交易又称为期汇交易，是指交易双方在成交后并不立即办理交割，而是事先约定币种、金额、汇率、交割时间等交易条件，到期才进行实际交割的外汇交易。

(3)**择期外汇交易**。择期外汇交易是一种特殊的远期外汇交易，即由交易的某一方选择在一定期限内的任何一天进行交割的交易。

(4)**掉期外汇交易**。掉期外汇交易是指将币种相同但交易方向相反，交割日不同的两笔或以上的外汇交易结合起来所进行的交易。

(5)外汇期权交易。外汇期权交易实质是一种权利的交易，包括买入外汇期权交易和卖出外汇期权交易。

真题精练

【例5·多项选择题】外汇交易的主要业务品种包括(　　)。

A. 即期外汇交易　　B. 远期外汇交易

C. 外汇期权交易　　D. 择期外汇交易

E. 掉期外汇交易

ABCDE　外汇交易的主要业务品种包括：(1)即期外汇交易。(2)远期外汇交易。(3)择期外汇交易。(4)掉期外汇交易。(5)外汇期权交易。

三、外汇交易的风险

外汇交易存在信用风险、市场风险、流动性风险、操作风险和法律风险。信用风险是指存在交易对手未能按期交割可能会给银行带来的风险。市场风险是指市场汇率利率朝头寸不利方向变动时给银行带来的潜在亏损。操作风险主要是交易和结算人员有意或无意违反管理规定和操作流程使交易风险大大增加的风险。法律风险是指交易双方合约分歧而引起的纠纷。其中，最为重要的还是信用风险。

在外汇市场中，信用风险可分为三种不同的形态，分别为授信风险、交割风险及国别风险。

第四节　贵金属业务

一、贵金属业务的分类 ★

(1)从业务类别来看主要分为实物类贵金属业务、融资类贵金属业务、理财类贵金属业务和交易类贵金属业务。

(2)按客户类别来看主要分为对零售客户的贵金属业务、对公司客户的贵金属业务、对同业客户的贵金属业务。

二、贵金属业务的主要品种 ★

贵金属业务的主要品种包括：

(1)实物贵金属买卖业务。

(2)账户贵金属交易业务。

(3)贵金属理财业务。

(4)贵金属租赁业务。

(5)贵金属同业拆放业务。

(6)贵金属衍生品交易业务。

除以上业务外，部分商业银行也开展了代理黄金交易所实物贵金属买卖业务、贵金属积存业务和贵金属质押融资业务。

三、贵金属业务的风险 ★

(1)对于融资类业务如租赁业务、同业拆放业务，主要面临客户不能按时归还贵金属及付息的信用风险。

(2)对于实物交割类业务，由于从购入到售出存在一定时间差，最主要的风险是贵金属价格波动带来的市场风险，需要通过贵金属市场的衍生产品交易来规避。

(3)实物贵金属需要运输、报关、鉴别和仓储，衍生大量的操作风险。

第五节　债券回购

一、债券回购的概念和分类 ★

债券回购是商业银行短期借款的重要方式，是指以债券抵押的短期资金借贷行为。

从交易发起人的角度债券回购可以分为正回购和逆回购。**从债券所有权转移与否可以分为买断式回购和质押式回购。**

二、债券回购市场 ★

1. 质押式回购市场

根据《全国银行间债券市场债券交易管理办法》规定，下列机构可以加入全国银行间市场长期从事质押式回购业务：在中国境内具有法人资格的商业银行及其授权分支机构；在中国境内具有法人资格的非银行金融机构和非金融机构；经中国人民银行批准经营人民币业务的外国银行分行。

金融机构进入全国银行间债券市场实行准入备案制，应按照规定程序向中国人民银行上海总部提交备案材料。

2. 买断式回购市场

具备成为全国银行间债券市场参与者资格的机构可以从事债券买断式回购业务。

三、债券回购业务的特点 ★

(1)安全性。与其他融资方式相比，由于有足值债券质押，并且债券的流动性较高，债券回购业务内含的信用风险较低。

(2)便捷性。债券回购业务基于足值高等级流动性强的债券质押，因此大大简化了信用风险评估程序，交易规范标准，是商业银行十分便捷的短期融资方式。

(3)波动性。由于债券回购利率与市场流动性密切相关，会随着市场流动性的波动而波动。

真题精练

【例 6 · 单项选择题】债券回购业务的特点不包括(　　)。

A. 安全性　　　　B. 及时性
C. 波动性　　　　D. 便捷性

B　债券回购业务的特点包括：(1)安全性。(2)便捷性。(3)波动性。

四、债券回购交易要素 ★

1. 质押式回购交易要素

回购方向包括正回购和逆回购，即融入和/或融出资金。回购期限最长不超过 365 天。券面总额是指质押债券的券面总额，最低为 10 万元，最小变动单位为 10 万元。折算比例是指实际融入金额占质押债券券面总额的百分比。交易金额是指正回购方实际融入的资金数额。到期结算金额是指到期日正回购返回的金额，等于成交金额与利息之和。

2. 买断式回购交易要素

回购方向包括正回购和逆回购，即融入和/或融出资金。回购期限为交易双方约定的回购期限。券面总额是指回购债券面值总量，最低为 10 万元，最小变动单位为 10 万元。到期结算金额是(到期净价 + 到期应计利息) × 券面金额/100。保证品指为了减少风险而使用的质押物，可以使用保证金、保证券或两者都有。

五、债券回购业务的风险 ★

1. 限额管理

（1）质押式回购。根据《基金管理公司进入银行间同业市场管理规定》和《证券公司进入银行间同业市场管理规定》对证券公司、基金管理公司的质押式回购实行限额控制，证券公司融入和融出额度不得超过其实收资本的80%。基金管理公司基金融入和融出额度不得超过其资产净值的40%。

（2）买断式回购。任何一家市场参与者单只券种的待返售债券余额应小于该只债券流通量的20%，任何一家市场参与者待返售债券总余额应小于其在中央结算公司托管的自营债券总量的200%。

2. 期限管理

（1）质押式回购。**债券质押式回购交易期限最短为1天，最长为365天**。在本币交易系统中，超出期限的交易将无法成交。

（2）买断式回购。**买断式回购的交易期限最长不得超过365天**。交易双方不得以任何形式展期。

真题精练

【例7·判断题】债券质押式回购交易期限最短为1天，最长为91天。（　　）

A. 正确　　　　B. 错误

B　债券质押式回购交易期限最短为1天，最长为365天。

码上看总结

章节自测

一、单项选择题（在以下各小题所给出的四个选项中，只有一个选项符合题目要求，请将正确选项的代码填入括号内）

1.（　　）建立债券中央托管机构后，中国债券市场进入快速发展阶段。

A. 1981年年末　　　　B. 1990年年末

C. 1993年年末　　　　D. 1996年年末

2. 公司债券管理机构为（　　）。

A. 中国证监会　　　　B. 中国银保监会

C. 中国证券业协会　　　　D. 中国银行业协会

3. 下列关于债券收益率的说法中，错误的是（　　）。

A. 名义收益率是票面利息与面值的比率

B. 即期收益率能全面反映债券投资的收益

C. 即期收益率 = 票面利息/购买价格 ×100%

D. 债券收益率通常用年率来表示

4. 上海银行间同业拆放利率是由信用等级较高的银行组成报价团自主报出的人民币同业拆出利率计算确定的（　　）。

A. 加权平均利率　　　　B. 几何平均利率

C. 算术平均利率　　　　D. 复利

5.（　　）是由交易的某一方选择在一定期限内的任何一天进行交割的交易。

A. 即期外汇交易　　B. 远期外汇交易

C. 掉期外汇交易　　D. 择期外汇交易

6. 对于实物交割类贵金属业务，最主要的风险是（　　）。

A. 市场风险　　B. 操作风险

C. 信用风险　　D. 法律风险

二、多项选择题（在以下各小题所给出的选项中，至少有两个选项符合题目要求，请将正确选项的代码填入括号内）

1. 下列属于银行间市场参与者的有（　　）。

A. 基金类机构　　B. 银行类机构

C. 个人投资者　　D. 保险公司

E. 信用社

2. 我国商业银行债券投资的对象包括（　　）。

A. 国债　　B. 企业债券

C. 地方政府债券　　D. 公司债券

E. 资产支持证券

3. 下列使用直接标价法的有（　　）。

A. 人民币　　B. 日元

C. 欧元　　D. 瑞士法郎

E. 英镑

4. 在外汇市场中，信用风险可分为（　　）。

A. 授信风险　　B. 流动性风险

C. 交割风险　　D. 汇率风险

E. 国别风险

三、判断题（请判断以下各小题的正误，正确的选 A，错误的选 B）

1. 人民币利率互换作为一种债务保值工具，具有降低筹资成本、规避利率风险、增加资产收益固定边际利润等功能。（　　）

A. 正确　　B. 错误

2. 同业拆借具有期限短、金额大、风险低、手续复杂等特点，从而能够反映金融市场上的资金供求状况。（　　）

A. 正确　　B. 错误

3. 任何一家市场参与者单只券种的待返售债券余额应小于该只债券流通量的 20%，任何一家市场参与者待返售债券总余额应小于其在中央结算公司托管的自营债券总量的 150%。（　　）

A. 正确　　B. 错误

答案详解

一、单项选择题

1. D.【解析】1996 年年末建立债券中央托管机构后，中国债券市场进入快速发展阶段。

2. A.【解析】公司债券管理机构为中国证监会。

3. B.【解析】即期收益率反映的是以现行价格购买债券时，通过按债券票面利率计算的利息收入而能够获得的收益，但并未考虑债券买卖差价所能获得的资本利得收益，因此也不能全面反映债券投资的收益。

4. C。【解析】上海银行间同业拆放利率（Shibor），以位于上海的全国银行间同业拆借中心为技术平台计算、发布并命名，是由信用等级较高的银行组成报价团自主报出的人民币同业拆出利率计算确定的算术平均利率。

5. D。【解析】择期外汇交易是一种特殊的远期外汇交易，即由交易的某一方选择在一定期限内的任何一天进行交割的交易。

6. A。【解析】对于实物交割类贵金属业务，由于从购入到售出存在一定时间差，最主要的风险是贵金属价格波动带来的市场风险，需要通过贵金属市场的衍生产品交易来规避。

二、多项选择题

1. ABDE。【解析】银行间市场的参与者全部为机构投资者，包括银行类机构、证券公司、基金类机构、保险公司、非银行金融机构、信用社和非金融机构等。

2. ABCDE。【解析】我国商业银行债券投资的对象主要包括国债、地方政府债券、中央银行票据、金融债券、资产支持证券、企业债券和公司债券等。

3. ABD。【解析】包括中国在内的世界上绝大多数国家都采用直接标价法。国际外汇市场上，日元（JPY）、瑞士法郎（CHF）、加元（CAD）等均为直接标价法。

4. ACE。【解析】在外汇市场中，信用风险可分为三种不同的形态，分别为授信风险、交割风险及国别风险。

三、判断题

1. A。【解析】人民币利率互换作为一种债务保值工具，具有降低筹资成本、规避利率风险、增加资产收益固定边际利润等功能。

2. B。【解析】同业拆借具有期限短、金额大、风险低、手续简便等特点，从而能够反映金融市场上的资金供求状况。

3. B。【解析】任何一家市场参与者单只券种的待返售债券余额应小于该只债券流通量的20%，任何一家市场参与者待返售债券总余额应小于其在中央结算公司托管的自营债券总量的200%。

第九章 投行业务（中级考试内容）

考情直击

本章的主要内容是债券承销、银团贷款、并购贷款和财务咨询顾问。按照初、中级大纲的划分，本章属于中级大纲要求的内容。分析近几年的实际考试情况，初级考试中也可能会涉及银团贷款中各银行的职责、并购贷款的风险管理要求，考生需要着重了解一下。

考纲要求

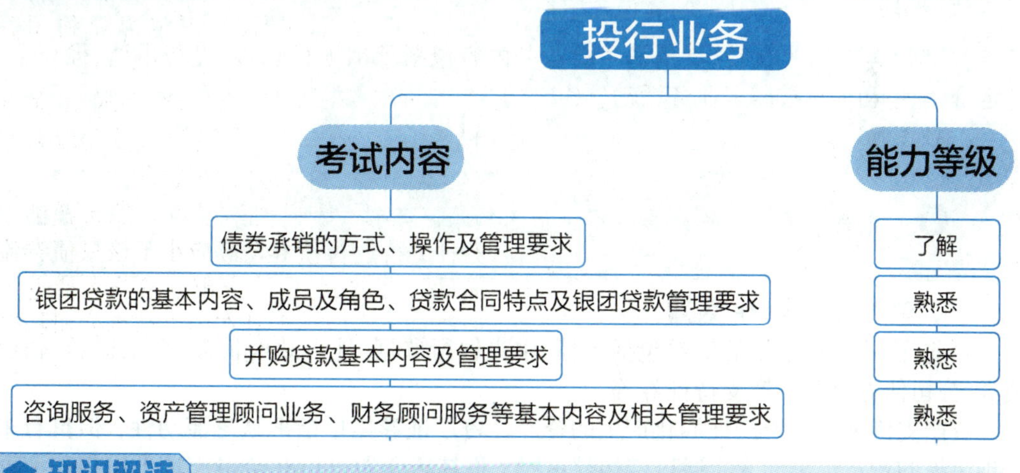

知识解读

第一节 债券承销

一、债券承销的概念和方式 ★

1. 债券承销的概念

债券承销是指商业银行经营投行业务中，接受客户委托，按照客户的要求将债券销售到机构投资者和社会公众投资者手中，实现客户筹措资金的目的的行为或过程。

2. 债券承销的方式

（1）代销。代销是指发行人委托商业银行等承销机构向社会销售债券，承销机构按照规定的发行条件在约定的期限内尽力推销，到了销售截止日期，债券如果没有按照原定发行数额全部销售出去，则其未销售部分退还给发行人，承销机构从发行人那里收取委托手续费，但不承担任何发行风险。

（2）余额包销。余额包销也称为助销，是指由发行人委托承销机构按照已定的发行额和发行条件，在约定期限内向社会推销债券，到了销售截止日期，未售出的余额由承销机构认购。其特点是既保证债券发行总额的完成，又能减轻发行者的费用和中介机构的风险压力。

（3）**全额包销**。全额包销也叫承购包销，是指商业银行等承销机构先将债券全部或部分认购下来，并立即向债券发行人支付全部债券价款，然后再按照市场条件转售给投资者，转售剩余部分由中介机构拥有。**全额包销的方式按照承销机构的不同又可分为协议包销、俱乐部包销和银团包销。**

二、债券承销业务内容 ★

债券承销的主要业务内容包括承销项目承接、发行申请、推介、定价、配售和信息披露等业务活动。此外，还包括协助发行人协调资信评级机构、会计师事务所、律师事务所等中介机构的相关工作，依据相关规定开展尽职调查，向发行人进行有关债券市场的法律法规、基础知识培训，使其掌握债券申报发行等方面的法律法规和规则，知悉信息披露和履行承诺等方面的责任和义务，树立进入债券市场的法制意识、诚信意识和自律意识。

真题精练

【例1·判断题】债券承销的主要业务内容包括承销项目承接、发行申请、推介、定价、配售和信息披露等业务活动。（　　）

A. 正确　　　　B. 错误

A　债券承销的主要业务内容包括承销项目承接、发行申请、推介、定价、配售和信息披露等业务活动。

三、资产支持证券 ★

目前，商业银行承销的债券包括国债、中央银行票据、地方政府债券、金融债券、企业债券、公司债券以及资产支持证券等。

资产支持证券是资产证券化产生的资产。**资产证券化是指把缺乏流动性，但具有未来现金流的资产汇集起来，通过结构性重组，将其转变为可以在金融市场上出售和流通的证券，据以融通资金的机制和过程。**

四、债券承销的管理要求

商业银行应制定债券发行、承销和兑付等相应的管理办法，建立内部监督机制，防止未经核准擅自发行债券或超规模发行债券，要严格按监管规定报送文件或披露信息。

第二节　银团贷款

一、银团贷款概述 ★★

1. 银团贷款的概念

银团贷款又称辛迪加贷款，是指由两家或两家以上银行基于相同贷款条件，依据同一贷款合同，按约定时间和比例，通过代理行向借款人提供的本外币贷款或授信业务。

2. 银团贷款成员及角色

参与银团贷款的银行均为银团成员。银团成员应按照“**信息共享、独立审批、自主决策、风险自担**”的原则自主确定各自授信行为。按照在银团贷款中的职能和分工，银团成员通常分为牵头行、代理行和参加行等角色，也可根据实际规模与需要在银团内部增设副牵头行、联合牵头行等，并按照银团贷款合同履行相应职责。

要点点拨

银团贷款牵头行是指经借款人同意，负责发起组织银团、分销银团贷款份额的银行。单家银行担任牵头行时，其承贷份额原则上不少于银团融资总金额的20%；分销给其他银团贷款成员的份额原则上不低于50%。银团代理行是指银团贷款合同签订后，按相关贷款条件确定的金额和进度归集资金向借款人提供贷款，并接受银团委托按银团贷款合同约定进行银团贷款事务管理和协调活动的银行。

二、银团发起与管理 ★★

银团贷款由借款人或银行发起。牵头行应当与借款人谈妥银团贷款的初步条件，并获得借款人签署的银团贷款委任书。牵头行应当按照授信工作尽职的相关要求，对借款人或贷款项目进行贷前尽职调查，并在此基础上与借款人进行前期谈判，商谈贷款的用途、额度、利率、期限、担保形式、提款条件、还款方式和相关费用等，并据此编制银团贷款信息备忘录。

三、银团贷款合同 ★★

银团成员之间的权利义务关系可以在银团贷款合同中约定，也可以另行签订《银团内部协议》（或称为《银团贷款银行间协议》等）加以约定。银团成员间的权利义务关系主要包括：银团成员内部分工、权利与义务、银团贷款额度的分配、银团贷款额度的转让；银团会议的议事规则；银团成员的退出和银团解散；违约行为及责任；解决争议的方式；银团成员认为有必要约定的其他事项。

真题精练

【例2·判断题】银团成员之间的权利义务关系只能在银团贷款合同中约定。（　　）

A. 正确　　　　B. 错误

B　银团成员之间的权利义务关系可以在银团贷款合同中约定，也可以另行签订《银团内部协议》（或称为《银团贷款银行间协议》等）加以约定。

四、银团贷款管理 ★★

银团贷款的日常管理工作主要由代理行负责。代理行应在银团贷款存续期内跟踪了解项目的进展情况，及时发现银团贷款可能出现的问题，并以书面形式尽快通报银团成员。

银团贷款存续期间，银团会议由代理行负责定期召集，或者根据银团贷款合同的约定由一定比例的银团成员提议召开。银团会议的主要职能是讨论、协商银团贷款管理中的重大事项。

第三节 并购贷款

一、并购贷款的概念和用途 ★★

并购贷款是指银行为境内企事业法人在改制、改组过程中，有偿兼并、收购国内其他企事业法人、已建成项目，以及进行资产、债务重组发放的贷款。

并购可由并购方通过其专门设立的无其他业务经营活动的全资或控股子公司（以下简称子公司）进行。并购贷款由商业银行向并购方或其子公司发放，用于支付并购交易价款。

要点点拨

商业银行开办并购贷款业务应当遵循依法合规、审慎经营、风险可控、商业可持续的原则。

二、并购贷款的风险管理要求 ★★

原中国银监会对商业银行开办并购贷款有一些专门的风险管理要求，具体包括：

（1）**有健全的风险管理和有效的内控机制**。

（2）**资本充足率不低于 10%**。

（3）**商业银行全部并购贷款余额占同期本行一级资本净额的比例不应超过 50%**。

（4）**商业银行对单一借款人的并购贷款余额占同期本行一级资本净额的比例不应超过 5%**。

（5）**并购交易价款中并购贷款所占比例不应高于 60%**。

（6）**并购贷款期限一般不超过 7 年**。

（7）**商业银行应具有与本行并购贷款业务规模和复杂程度相适应的熟悉并购相关法律、财务、行业等知识的专业人员**。

商业银行办理并购贷款业务，要在全面分析战略风险、法律与合规风险、整合风险、经营风险以及财务风险等与并购有关的各项风险的基础上评估并购贷款的风险，涉及跨境交易的，还应分析国别风险、汇率风险和资金过境风险。

真题精练

【例 3 · 单项选择题】下列关于商业银行开办并购贷款的风险管理要求的表述中，错误的是（　　）。

A. 有健全的风险管理和有效的内控机制

B. 资本充足率不低于 10%

C. 并购交易价款中并购贷款所占比例不应高于 60%

D. 并购贷款期限一般不超过 15 年

D　原中国银监会对商业银行开办并购贷款有一些专门的风险管理要求，其中之一是，并购贷款期限一般不超过 7 年。

第四节　财务咨询顾问

一、财务咨询顾问业务概述 ★★

财务咨询顾问业务是银行利用在信息、知识、人才、产品、渠道等方面的综合优势，为客户提供包括财务投融资在内的各项咨询与服务。该类业务具有以下特性：系统性和广泛性；权威性和可靠性。

商业银行开办的咨询顾问业务主要有企业信息咨询服务、资产管理顾问业务、财务顾问业务。

二、咨询服务 ★★

商业银行通过资金运动的记录，以及与资金运动有关的经济金融等相关资料的收集和整理，根据特定需要，以不同形式提供给信息咨询者。主要内容包括：

（1）信息咨询。按其内容可分为信用、经济、管理和技术咨询。按其经常性与否，信息咨询业务主要方式为定期或不定期提供信息咨询报告、会谈咨询、电话咨询等。

（2）资信证明。根据客户需要，提供各类验资证明、询证函、招投标资信证明和存款证明等服务。

（3）资信调查。银行独立或联合其他中介机构为委托人出具资信调查报告，调查并客观反映委托人所要求的被调查人、被调查资产、被调查市场的资信状况，包括单位调查、资产调查和市场调查等。

三、资产管理顾问业务 ★★

资产管理顾问业务主要是商业银行为机构投资者或个人提供全面的资产管理服务，包括投资建议组合、投资分析、税务服务、信息提供和风险控制等。

四、财务顾问业务 ★★

（1）财务融资顾问。

（2）财务制度顾问。

（3）财务重组顾问。

（4）理财投资顾问。

（5）收购兼并顾问。

真题精练

【例4·多项选择题】财务顾问业务的主要服务内容包括（　　）。

A. 财务融资顾问　　B. 财务制度顾问

C. 收购兼并顾问　　D. 理财投资顾问

E. 财务重组顾问

ABCDE　财务顾问业务的主要服务内容包括：（1）财务融资顾问。（2）财务制度顾问。（3）财务重组顾问。（4）理财投资顾问。（5）收购兼并顾问。

五、财务咨询顾问业务的管理要求 ★★

商业银行要在自身能力许可范围内接受委托项目，签订委托咨询合同，按规定的程序认真履行自己的职责，为客户提供真实有效的服务，树立风险意识，针对不同业务采用不同的方法控制风险，提高服务质量。不得只收费不服务或质价不符。

↓码上看总结↓

章节自测

一、单项选择题（在以下各小题所给出的四个选项中，只有一个选项符合题目要求，请将正确选项的代码填入括号内）

1. 下列关于债券承销的说法中，错误的是（　　）。
A. 全额包销既保证债券发行总额的完成，又能减轻发行者的费用和中介机构的风险压力
B. 在代销方式下，承销机构从发行人那里收取委托手续费，不承担任何发行风险
C. 全额包销也叫承购包销
D. 余额包销也称为助销

2. 银团成员应按照（　　）的原则自主确定各自授信行为。
A. 信息独享、分次审批、商讨决策、风险自担
B. 信息独享、独立审批、自主决策、风险共担
C. 信息共享、独立审批、自主决策、风险自担
D. 信息共享、分次审批、商讨决策、风险共担

3. 银团贷款的日常管理工作主要由（　　）负责。
A. 参加行　　B. 副牵头行
C. 牵头行　　D. 代理行

4. 商业银行全部并购贷款余额占同期本行一级资本净额的比例不应超过（　　）。
A. 50%　　B. 60%
C. 70%　　D. 80%

二、多项选择题（在以下各小题所给出的选项中，至少有两个选项符合题目要求，请将正确选项的代码填入括号内）

1. 全额包销的方式按照承销机构的不同可分为（　　）。
A. 助销　　B. 协议包销
C. 俱乐部包销　　D. 代销
E. 银团包销

2. 银团成员间的权利义务关系主要包括（　　）。
A. 银团贷款额度的转让　　B. 银团会议的议事规则
C. 银团成员的退出和银团解散　　D. 违约行为及责任
E. 解决争议的方式

3. 商业银行开办并购贷款业务应当遵循（　　）的原则。
A. 放款迅速　　B. 依法合规
C. 风险可控　　D. 审慎经营
E. 商业可持续

三、判断题（请判断以下各小题的正误，正确的选A，错误的选B）

1. 债券承销的主要业务内容包括承销项目承接、发行申请、推介、定价、配售和信息披露等业务活动。（　　）
A. 正确　　B. 错误

2. 银团贷款只能由银行发起。（　　）
A. 正确　　B. 错误

3. 并购贷款由商业银行向并购方或其子公司发放，用于支付并购交易价款。（ ）

A. 正确　　B. 错误

答案详解

一、单项选择题

1. A。【解析】余额包销的特点是既保证债券发行总额的完成，又能减轻发行者的费用和中介机构的风险压力。

2. C。【解析】银团成员应按照“信息共享、独立审批、自主决策、风险自担”的原则自主确定各自授信行为，并按实际承担份额享有银团贷款项下相应的权利，履行相应的义务。

3. D。【解析】银团贷款的日常管理工作主要由代理行负责。

4. A。【解析】商业银行全部并购贷款余额占同期本行一级资本净额的比例不应超过50%。

二、多项选择题

1. BCE。【解析】全额包销的方式按照承销机构的不同可分为协议包销、俱乐部包销和银团包销。

2. ABCDE。【解析】银团成员间的权利义务关系主要包括：银团成员内部分工、权利与义务、银团贷款额度的分配、银团贷款额度的转让；银团会议的议事规则；银团成员的退出和银团解散；违约行为及责任；解决争议的方式；银团成员认为有必要约定的其他事项。

3. BCDE。【解析】商业银行开办并购贷款业务应当遵循依法合规、审慎经营、风险可控、商业可持续的原则。

三、判断题

1. A。【解析】债券承销的主要业务内容包括承销项目承接、发行申请、推介、定价、配售和信息披露等业务活动。

2. B。【解析】银团贷款由借款人或银行发起。

3. A。【解析】并购贷款由商业银行向并购方或其子公司发放，用于支付并购交易价款。

第十章 银行卡业务

考情直击

本章的主要内容是银行卡的功能、分类以及交易流程，第二节、第三节又分别从借记卡、信用卡两个方面来分别阐述相关知识，第四节分析了银行卡业务的发展趋势。分析近几年的考试情况，本章的常考点有银行卡的功能、分类、借记卡和信用卡的区别、借记卡的功能与特点、信用卡的分类与特点、信用卡的风险管理等，在考试中约占1~2.5分。

考纲要求

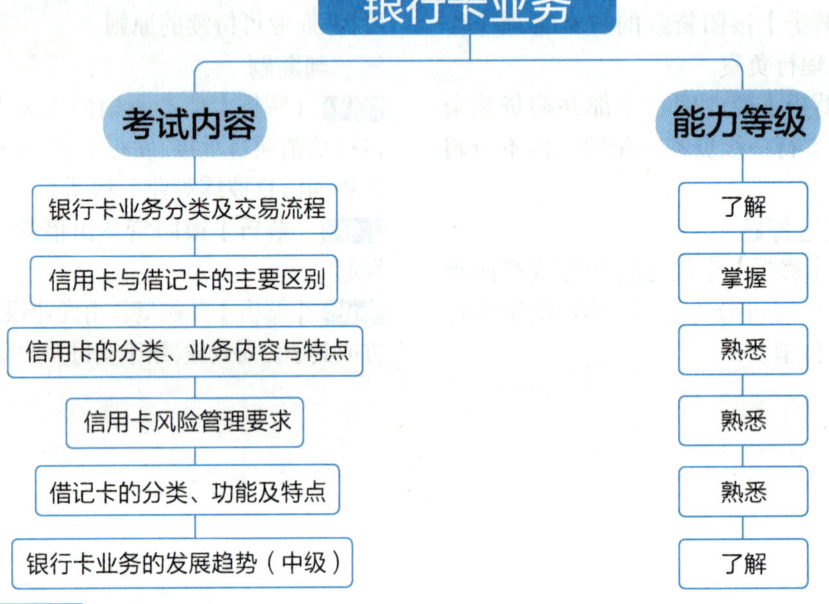

知识解读

第一节 银行卡业务概述

一、银行卡的概念、功能和分类 ★

1. 银行卡的概念

银行卡是由商业银行（或者发卡机构）发行的具有消费信用、转账结算、存取现金等全部或部分功能的信用支付工具。

2. 银行卡的功能

银行卡具有**支付结算、汇兑转账、储蓄、循环信贷、个人信用、综合服务**等功能。

3. 银行卡的分类

(1)按银行卡清偿方式的不同,目前的银行卡主要有信用卡、借记卡。

(2)银行卡按照币种不同分为人民币卡、外币卡。

(3)按发行对象划分,银行卡可以分为个人卡和单位卡(也称为商务卡或公务卡)。

(4)按信息存储介质划分,目前银行卡主要分为磁条卡和芯片卡。

(5)按照信用和资产等级的提高,发卡机构对信用卡和借记卡均逐步推出了普卡、金卡、白金卡、钻石卡等银行卡产品。有些发卡机构近年来还针对信用卡推出了无限卡、世界卡、私人银行卡等品种。

(6)按持卡人社会地位和责任划分,可以将信用卡分为主卡和附属卡。

(7)按合作单位性质划分,合作发卡可以分为联名卡和认同卡。

真题精练

【例1·单项选择题】按发行对象划分,银行卡可分为(　　)。

A. 信用卡和借记卡　　B. 个人卡和单位卡

C. 磁条卡和芯片卡　　D. 国际卡和地区卡

B　按发行对象划分,银行卡可以分为个人卡和单位卡。

二、银行卡的交易流程 ★

银行卡交易主要包括五个参与主体,即:**持卡人、合作商户、发卡机构(银行或其他机构)、收单机构(银行或其他机构)和银行卡组织**。

持卡人是银行卡交易的发起方,持卡人使用银行卡在合作商户进行消费,获得商品并享受商户提供的各种服务;合作商户向持卡人提供银行卡交易的受理渠道,出售商品或服务并获得营业利润;发卡机构指向持卡人发行银行卡的机构,可以是银行,也可以是其他非银行机构(例如美国运通公司等);收单机构在审核商户的各项资质后,与其签约成为该收单机构的合作商户,收单机构为合作商户提供刷卡消费的机具等各项服务。

要点点拨

国内主要的银行卡组织是中国银联。国际上,维萨(VISA)和万事达(MasterCard)是两个最大的银行卡组织。

三、借记卡和信用卡的区别 ★★★

借记卡是客户先在卡内存入资金,再消费,不允许透支使用;信用卡一般是银行或发卡机构给予客户一定的授信额度,客户可以在额度内透支使用,先使用后还款。

教你一招

借记卡,存钱后消费;信用卡,办卡需查征信,可以透支。

类别	借记卡	准贷记卡	贷记卡
申办条件	不进行资信审查，使用前需存款	视发卡银行规定，需进行必要的资信审查，对符合申请条件的方予发卡	视发卡银行规定，需进行必要的资信审查，对符合申请条件的方予发卡
用款方式	存多少，用多少，不能透支	可以透支，先消费，后还款	可以透支，先消费，后还款
免息还款期	无	20～60 天（具体以发卡银行规定为准）	20～60 天（具体以发卡银行规定为准）
信用额度	无	有	有
预借现金	无	有	有
循环信用	无	有	有
消费方法	凭密码	凭密码或签名	凭密码或签名
存款利息	有	有	无

真题精练

【例 2 · 单项选择题】下列关于信用卡和借记卡的区别的说法中，错误的是(　　)。

A. 借记卡有存款利息，贷记卡则没有

B. 借记卡不能透支，准贷记卡可以透支

C. 借记卡没有免息还款期，贷记卡有 20～60 天的免息还款期

D. 借记卡和贷记卡都不可以预借现金

D　借记卡不可以预借现金，准贷记卡和贷记卡可以预借现金。

第二节　借记卡业务

一、借记卡的概念和分类 ★★

1. 借记卡的概念

借记卡是指发卡银行向持卡人签发的，没有信用额度，持卡人先存款后使用的银行卡。

2. 借记卡的分类

借记卡按功能的不同分为转账卡（含储蓄卡）、专用卡、储值卡。

转账卡是实时扣账的借记卡，具有转账结算、存取现金和消费功能。专用卡是具有专门用途（指在百货、餐饮、饭店、娱乐行业以外的用途），在特定领域使用的借记卡，具有转账结算、存取现金的功能。储值卡是发卡银行根据持卡人的要求将其资金转至卡内存储，交易时直接从卡内扣款的预付钱包式借记卡。

同一客户在同一商业银行开立借记卡原则上不得超过4张;同一代理人在同一商业银行代理开卡原则上不得超过3张。

真题精练

【例3·判断题】同一客户在同一商业银行开立借记卡原则上不得超过3张。( )

A. 正确　　B. 错误

B　同一客户在同一商业银行开立借记卡原则上不得超过4张。

二、借记卡的功能与特点 ★★

1. 借记卡的功能

(1)存取现金。借记卡大多具备本外币、定期、活期等储蓄功能,借记卡可在发卡、借记卡银行网点、自助银行存取款,也可在全国乃至全球的ATM(取款机)上取款。

(2)转账汇款。持卡人可通过银行网点、网上银行、自助银行等渠道将款项转账或汇款给其他账户。

(3)刷卡消费。持卡人可在商户用借记卡刷卡消费。

(4)代收代付。借记卡可用于代发工资,也可缴纳各种费用(如通信费、水费、电费、燃气费等)。

(5)资产管理。理财产品、开放式基金、保险、个人外汇买卖、贵金属交易等均可通过借记卡进行签约、交易和结算。

(6)其他服务。许多银行借记卡的服务已延伸到金融服务之外,如为持卡人提供机场贵宾通道、医疗健康服务等。

2. 借记卡的特点

(1)申请简便。借记卡申领手续简单、无须提供担保,客户持有效身份证件均可申请办理。

(2)易用与普及。借记卡具有易用性和广泛的普及性,借记卡也是电子贸易中最普遍使用的支付工具之一。

(3)安全可靠。借记卡具有和信用卡一样的安全保障。

要点点拨

借记卡的代付功能可以缴纳的费用有通信费、水费、电费、燃气费等。

第三节　信用卡业务

一、信用卡的概念及分类 ★★

1. 信用卡的概念

信用卡是指记录持卡人账户相关信息,具备银行授信额度和透支功能,并为持卡人提供相关银行服务的各类介质。

2. 信用卡的分类

(1)**按照是否交存备用金，信用卡分为贷记卡和准贷记卡**。目前，市场上发行的信用卡主要都是贷记卡产品，一般所说的信用卡即指的是贷记卡产品。

(2)**按照发行对象不同，信用卡可分为个人卡和单位卡**。其中，单位卡按照用途分为商务差旅卡和商务采购卡。个人卡按照产品特点可分为标准卡、联名卡及主题卡等。

知识加油站

信用卡本质上是商业银行提供的一种信用贷款。

二、信用卡业务 ★★

1. 发卡业务

发卡业务指的是发卡银行基于对客户的评估结果，向符合条件的客户发放信用卡并提供相关银行服务，包括发卡营销、审批授信、卡片制作发放、交易授权、交易处理、交易监测、资金结算、账务处理、争议处理、增值服务和欠款催收等业务环节。

(1)发卡营销。客户可通过银行网点、网上银行、手机银行等线上线下渠道申请信用卡产品。

(2)审批授信。发卡银行在收到客户办卡的申请后，对信用卡申请人开展资信调查，判断是否应批准申请人申请以及授予的授信额度等。

(3)激活用卡。审批通过后，发卡银行将会进行正式制卡并邮寄给客户，客户收到信用卡并进行激活后就可以正常用卡。

(4)到期换卡或销户。信用卡在发卡时由发卡银行设定卡片有效期，有效期一般不超过10年。信用卡到期后，由发卡银行提供到期换卡服务。

要点点拨

营销人员开展电话营销时，必须留存清晰的录音资料，录音资料应当至少保存2年备查。

2. 收单业务

收单业务指商业银行为商户等提供的受理信用卡，并完成相关资金结算的服务，包括商户资质审核、商户培训、受理终端安装维护管理、获取交易授权、处理交易信息、交易监测、资金垫付、资金结算、争议处理和增值服务等业务环节。收单业务从受理卡片类型上可分为各种外汇结算的银行卡收单(外卡收单)和人民币银行卡收单；从商户类型上可分为实体商户收单及虚拟商户收单。

3. 分期付款业务

分期付款业务指持卡人使用信用卡进行大额消费时，由发卡银行向商户一次性支付持卡人所购商品(或服务)的消费资金，并根据持卡人申请，将消费资金分期通过持卡人信用卡账户扣收，持卡人按照与银行约定分期进行偿还的业务。分期付款业务实质上是银行向客户提供的一种“定制化还款”金融服务。

分期付款业务具有**目标客户分散、授信金额小、信用属性强，时效要求高和增长速度快**等特点。同时，由于分期付款业务最终是服务于居民消费本源，同时也具有抗周期能力强、资金周转效率高等行业特点。

三、信用卡的主要特点 ★★

信用卡的主要特点

(1)**信用属性强**。信用卡一般具有无抵押、无担保贷款性质,通常是短期、小额、无指定用途的信用类消费。发卡银行一般给予持卡人20~56天的免息期,持卡人的信用额度一般在10万元人民币以内,客户刷卡消费一般使用循环额度。

(2)**功能丰富多样**。信用卡业务除了可刷卡消费、预借现金外,还具有存取现金、转账、支付结算、代收代付、通存通兑、网上购物等多样化功能。

(3)**具有支付和信贷双重属性**。支付属性:客户可在发卡银行批准的额度内进行刷卡消费,无须以现金支付款项,方便购物消费,简化收款服务,可节约社会劳动力,促进消费。信贷属性:客户可根据个人需要,向银行申请各类信用卡分期产品,从银行获得一定的信贷资金,满足客户日常大额消费支出需要。

四、信用卡风险管理 ★★

1. 信用卡监控

发卡银行对可疑交易可以采取电话核实、调单或实地走访等方式进行风险排查并及时处理,必要时应该及时向公安机关报案。

2. 信用卡催收与坏账处理

发卡银行常用的催收手段包括短信催收、信函催收、电话催收、上门催收、法务催收、外包公司催收等方式。

在特殊情况下,确认信用卡欠款金额超出持卡人还款能力且持卡人仍有还款意愿的,发卡银行可以与持卡人平等协商,达成个性化分期还款协议。**个性化分期还款协议的最长期限不得超过5年**。

3. 信用卡风险管理

除了一般银行业务具有的信用风险、操作风险、欺诈风险外,信用卡产品的风险主要包括:

(1)**来自持卡人的风险**。一是持卡人恶意透支带来的风险;二是持卡人恶意信用卡套现带来的风险。

(2)**来自商户的风险**。一是不法商户欺诈;二是内外部勾结,商户和银行内部人员串通作案,套取银行资金。

(3)**来自第三方的风险**。具体包括盗窃卡、克隆卡、ATM欺诈、伪冒卡、虚假申报等。

真题精练

【例4·单项选择题】张某信用卡欠款金额超出持卡人还款能力,经协商,与发卡银行达成个性化分期还款协议,该协议的最长期限不得超过(　　)年。

A. 3　　B. 4

C. 5　　D. 8

C　个性化分期还款协议的最长期限不得超过5年。

第四节　发展趋势(中级考试内容)

银行卡业务发展趋势 ★

未来银行卡产业发展呈现出数字化无卡支付、利率市场化、金融科技化、场景化和

逐步出现的银行卡独立公司等发展趋势。

（1）数字化支付无卡支付方兴未艾。随着银行卡无卡化进程的不断加速，实体卡将在未来逐步退出历史舞台。

（2）利率市场化及因客定价逐步推进。根据《中国人民银行关于信用卡业务有关事项的通知》，**对信用卡透支利率实行上限和下限管理，透支利率上限为日利率万分之五，透支利率下限为日利率万分之五的0.7倍**。信用卡透支的计结息方式，由发卡机构自主确定。

（3）金融科技与银行卡业务深度结合。

（4）场景化获客为银行卡业务发展助力。

码上看总结

章节自测

一、单项选择题（在以下各小题所给出的四个选项中，只有一个选项符合题目要求，请将正确选项的代码填入括号内）

1. 按银行卡清偿方式的不同，银行卡可分为（　　）。

A. 主卡、附属卡　　B. 信用卡、借记卡

C. 人民币卡、外币卡　　D. 个人卡、单位卡

2.（　　）向持卡人提供银行卡交易的受理渠道，出售商品或服务并获得营业利润。

A. 银行卡组织　　B. 收单机构

C. 发卡机构　　D. 合作商户

3. 我国信用卡发卡银行一般给予持卡人的免息期可以是（　　）天。

A. 10　　B. 30

C. 70　　D. 90

4. 下列属于借记卡特点的是（　　）。

A. 易用与普及　　B. 信用属性强

C. 可预借现金　　D. 具有支付和信贷双重属性

5. 信用卡持卡人的信用额度一般在（　　）万元人民币以内。

A. 5　　B. 10

C. 15　　D. 20

二、多项选择题（在以下各小题所给出的选项中，至少有两个选项符合题目要求，请将正确选项的代码填入括号内）

1. 银行卡业务的功能包括（　　）。

A. 支付结算　　B. 汇兑转账

C. 个人信用　　D. 储蓄

E. 综合服务

2. 信用卡收单业务包括（　　）。

A. 获取交易授权　　B. 处理交易信息

C. 资金垫付　　D. 营销推广

E. 卡片制作发放

3. 信用卡发卡银行常用的催收手段包括（　　）。

A. 电话催收　　B. 信函催收

C. 短信催收　　D. 外包公司催收

E. 上门催收

4. 未来银行卡产业发展呈现出(　　)发展趋势。

A. 数字化无卡支付　　B. 场景化

C. 利率市场化　　D. 金融科技化

E. 逐步出现的银行卡独立公司

三、判断题(请判断以下各小题的正误,正确的选A,错误的选B)

1. 贷记卡是指银行发行的一种要求先存款后使用的银行卡。(　　)

A. 正确　　B. 错误

2. 分期付款业务实质上是银行向客户提供的一种"定制化还款"金融服务。(　　)

A. 正确　　B. 错误

答案详解

一、单项选择题

1. B。【解析】按银行卡清偿方式的不同,目前的银行卡主要有信用卡、借记卡。

2. D。【解析】合作商户向持卡人提供银行卡交易的受理渠道,出售商品或服务并获得营业利润。

3. B。【解析】我国信用卡发卡银行一般给予持卡人20~56天的免息期,选项B正确。

4. A。【解析】借记卡的特点包括申请简便、易用与普及、安全可靠,选项B、C、D属于信用卡的特点。

5. B。【解析】信用卡持卡人的信用额度一般在10万元人民币以内,客户刷卡消费一般使用循环额度。

二、多项选择题

1. ABCDE。【解析】银行卡业务的功能包括:(1)支付结算。(2)汇兑转账。(3)储蓄。(4)循环信贷。(5)个人信用。(6)综合服务。

2. ABC。【解析】信用卡收单业务是指商业银行为商户等提供的受理信用卡,并完成相关资金结算的服务,包括商户资质审核、商户培训、受理终端安装维护管理、获取交易授权、处理交易信息、交易监测、资金垫付、资金结算、争议处理和增值服务等业务环节。

3. ABCDE。【解析】信用卡发卡银行常用的催收手段包括短信催收、信函催收、电话催收、上门催收、法务催收、外包公司催收等方式。

4. ABCDE。【解析】未来银行卡产业发展呈现出数字化无卡支付、利率市场化、金融科技化、场景化和逐步出现的银行卡独立公司等发展趋势。

三、判断题

1. B。【解析】借记卡是指银行发行的一种要求先存款后使用的银行卡。

2. A。【解析】分期付款业务实质上是银行向客户提供的一种"定制化还款"金融服务。

第十一章 理财与同业业务

考情直击

本章的主要内容是理财与同业业务的相关知识，第一节、第二节分别讲述了理财业务与同业业务的概念、分类等相关知识。分析近几年的考试情况，本章的常考点有理财业务的分类、理财业务的销售和信息披露管理、同业业务的分类、主要同业业务的管理要求等，在考试中约占2～5分。

考纲要求

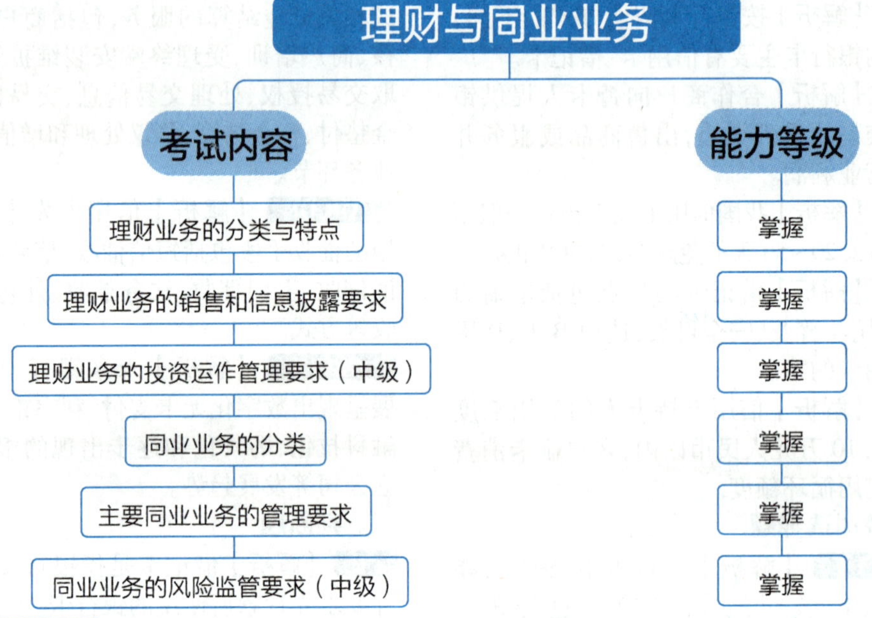

知识解读

第一节 理财业务概述与管理

一、理财业务的概念 ★★★

商业银行理财业务是指商业银行接受客户委托，按照与客户事先约定的投资计划和收益与风险承担方式，对受托的客户财产进行投资和管理的金融服务。

理财业务是商业银行的表外业务，商业银行开展理财业务，应当诚实守信、勤勉尽职地履行受人之托、代人理财职责，投资者自担投资风险并获得收益；应当遵守成本可算、风险可控、信息充分披露的原则，严格遵守投资者适当性管理要求，保护金融消费者合法权益。

知识加油站

商业银行理财业务是商业银行将客户关系管理、资金管理和投资组合管理等业务融合在一起,向公司、个人客户提供综合性的定制化金融产品和服务。与传统的中间业务相比,理财业务涉及信托、基金、证券、保险等领域,需要综合运用境内外货币市场及资本市场金融工具,是一项技术含量高的综合性金融服务。

二、理财产品的分类 ★★★

(1)**商业银行应当根据募集方式的不同,将理财产品分为公募理财产品和私募理财产品**。公募理财产品是指商业银行面向不特定社会公众公开发行的理财产品。私募理财产品是指商业银行面向合格投资者非公开发行的理财产品。

要点点拨

合格投资者是指具备相应风险识别能力和风险承受能力,投资于单只理财产品不低于一定金额且符合下列条件的自然人、法人或者依法成立的其他组织:

①具有2年以上投资经历,且满足下列条件之一的自然人:家庭金融净资产不低于300万元人民币,家庭金融资产不低于500万元人民币,或者近3年本人年均收入不低于40万元人民币。

②最近1年末净资产不低于1 000万元人民币的法人或者依法成立的其他组织。

③国务院银行业监督管理机构规定的其他情形。

(2)**商业银行应当根据投资性质的不同,将理财产品分为固定收益类理财产品、权益类理财产品、商品及金融衍生品类理财产品和混合类理财产品**。固定收益类理财产品投资于存款、债券等债权类资产的比例不低于80%;权益类理财产品投资于权益类资产的比例不低于80%;商品及金融衍生品类理财产品投资于商品及金融衍生品的比例不低于80%;混合类理财产品投资于债权类资产、权益类资产、商品及金融衍生品类资产且任一资产的投资比例未达到前三类理财产品标准。

(3)**商业银行应当根据运作方式的不同,将理财产品分为封闭式理财产品(有确定到期日、总额固定、封闭期内不得认购或者赎回)和开放式理财产品(总额不固定、可以按照协议约定认购或赎回)**。

三、理财业务管理 ★★★

商业银行开展理财业务应当满足以下管理要求:**集中统一管理、业务隔离、风险隔离、市场交易和公平交易**。

1. 销售业务管理

商业银行理财产品宣传销售文本应当全面、如实、客观地反映理财产品的重要特性,充分披露理财产品类型、投资组合、估值方法、托管安排、风险和收费等重要信息,所使用的语言表述必须真实、准确和清晰。

商业银行销售理财产品,应当加强投资者适当性管理,向投资者充分披露信息和揭示风险,不得宣传或承诺保本保收益,不得误导投资者购买与其风险承受能力不相匹配的理财产品,只能向投资者销售风险评级等于或低于其风险承受能力评级的理财产品,并在销售文件中明确提示产品适合销售的投资者范围,在销售系统中设置销售限制措施。理财产品风险评级结果应当以风险等级体现，由低到高至少包括一级至五级，并可以根据实际情况进一步细分。

商业银行应当根据理财产品的性质和风险特征，设置适当的期限和销售起点金额。**商业银行发行公募理财产品的，单一投资者销售起点金额不得低于1万元人民币。商业银行发行私募理财产品的，合格投资者投资于单只固定收益类理财产品的金额不得低于30万元人民币，投资于单只混合类理财产品的金额不得低于40万元人民币，投资于单只权益类理财产品、单只商品及金融衍生品类理财产品的金额不得低于100万元人民币。**

商业银行从事理财产品销售活动，不得有下列情形：将存款作为理财产品销售，将理财产品作为存款销售，将理财产品与存款进行强制性搭配销售，将理财产品与其他产品进行捆绑销售；采取抽奖、回扣或者赠送实物等方式销售理财产品；销售人员代替投资者签署文件；挪用投资者资金；国务院银行业监督管理机构规定禁止的其他情形。

2. 销售人员管理

销售人员从事理财产品销售活动，应当遵循以下原则：**勤勉尽职原则、诚实守信原则、公平对待投资者原则、专业胜任原则。**

销售人员在为投资者办理购买理财产品手续前，应当遵守规定，特别注意以下事项：有效识别投资者身份；向投资者介绍理财产品销售业务流程、收费标准及方式等；了解投资者风险承受能力评估情况、投资期限和流动性要求；提醒投资者阅读销售文件，特别是风险揭示书和权益须知；确认投资者抄录了风险确认语句。

销售人员从事理财产品销售活动，不得有下列情形：在销售活动中为自己或他人牟取不正当利益，承诺进行利益输送，通过给予他人财物或利益，或接受他人给予的财物或利益等形式进行商业贿赂；诋毁其他机构的理财产品或销售人员；散布虚假信息，扰乱市场秩序；违规接受投资者全权委托，私自代理投资者进行理财产品认购、赎回等交易；违规对投资者做出盈亏承诺，或与投资者以口头或书面形式约定利益分成或亏损分担；挪用投资者交易资金或理财产品；擅自更改投资者交易指令；其他可能有损投资者合法权益和所在机构声誉的行为。

3. 投资运作管理（中级考试内容）

要点	内容
理财产品的投资范围	商业银行理财产品可以投资于国债、地方政府债券、中央银行票据、政府机构债券、金融债券、银行存款、大额存单、同业存单、公司信用类债券、在银行间市场和证券交易所市场发行的资产支持证券、公募证券投资基金、其他债权类资产、权益类资产以及银行业监督管理机构认可的其他资产。 商业银行理财产品不得直接投资于信贷资产，不得直接或间接投资于本行信贷资产，不得直接或间接投资于本行或其他银行业金融机构发行的理财产品，不得直接或间接投资于本行发行的次级档信贷资产支持证券

（续表）

要点	内容
理财产品投资资产管理产品的要求	(1)准确界定相关法律关系，明确约定各参与主体的责任和义务，并符合该资产管理产品的相关监管规定。 (2)所投资的资产管理产品不得再投资于其他资产管理产品（公募证券投资基金除外）。 (3)切实履行投资管理职责，不得简单作为资产管理产品的资金募集通道。 (4)充分披露底层资产的类别和投资比例等信息，并在全国银行业理财信息登记系统登记资产管理产品及其底层资产的相关信息
理财产品投资于非标准化债权类资产的要求	(1)确保理财产品投资与审批流程相分离，比照自营贷款管理要求实施投前尽职调查、风险审查和投后风险管理，并纳入全行统一的信用风险管理体系。 (2)商业银行全部理财产品投资于单一机构及其关联企业的非标准化债权类资产余额，不得超过理财产品发行银行资本净额的10%。 (3)商业银行全部理财产品投资于非标准化债权类资产的余额在任何时点均不得超过理财产品净资产的35%，也不得超过商业银行上一年度审计报告披露总资产的4%
理财产品的集中度管理	(1)每只公募理财产品持有单只证券或单只公募证券投资基金的市值不得超过该理财产品净资产的10%。 (2)商业银行全部公募理财产品持有单只证券或单只公募证券投资基金的市值，不得超过该证券市值或该公募证券投资基金市值的30%。 (3)商业银行全部理财产品持有单一上市公司发行的股票，不得超过该上市公司可流通股票的30%
理财产品的杠杆控制	商业银行每只开放式公募理财产品的杠杆水平不得超过140%，每只封闭式公募理财产品、每只私募理财产品的杠杆水平不得超过200%。杠杆水平是指理财产品总资产与理财产品净资产的比值
理财产品的流动性风险管理	(1)商业银行发行的封闭式理财产品的期限不得低于90天。 (2)开放式理财产品应当持有不低于该理财产品资产净值5%的现金或者到期日在一年以内的国债、中央银行票据和政策性金融债券
理财产品的期限匹配要求	(1)商业银行理财产品直接或间接投资于非标准化债权类资产的，非标准化债权类资产的终止日不得晚于封闭式理财产品的到期日或者开放式理财产品的最近一次开放日。 (2)商业银行理财产品直接或间接投资于未上市企业股权及其受（收）益权的，应当为封闭式理财产品，并明确股权及其受（收）益权的退出安排。未上市企业股权及其受（收）益权的退出日不得晚于封闭式理财产品的到期日

真题精练

【例1·单项选择题】根据规定，每只公募理财产品持有单只证券或单只公募证券投资基金的市值不得超过该理财产品净资产的（　　）。

A. 8%　　B. 5%

C. 6%　　D. 10%

D　每只公募理财产品持有单只证券或单只公募证券投资基金的市值不得超过该理财产品净资产的10%。

4. 理财业务的信息披露管理

商业银行应当及时、准确、完整地向理财产品投资者披露理财产品的募集信息、资金投向、杠杆水平、收益分配、托管安排、投资账户信息和主要投资风险等内容。

商业银行发行公募理财产品的，应当在本行官方网站或者按照与投资者约定的方式披露以下信息：

(1)在全国银行业理财信息登记系统获取的登记编码。

(2)销售文件，包括说明书、销售协议书、风险揭示书和客户投资者权益须知。

(3)发行公告，理财产品成立之后5个工作日内披露。

(4)重大事项公告，重大事项发生后2个工作日内披露。

(5)理财产品定期报告，商业银行应当在每个季度结束之日起15个工作日内、上半年结束之日起30个工作日内、每年结束之日起90个工作日内，编制完成理财产品的季度、半年和年度报告。

(6)理财产品到期公告，产品终止后5个工作日内披露。

(7)临时性信息披露。

(8)国务院银行业监督管理机构规定的其他信息。

商业银行应当在每个开放日结束后2个工作日内，披露公募开放式理财产品在开放日的份额净值、份额累计净值、认购价格和赎回价格，在定期报告中披露公募开放式理财产品在季度、半年和年度最后一个市场交易日的份额净值、份额累计净值和资产净值。商业银行应当至少每周向投资者披露一次公募封闭式理财产品的资产净值和份额净值。

商业银行发行私募理财产品的，应当在理财产品销售文件中与合格投资者约定信息披露的方式、内容、频率等，并至少每季度向合格投资者披露理财产品的资产净值、份额净值和其他重要信息。

教你一招

定期报告披露要求：季度（15个工作日内）、半年度（30个工作日内）、年度（90个工作日内）。

第二节　同业业务

一、同业业务概述 ★★★

1. 同业业务的概念

同业业务是指中华人民共和国境内依法设立的金融机构之间开展的以投融资为核心

的各项业务，主要业务类型包括**同业拆借、同业存款、同业借款、同业代付、买入返售（卖出回购）**等同业融资业务和同业投资业务。

2. 同业业务的风险监管要求（中级考试内容）

（1）管理体系要求。商业银行开展同业业务，应遵守国家法律法规及政策规定，建立健全相应的风险管理和内部控制体系，遵循协商自愿、诚信自律和风险自担原则，加强内部监督检查和责任追究，确保各类风险得到有效控制。

（2）专营与授权管理要求。商业银行开展同业业务实行专营部门制，由法人总部建立或指定专营部门负责经营。商业银行应建立健全同业业务授权管理体系，由法人总部对同业业务专营部门进行集中统一授权，同业业务专营部门不得进行转授权，不得办理未经授权或超授权的同业业务。

（3）授信管理要求。商业银行应建立健全同业业务授信管理政策，由法人总部对表内外同业业务进行集中统一授信，不得进行多头授信，不得办理无授信额度或超授信额度的同业业务。

（4）担保管理要求。金融机构开展买入返售（卖出回购）和同业投资业务，不得接受和提供任何直接或间接、显性或隐性的第三方金融机构信用担保，国家另有规定的除外。

（5）期限要求。**同业借款业务最长期限不得超过 3 年，其他同业融资业务最长期限不得超过一年，业务到期后不得展期。**

（6）资本管理要求。单家商业银行对单一金融机构法人的不含结算性同业存款的同业融出资金，扣除风险权重为零的资产后的净额，不得超过该银行一级资本的 50%。单家商业银行同业融入资金余额不得超过该银行负债总额的 1/3，但农村信用社省联社、省内二级法人社及村镇银行可暂不执行。

真题精练

【例 2 · 单项选择题】下列关于同业业务风险监管的说法中，错误的是（ ）。

A. 商业银行开展同业业务，应建立健全相应的风险管理和内部控制体系，遵循协商自愿、诚信自律和风险自担原则

B. 商业银行开展同业业务实行专营部门制

C. 同业借款业务最长期限不得超过 3 年，其他同业融资业务最长期限不得超过一年，业务到期后可以展期，展期期限不得超过 5 年

D. 商业银行应建立健全同业业务授信管理政策，由法人总部对表内外同业业务进行集中统一授信

C 同业借款业务最长期限不得超过 3 年，其他同业融资业务最长期限不得超过一年，业务到期后不得展期。

二、主要同业业务管理 ★★★

1. 存放同业

本、外币资金存放同业业务（简称存放同业）是指金融机构与国内同业按约定的利率、期限及金额，以协议的方式将本外币资金存放至同业客户的业务。外币须为可自由兑换货币。存放同业业务范围分为信用存放同业业务（100% 占用国内同业授信额度）和存单质押存放同业业务。

2. 同业借款

同业借款业务期限按照监管部门对金融机构借款期限的有关规定执行，由双方共同

协商确定，但**最长期限自提款之日起不得超过3年**。借款业务不进入全国银行间同业拆借中心的电子交易系统（或人民银行认可的其他同业拆借交易系统）。非银借款业务特指银行机构与非银行金融机构（简称借款人）按约定的期限、利率及金额，以协议等方式开展的，专项用于借款人（包括其全资或控股项目公司）经营需要或为借款人提供流动性支持的本外币资金融通业务。

非银借款业务最长期限为3年（含），业务到期后不得展期。根据业务期限将非银借款业务细分为短期非银借款［不超过（含）1年］和中长期非银借款［大于1年且不超过（含）3年］两个品种。

要点点拨

非银行金融机构包括汽车金融公司、金融租赁公司、资产管理公司、消费金融公司及其他可开展此项业务的金融机构。

3. 同业代付

同业代付分为境内同业代付和海外同业代付，业务实质均属贸易融资方式，银行办理同业代付业务应具有真实贸易背景。

办理同业代付业务时，委托行与代付行均应采取有效措施加强贸易背景真实性的审核，其中委托行承担主要审查责任，确保融资款项为国内外贸易结算服务，真正支持实体经济发展。

4. 特定目的载体同业投资

特定目的载体同业投资业务是指金融机构购买或委托其他金融机构购买特定目的载体（包括但不限于商业银行理财产品、信托投资计划、证券投资基金、证券公司资产管理计划、基金管理公司及子公司资产管理计划、保险业资产管理机构资产管理产品等）的投资行为。

特定目的载体同业投资业务应坚持以下原则：**依法合规原则、风险收益匹配原则、集中管理及总量控制原则、实质重于形式原则**。

风险承担主体指根据特定目的载体结构，实质承担特定目的载体兑付资金来源及安全性的主体，可以为投资的目标权益受让主体、担保主体及支付收益主体，依据“实质重于形式”的原则，在特定目的载体所投资的基础资产项下，保付行、承兑行、开证行等承担付款责任的主体，可认定为风险承担主体。但是，特定目的载体同业投资业务不得接受和提供任何直接或间接、显性或隐性的第三方金融机构信用担保，国家另有规定的除外。

码上看总结

章节自测

一、单项选择题（在以下各小题所给出的四个选项中，只有一个选项符合题目要求，请将正确选项的代码填入括号内）

1. 固定收益类理财产品投资于存款、债券等债权类资产的比例不低于（　　）。

A. 70%　　B. 80%

C. 50%　　D. 30%

2. 商业银行发行公募理财产品的，单一投资者销售起点金额不得低于（　　）万元人民币。

A. 1　　B. 3

C. 5　　D. 10

3. 下列关于商业银行理财产品投资范围的说法中,错误的是(　　)。
A. 理财产品可以投资于国债　　B. 理财产品可以投资于地方政府债券
C. 理财产品可以直接投资于信贷资产　　D. 理财产品可以投资于同业存单

4. 商业银行开展同业业务实行(　　),由法人总部建立或指定专营部门负责经营。
A. 期限管理制　　B. 专营部门制
C. 授信管理制　　D. 担保管理制

5. 同业借款业务期限按照监管部门对金融机构借款期限的有关规定执行,由双方共同协商确定,但最长期限自提款之日起不得超过(　　)年。
A. 1　　B. 2
C. 3　　D. 4

二、多项选择题(在以下各小题所给出的选项中,至少有两个选项符合题目要求,请将正确选项的代码填入括号内)

1. 下列关于商业银行开展理财业务的说法中,正确的有(　　)。
A. 投资者自担投资风险并获得收益　　B. 应当遵守成本可算的原则
C. 应当遵守信息充分披露的原则　　D. 应当遵守风险可控的原则
E. 严格遵守投资者适当性管理要求

2. 商业银行开展理财业务应当满足的要求有(　　)。
A. 市场交易　　B. 集中统一管理
C. 公平交易　　D. 业务隔离
E. 风险隔离

3. 销售人员从事理财产品销售活动,应遵循的原则有(　　)。
A. 勤勉尽职原则　　B. 公平对待投资者原则
C. 公开原则　　D. 诚实守信原则
E. 专业胜任原则

三、判断题(请判断以下各小题的正误,正确的选 A,错误的选 B)

1. 理财产品风险评级结果应当以风险等级体现,由低到高至少包括一级至五级,并可以根据实际情况进一步细分。(　　)
A. 正确　　B. 错误

2. 商业银行应建立健全同业业务授信管理政策,由法人总部对表内外同业业务进行多头授信,不得进行集中统一授信。(　　)
A. 正确　　B. 错误

3. 非银借款业务最长期限为 3 年(含),业务到期后可以展期。(　　)
A. 正确　　B. 错误

答案详解

一、单项选择题

1. B。【解析】固定收益类理财产品投资于存款、债券等债权类资产的比例不低于 80%。

2. A。【解析】商业银行发行公募理财产品的,单一投资者销售起点金额不得低于 1 万元人民币。

3. C。【解析】商业银行理财产品不得直接投资于信贷资产,不得直接或间接投资于本行信贷资产。

4. B。【解析】商业银行开展同业业务实行专营部门制，由法人总部建立或指定专营部门负责经营。

5. C。【解析】同业借款业务期限按照监管部门对金融机构借款期限的有关规定执行，由双方共同协商确定，但最长期限自提款之日起不得超过3年。

二、多项选择题

1. ABCDE。【解析】商业银行开展理财业务，应当诚实守信、勤勉尽职地履行受人之托、代人理财职责，投资者自担投资风险并获得收益；应当遵守成本可算、风险可控、信息充分披露的原则，严格遵守投资者适当性管理要求，保护金融消费者合法权益。

2. ABCDE。【解析】商业银行开展理财业务应当满足以下管理要求：集中统一管理、业务隔离、风险隔离、市场交易和公平交易。

3. ABDE。【解析】销售人员从事理财产品销售活动，应当遵循以下原则：勤勉尽职原则、诚实守信原则、公平对待投资者原则、专业胜任原则。

三、判断题

1. A。【解析】理财产品风险评级结果应当以风险等级体现，由低到高至少包括一级至五级，并可以根据实际情况进一步细分。

2. B。【解析】商业银行应建立健全同业业务授信管理政策，由法人总部对表内外同业业务进行集中统一授信，不得进行多头授信，不得办理无授信额度或超授信额度的同业业务。

3. B。【解析】非银借款业务最长期限为3年(含)，业务到期后不得展期。

第十二章

银行管理基础

考情直击

本章的主要内容是与银行管理有密切关系的基础知识，分别从商业银行的组织架构、银行管理的基本指标两个角度来阐述相关知识。分析近几年的考试情况，本章的常考点有商业银行组织架构的形式、银行管理的结构指标、效率指标、市场指标、安全性指标、流动性指标、集中度指标等，在考试中约占3~4.5分。

考纲要求

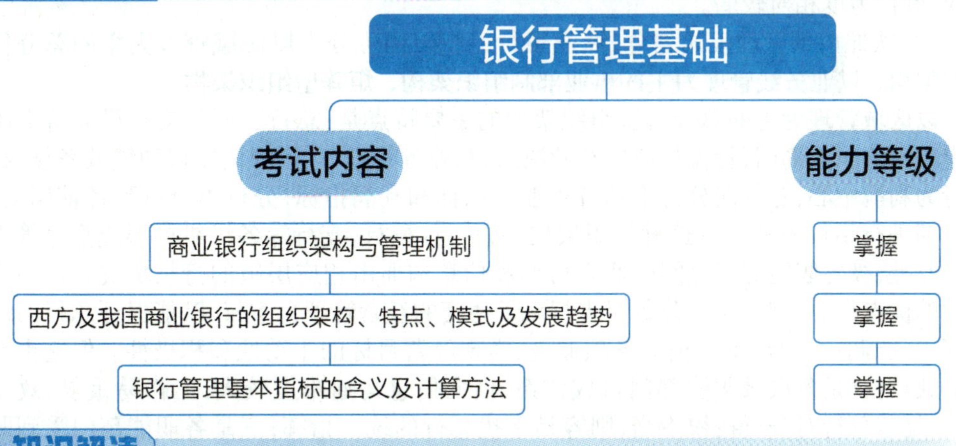

知识解读

第一节 商业银行的组织架构

一、商业银行组织架构的内涵 ★★★

1. 商业银行组织架构的含义

商业银行组织架构是银行各部分(包括一切机构和部门)按照一定的排列顺序、空间位置、聚集状态、联系方式以及各部分之间相互关系组成的一个有机系统。

2. 商业银行组织架构的作用

商业银行组织架构是其各种构成要素的载体，其主要作用包括：

(1)从组织上划分和确定银行的管理层次、管理部门、管理职位及体系结构，以便为各种要素安排一个最佳的空间位置。

(2)明确各层次、各部门、各职位的职责、任务、权利、利益及其相互关系，从而在各种要素之间建立起合理的关系网络。

(3)按一定的规则或模式协调、平衡、规范各层次、各部门、各职位的行为方式和相互关系，使各种要素都能最好地发挥功能与潜能，保证组织目标有计划、有节奏、按程序实现。

(4)合理地配置银行的各类资源,充分发挥每种资源的作用并使其整合而成的整体功能最大化,以利于银行实行全面比例管理、全面质量管理、全面创新管理、全面风险管理。

(5)对环境变化、市场动态和顾客需求做出积极反应,正确处理银行组织与环境、市场、顾客的各种关系,特别是“银行与银行”“银行与顾客”“银行与市场”的关系。

3. 商业银行组织架构的形式

(1)按照企业法人角度划分,商业银行组织架构可分为**统一法人制组织架构、多法人制组织架构**。

统一法人制组织架构是相对集权的组织形式。总部与分支机构之间是直接的隶属关系,分支机构在法律上不具备独立的法人资格,经营上接受总部的管理和指导。

多法人制组织架构是相对彻底分权的组织形式。集团总部下设立若干子公司,子公司在法律上是具有法人地位的企业,母公司和子公司之间主要是资本上的联接关系。多法人制组织架构中子公司拥有较大的经营自主权,母公司对子公司不能直接行使行政指挥权,管控力度相对较弱。

(2)按照内部管理模式划分,商业银行组织架构可分为**以区域管理为主的总分行型组织架构、以业务线管理为主的事业部制组织架构、矩阵型组织架构**。

以区域管理为主的总分行型组织架构的主要特点是:总行、分行、支行设立若干履行指定职责的职能部门,行使相应的经营决策权、业务管理权、资源调度权和绩效考核权;以分行为利润中心,总行向分行下达各项业务指标和利润指标,分行再分解到各辖属支行,并定期进行指标考核。在这种组织架构中,总行、分行、支行等各级机构形成垂直管理体系,同一层级各职能部门之间的职责协调和信息沟通由相应层级的行长负责。这种组织架构的优点是总行对分行、分行对支行赋予适度的经营管理自主权,既能保证总行的统一指挥,又能调动分行、支行拓展各项业务、实现经营目标的主动性和积极性。但它也有相应的缺点:一是各层级职能部门自成体系,横向信息沟通难度较大,工作易重复,效率不高;二是若总行对分行授权不当,则容易干扰总行的统一指挥;三是各职能部门受到既定职责的限制,对外部环境变化反应比较迟钝;四是层层设置职责相同的职能部门,在一定程度上增加了管理费用。

以业务线管理为主的事业部制组织架构的主要特点是:全行所有业务划分为若干业务线,总行按业务线设立若干事业部,行使本业务线的经营决策权、业务管理权、资源调度权和绩效考核权;每个事业部都是一个利润中心,对本业务线各项业务指标和利润指标的实现负全责。在这种组织架构中,事业部不仅集业务拓展、业务管理、业务处理三大功能于一身,而且可以支配本业务线的所有人力、财力、物力资源,独立性、自主性较强。这种组织架构的优点是事业部的运作始终以实现利润目标为核心,这对整个银行获得稳定、持续的利润来源非常有利。它的缺点为:一是对事业部领导人的综合素质、专业知识、经营能力和管理能力都有很高的要求;二是各事业部所管辖的机构众多,管理幅度偏大,且管理成本过于集中在总行层面;三是若最高管理层对事业部授权不当或事业部的运作失效,则会对全行经营目标的实现产生严重影响;四是各事业部之间竞争激烈,如果产生利益冲突,协调比较困难。

矩阵型组织架构的主要特点是:在总行和分支机构之间设立若干区域总部,负责全行战略规划在该区域的实施、管理和指导该区域的所有分支机构;总行与区域总部按相同序列设立若干事业部,区域总部的事业部接受区域总部领导人和总行相同事业部领导人的双重领导。在这种组织架构中,总行最高管理层、区域总部管理层、总行各事业部、区域总部各事业部、所有分支机构共同构成一个“多维”的矩阵型结构。

矩阵型组织架构综合了总分行型组织架构和事业部型组织架构的优点，在拓展业务时既可实施全行统一的战略规划，又能针对区域市场的差异采取不同的推进策略，有助于银行更好地适应外部环境的多变性和市场需求的多样性。但它的缺点也比较明显，一是实行区域总部、总行事业部双重领导，对全行范围内的授权管理系统的要求很高；二是纵向和横向都需要做大量的协调和沟通工作，管理成本高昂；三是若区域总部运作失灵，则可能对整个区域的业务发展产生严重影响；四是各区域总部之间竞争激烈，容易因争夺资源而发生内耗。

(3)按照管理会计角度划分，商业银行组织架构可分为**成本中心**与**利润中心**。

成本中心涵盖管理部门、运作中心、培训机构等。利润中心包括独立核算的分支机构、产品线和子公司等。

教你一招

矩阵型组织架构是总分行型组织架构与事业部型组织架构的相互叠加。

真题精练

【例1·单项选择题】下列关于商业银行组织架构作用的说法中，错误的是(　　)。

A. 从功能上划分和确定银行的管理层次、管理部门、管理职位及体系结构

B. 明确各层次、各部门、各职位的职责、任务、权利

C. 按一定的规则或模式协调、平衡、规范各层次、各部门、各职位的行为方式和相互关系

D. 对环境变化、市场动态和顾客需求做出积极反应

A　选项A应为从组织上划分和确定银行的管理层次、管理部门、管理职位及体系结构，以便为各种要素安排一个最佳的空间位置。其他选项描述均正确。

二、西方商业银行的组织架构 ★★★

当前发达国家商业银行建立起的以客户为中心的矩阵型主流组织架构形式，主要有以下两大特点。

1. 建立以客户需求为基础的五大业务线

(1)**零售业务**。为个人和小微企业提供零售银行服务，包括银行账户、支付结算、银行卡、信用卡、房贷、车贷、经营性贷款等。

(2)**财富管理业务**。为中高端个人客户提供财富管理服务，包括投资产品、投资建议、经纪业务、投资管理、信托服务等。

(3)**商业银行业务**。为公司客户提供常规的金融服务，包括银行账户、支付结算、现金管理、贸易融资、贷款、公司卡等。

(4)**金融市场业务**。除去自营交易外，金融市场业务通常具备客户部门的属性，向大型企业和机构客户提供相关的交易、风险管理、资产管理、咨询等高端金融服务。

(5)**投行业务**。发达国家商业银行的投行业务范围包括融资、咨询和交易服务，投行业务主要是为大型企业和机构客户服务。

要点点拨

发达国家商业银行的业务线大致上是按照客户的属性和需求来划分，"以客户为中心"是其共同的理念：个人客户的基础金融服务由零售业务负责，高端金融服务由财富管理业务负责，公司客户的基础金融服务由商业银行业务负责，高端金融服务由金融市场业务和投行业务负责，同时金融市场业务还承担着银行的流动性操作和自营投资业务。

2. 采取不同的顶层组织架构设计

在顶层的业务板块管理上，上述五大业务线通常会有不同的组合方式，形成了不同的顶层组织架构设计，大体可以分为以下三种模式：

(1)采用"大个金"和"大公金"两大业务板块。渣打、德意志和花旗在内的银行都采取了这种架构。

(2)根据客户需求层次来组合业务板块。这种模式根据客户的基础金融需求和高端金融需求来划分业务板块。法国巴黎银行是这种模式的典型代表。

(3)根据业务线职能设置组织架构模式。摩根大通银行采用的就是这种模式。

真题精练

【例2·多项选择题】下列属于财富管理业务的有（　　）。

A. 财务顾问　　B. 投资产品

C. 投资建议　　D. 经纪业务

E. 信托服务

BCDE　财富管理业务包括投资产品、投资建议、经纪业务、投资管理、信托服务等。财务顾问属于投行业务。

三、我国商业银行组织架构及发展趋势 ★★★

1. 我国商业银行组织架构

一方面，从企业法人角度来看，我国商业银行组织架构的主流形式是统一法人制组织架构。

另一方面，从内部管理角度来看，我国商业银行组织架构的主流形式是采用以区域管理为主的总分行型组织架构。根据监管部门要求，国内银行可分为总行、分行和支行三个层级。但在实际管理中，特别是大型商业银行多根据行政区划将分支机构划分为一级分行、二级分行、县支行、网点（二级支行）等相应层级。

2. 我国商业银行组织架构的发展趋势

要点	内容
渐进式推进事业部制改革	事业部制是指在企业内部以产品、地区或顾客为依据，将相关的研究开发、采购、生产、销售等部门结合成一个相对独立的组织结构形式。事业部型组织架构突出了"以客户为中心"的经营理念

（续表）

要点	内容
建立垂直化风险管理体系	(1)建立垂直化的组织运作机制。 (2)要将风险管理职能进一步向总行本部集中，减少不必要的中间层级，逐步形成横向延展、纵向深入的扁平化矩阵模式。 (3)要提高风险管理的专业化水平，在总行本部设立专业化评估中心和审批中心，不仅要实现评审分离和审贷分离，还要建立对审批人和风险经理的长期考核和监督机制
建设流程银行	流程银行具有以下特征： (1)**以客户为中心**。 (2)**以业务线垂直运作和管理为主**。 (3)**前中后台相互分离、相互制约，以流程落实内控**。 (4)**实施以业务单元纵向为主的矩阵考核方式**。 (5)**中后台集中式运作和管理**。 (6)**业务流程实现信息化、自动化、标准化和智能化**

第二节 银行管理的基本指标

一、规模指标 ★★★

1. 资产规模

银行的规模决定了其收入的大小,但这并不表明规模愈大愈好。

2. 市值

总市值等于发行总股份数乘以股票市价,它是衡量银行规模的重要综合性指标,反映了一家银行在资本市场上的影响力水平,同时也决定着该银行在资本市场上的权重,从而成为投资者资金配置的重要参考。

二、结构指标 ★★★

1. 资产结构

资产结构主要指的是银行各类生息资产(包括贷款、债券、资金业务等)占总资产的比重。计算公式为:

生息资产占比 = 生息资产平均余额/资产总额 ×100%

2. 贷款结构

贷款结构通常是分析银行资产结构性时最重要的一个指标。在分析贷款结构时,零售贷款占比是一个重要指标。

3. 负债结构

负债是决定一家银行盈利能力的重要因素。存款是银行最基本的负债业务之一,是商业银行最主要的资金来源,是银行持续经营的基础。定期存款与活期存款占总存款的比重(定活比),是进行存款资金成本分析时最受关注的指标。计算公式为:

定活比 = 定期存款/活期存款 ×100%

要点点拨

存款可按多种方式分类,如按存款的稳定性不同可分为活期存款、定期存款;按存款主体的不同,可划分为单位存款和个人存款。

4. 收入结构

收入结构主要表现为净利息收入与非利息收入。非利息收入主要包括收费收入、投资业务收入和其他中间业务收入等,它对资本消耗低,风险也易于控制。计算公式为:

非利息收入占营业收入比 = 非利息收入/营业收入 ×100%

发达国家的银行业中,非利息收入一般都占其营业收入的40%以上,而在中国,这个比例只有15% ~20%。

5. 客户结构

客户结构是指不同类型的客户在银行总客户中的分布构成,在公司客户中,分为大客户与中小客户;在零售客户中,分为高净值客户与普通客户。根据"二八定律",占比仅为20%左右的高端客户,其对银行盈利的贡献度达到80%左右。

真题精练

【例3·多项选择题】客户结构是指不同类型的客户在银行总客户中的分布构成,在公司客户中分为(　　)。

A. 大客户　　B. 中小客户
C. 高净值客户　　D. 低净值客户
E. 普通客户

AB　客户结构是指不同类型的客户在银行总客户中的分布构成,在公司客户中,分为大客户和中小客户;在零售客户中,分为高净值客户和普通客户。

三、效率指标 ★★★

成本收入比

营业收入减去营业支出和费用即为营业净收入,而成本收入比所表示的则是每获取一个单位的营业净收入所消耗的成本和费用。计算公式为:

成本收入比 = 营业费用/营业净收入 ×100%

人均净利润

人均净利润指标从员工创造性和人力资源管理的角度去度量商业银行的效率水平。人均净利润是银行创造的净利润总额和在职员工人数的对比。人均净利润数值越大,则人均创造的净利润额就会越多,那么银行的效率值也就越高。计算公式为:

人均净利润 = 净利润/员工数量 ×100%

四、市场指标 ★★★

1. 市盈率

市盈率也被称为股价收益比率,是指在一个考察期(通常为12个月)内,股票价格和每股收益的比例。市盈率可表示为:市盈率(P/E) = 股票价格(P)/每股收益(E),它是股票市场中常用的衡量股票投资价值的重要指标。

市盈率市盈率一方面反映了股票的风险高低程度，在股价一定时，每股收益水平越高，市盈率水平越低，则股票风险就越小，反之则风险越高；在每股收益水平一定时，股价越高，市盈率水平越高，则股票风险就越大，反之则风险越低；从另一方面看，市盈率水平也体现了市场对该公司的重视程度，市盈率水平越高，说明市场越看好该公司前景，其股票受到市场的追捧。

教你一招

无论是股价一定还是每股收益水平一定的情况下，市盈率与股票的风险大小成正比。

2. 市净率

市净率指的是每股股价与每股净资产的比率，计算方法是：市净率 = 每股市价/每股净资产。一般来说，市净率较低的股票，投资价值较高，相反，则投资价值较低。

五、安全性指标 ★★★

1. 不良贷款率

不良贷款率指银行不良贷款占总贷款余额的比重。计算公式为：

不良贷款率 = 不良贷款余额/总贷款余额 ×100%

不良贷款率是评价银行信贷资产安全状况的重要指标。不良贷款率高，说明收回贷款的风险大，反之说明收回贷款的风险小。

要点点拨

不良贷款是指在评估银行贷款质量时，把贷款按风险基础分为正常、关注、次级、可疑和损失五类，其中后三类合称为不良贷款。

2. 不良贷款拨备覆盖率

不良贷款拨备覆盖率是衡量银行对不良贷款进行账务处理时，所持审慎性高低的重要指标。计算公式为：

拨备覆盖率 = 不良贷款损失准备/不良贷款余额 ×100%

3. 拨贷比

拨贷比是商业银行贷款损失准备与总贷款的比值。计算公式为：

拨贷比 = 不良贷款损失准备/贷款余额 ×100%

该公式也可以表述为：

拨贷比 = 拨备覆盖率 × 不良贷款率

4. 资本充足率

资本充足率是商业银行资本总额与风险加权资产的比值，该指标反映一家银行的整体资本稳健水平。计算公式为：

资本充足率 = 资本/风险加权资产 ×100%

六、流动性指标 ★★★

1. 流动性覆盖率

流动性覆盖率监管指标旨在确保商业银行具有充足的合格优质流动性资产，能够在规定的流动性压力情景下，通过变现这些资产满足未来至少 30 天的流动性需求。其计算公式为：

流动性覆盖率 = 合格优质流动性资产/未来 30 天现金净流出量

流动性覆盖率的最低监管标准为不低于 100%。

2. 净稳定资金比例

净稳定资金比例监管指标旨在确保商业银行具有充足的稳定资金来源，以满足各类资产和表外风险敞口对稳定资金的需求。其计算公式为：

净稳定资金比例 = 可用的稳定资金/所需的稳定资金

净稳定资金比例的最低监管标准为不低于100%。

3. 流动性比例

流动性比例的计算公式为：

流动性比例 = 流动性资产余额/流动性负债余额

流动性比例的最低监管标准为不低于25%。

4. 流动性匹配率

流动性匹配率监管指标衡量商业银行主要资产与负债的期限配置结构，旨在引导商业银行合理配置长期稳定负债、高流动性或短期资产，避免过度依赖短期资金支持长期业务发展，提高流动性风险抵御能力。其计算公式为：

流动性匹配率 = 加权资金来源/加权资金运用

流动性匹配率的最低监管标准为不低于100%。

5. 优质流动性资产充足率

优质流动性资产充足率监管指标旨在确保商业银行保持充足的、无变现障碍的优质流动性资产，在压力情况下，银行可通过变现这些资产来满足未来30天内的流动性需求。其计算公式为：

优质流动性资产充足率 = 优质流动性资产/短期现金净流出

优质流动性资产充足率的最低监管标准为不低于100%。

七、集中度指标 ★★★

1. 单一最大客户贷款比率

单一最大客户贷款比率是衡量银行经营安全性的重要指标之一。计算公式为：

单一最大客户贷款比率 = 对同一借款客户贷款总额/资本净额 ×100%

2. 最大十家客户贷款比率

最大十家客户贷款比率是衡量银行资产负债比例管理的指标之一。这也是银行安全运营的重要指标之一，银行对该比率也有一定限制，防止发生大户风险。计算公式为：

最大十家客户贷款比率 = 对最大十户借款客户贷款总额/资本净额 ×100%

3. 单一集团客户授信集中度

单一集团客户授信集中度又称单一客户授信集中度，为最大一家集团客户授信总额与资本净额之比，不应高于15%。计算公式为：

单一集团客户授信集中度 = 最大一家集团客户授信总额/资本净额 ×100%

4. 大额风险暴露集中度

大额风险暴露是指商业银行对单一客户或一组关联客户超过其一级资本净额2.5%的风险暴露。

(1)对非同业单一客户的贷款余额不得超过资本净额的10%，对非同业单一客户的风险暴露不得超过一级资本净额的15%。

(2)对一组非同业关联客户的风险暴露不得超过一级资本净额的20%。

(3)对同业单一客户或集团客户的风险暴露不得超过一级资本净额的25%。

(4)全球系统重要性银行对另一家全球系统重要性银行的风险暴露不得超过一级资本净额的15%。

要点点拨

非同业单一客户包括主权实体、中央银行、公共部门实体、企事业法人、自然人、匿名客户等。匿名客户是指在无法识别资产管理产品或资产证券化产品基础资产的情况下设置的虚拟交易对手。

八、盈利性指标 ★★★

1. 拨备前利润

拨备前利润是银行常用的财务指标。拨备前利润即指尚未扣除当期提取拨备的利润，它等于当期营业利润与当期提取的拨备之和。计算公式为：

拨备前利润 = 当期营业利润 + 当期提取拨备

2. 平均总资产回报率

平均总资产回报率等于净利润/总资产平均余额，是考察银行盈利能力的关键指标之一，它可以扣除各监管政策差异导致净资产差异的影响，增加不同银行盈利性的可比性。计算公式为：

平均总资产回报率 = 净利润/总资产平均余额×100%

平均总资产回报率指标反映了银行总资产获取收益的能力。

3. 平均净资产回报率

平均净资产回报率等于净利润/净资产平均余额，是评价银行盈利性的最重要指标，是计划所有比例分析的出发点。计算公式为：

平均净资产回报率 = 净利润/净资产平均余额×100%

4. 每股收益

每股收益又称每股税后利润、每股盈余，指税后利润与股本总数的比率。计算公式为：

每股收益 = 本期净利润/期末总股本

它是银行某一时期净收益与股份数的比率，用于测定银行股票投资价值，是综合反映银行获利能力的重要指标。该比率反映了银行每一股份创造的税后利润。

5. 净息差

净息差等于生息资产平均收益率减去付息负债平均付息率，是银行所处利率环境和定价能力的综合反映。计算公式为：

净息差 = 生息资产平均收益率 − 付息负债平均付息率

6. 净利息收益率

净利息收益率指净利息收入占生息资产的比率，它反映了银行生息资产创造净利息收入的能力，有年均和日均两种计算口径。计算公式为：

年均概念：净利息收益率（NIM）= 净利息收入/期初期末平均生息资产×100%

日均概念：净利息收益率（NIM）= 净利息收入/日均生息资产×100%

7. 风险调整后资本回报率

风险调整后资本回报率在银行盈利能力分析中的应用日益广泛，它既考虑预期损失，也考虑非预期损失，更真实地反映了收益水平，在银行的实际收益与所承担的风险之间建立了直接联系，是银行进行价值管理的核心指标。计算公式为：

风险调整后资本回报率 =（总收入 − 资金成本 − 经营成本 − 风险成本 − 税项）/经济资本 ×100%

教你一招

银行管理的基本指标中，最经常考试的有安全性指标、流动性指标和盈利性指标。可能以单选题形式，考查公式的计算，也可能以多选题的形式考查指标所属类别，所以每个指标的计算公式需要着重掌握。

真题精练

【例4·单项选择题】（　　）是评价银行盈利性的最重要指标，是计划所有比例分析的出发点。

A. 拨备前利润　　B. 平均总资产回报率

C. 平均净资产回报率　　D. 净利息收益率

C　平均净资产回报率是评价银行盈利性的最重要指标，是计划所有比例分析的出发点。

↓码上看总结↓

章节自测

一、单项选择题（在以下各小题所给出的四个选项中，只有一个选项符合题目要求，请将正确选项的代码填入括号内）

1. 下列关于以区域管理为主的总分行型组织架构的特点的说法中，错误的是（　　）。
A. 各层级职能部门自成体系，纵向信息沟通难度较大
B. 若总行对分行授权不当，则容易干扰总行的统一指挥
C. 各职能部门受到既定职责的限制，对外部环境变化反应比较迟钝
D. 层层设置职责相同的职能部门，在一定程度上增加了管理费用

2. 在发达国家商业银行中，个人客户的基础金融服务由（　　）负责。
A. 零售业务　　B. 财富管理业务
C. 商业银行业务　　D. 投行业务

3. （　　）是根据客户需求层次来组合业务板块的。
A. 渣打银行　　B. 花旗银行
C. 法国巴黎银行　　D. 摩根大通银行

4. 从企业法人角度来看，我国商业银行组织架构的主流形式是（　　）。
A. 统一法人制组织架构　　B. 以区域管理为主的总分行型组织架构
C. 以业务线管理为主的事业部制组织架构　　D. 矩阵型组织架构

5. 事业部型组织架构突出了（　　）的经营理念。
A. 以客户为中心　　B. 以员工为中心
C. 以事业为中心　　D. 以公司为中心

6. （　　）反映了一家银行在资本市场上的影响力水平，同时也决定着该银行在资本市场上的权重。
A. 资产规模　　B. 资产结构
C. 总市值　　D. 贷款结构

7. 根据“二八定律”，占比仅为(　　)左右的高端客户，其对银行盈利的贡献度达到(　　)左右。
A. 20%；50%　　B. 20%；60%
C. 80%；20%　　D. 20%；80%

二、多项选择题(在以下各小题所给出的选项中，至少有两个选项符合题目要求，请将正确选项的代码填入括号内)

1. 从企业法人角度划分，商业银行组织架构的形式可划分为(　　)。
A. 统一法人制组织架构　　B. 职能型组织架构
C. 多法人制组织架构　　D. 事业型组织架构
E. 矩阵型组织架构
2. 以区域管理为主的总分行型组织架构中的总行、分行、支行设立若干履行指定职责的职能部门，行使相应的(　　)。
A. 经营决策权　　B. 风险管理权
C. 业务管理权　　D. 资源调度权
E. 绩效考核权
3. 下列属于零售业务的有(　　)。
A. 银行账户　　B. 支付结算
C. 投资产品　　D. 信托服务
E. 经营性贷款
4. (　　)是采用“大个金”和“大公金”两大业务板块的。
A. 渣打银行　　B. 德意志银行
C. 法国巴黎银行　　D. 巴克莱银行
E. 花旗银行
5. 根据监管部门的要求，国内银行可分为(　　)。
A. 一级银行　　B. 二级银行
C. 总行　　D. 分行
E. 支行

三、判断题(请判断以下各小题的正误，正确的选A，错误的选B)

1. 在统一法人制组织架构中，分支机构在法律上具备独立的法人资格。　　(　　)
A. 正确　　B. 错误
2. 银行的规模决定了其收入的大小，所以银行规模愈大愈好。　　(　　)
A. 正确　　B. 错误

答案详解

一、单项选择题

1. A 【解析】以区域管理为主的总分行型组织架构的缺点之一为，各层级职能部门自成体系，横向信息沟通难度较大，工作易重复，效率不高。

2. A 【解析】在发达国家商业银行中，个人客户的基础金融服务由零售业务负责，高端金融服务由财富管理业务服务，公司客户的基础金融服务由商业银行业务负责。

3. C。【解析】法国巴黎银行是根据客户需求层次来组合业务板块的。

4. A。【解析】从企业法人角度来看，我国商业银行组织架构的主流形式是统一法人制组织架构。

5. A。【解析】事业部型组织架构突出了“以客户为中心”的经营理念。

6. C。【解析】总市值反映了一家银行在资本市场上的影响力水平，同时也决定着该银行在资本市场上的权重。

7. D。【解析】根据“二八定律”，占比仅为20%左右的高端客户，其对银行盈利的贡献度达到80%左右。

二、多项选择题

1. AC。【解析】从企业法人角度划分，商业银行的组织架构可划分为统一法人制组织架构和多法人制组织架构。

2. ACDE。【解析】以区域管理为主的总分行型组织架构中的总行、分行、支行设立若干履行指定职责的职能部门，行使相应的经营决策权、业务管理权、资源调度权和绩效考核权。

3. ABE。【解析】零售业务包括银行账户、支付结算、银行卡、信用卡、房贷、车贷、经营性贷款等。投资产品和信托服务属于财富管理业务。

4. ABE。【解析】渣打银行、德意志银行和花旗银行都是采用“大个金”和“大公金”两大业务板块的。

5. CDE。【解析】根据监管部门的要求，国内银行可分为总行、分行和支行三个层级。

三、判断题

1. B。【解析】在统一法人制组织架构中，总部与分支机构之间是直接的隶属关系，分支机构在法律上不具备独立的法人资格，经营上接受总部的管理和指导。

2. B。【解析】银行的规模决定了其收入的大小，但这并不表明规模愈大愈好。

第十三章

公司治理、内部控制与合规管理

考情直击

本章的主要内容是与银行内部管理有关的内容，分别从公司治理、内部控制、合规管理、内部审计四个方面来阐述相关知识。分析近几年的考试情况，本章的常考点有银行公司治理的组织架构、激励约束机制、内部控制原则、合规管理的内容、内部审计的组织架构、内部审计的组织实施等，在考试中约占2.5～4分。

考纲要求

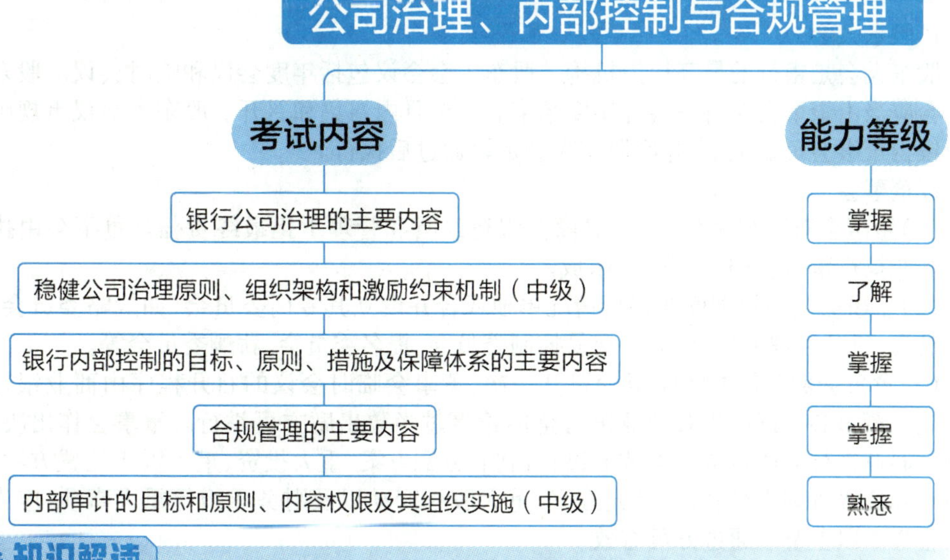

知识解读

第一节　公司治理

一、银行公司治理的含义 ★★★

商业银行公司治理是指股东大会、董事会、监事会、高级管理层、股东及其他利益相关者之间的相互关系，包括组织架构、职责边界、履职要求等治理制衡机制，以及决策、执行、监督、激励约束等治理运行机制。良好银行公司治理应包括以下主要内容，即健全的组织架构、清晰的职责边界、科学的发展战略、良好的价值准则与社会责任、有效的风险管理与内部控制、合理的激励约束机制、完善的信息披露制度。

二、稳健公司治理原则（中级考试内容） ★

巴塞尔委员会于2011年10月发布了《加强银行公司治理的原则》，提出银行实现稳健公司治理的14条原则。

（1）董事会行为：董事会总体职责、董事会资质、董事会自身行为与组织架构、集团架构。

（2）高管层：高管层应在董事会的指导下确保银行业务活动与董事会审核通过的经营战略、风险容忍/偏好和各项政策相符。

（3）风险管理和内部控制：银行应设立有效的内控体系和风险管理部门，并确保其获得充分的授权、地位、独立性、资源保障和向董事会报告的路径。

（4）薪酬：董事会应积极审查薪酬体系的设计及运行情况，并进行监控评估，确保其按既定目标运作。

（5）公司架构：董事会和高管层应了解、理解银行的运行结构及其形成的风险，即“了解你的组织架构”。

（6）信息披露和透明度：银行治理情况应对其股东、存款人、其他利益相关者和市场参与者保持充分的透明度。

三、银行公司治理的组织架构（中级考试内容）★

公司治理组织架构的主体包括股东大会、董事会、监事会和高级管理层（简称“三会一层”）。

1. 股东大会

股东大会是银行的最高权力机构。股东大会会议包括年度会议和临时会议。股东大会年会应当由董事会在每一会计年度结束后6个月内召集和召开。股东大会议事规则由商业银行董事会负责拟定，并经股东大会审议通过后执行。

2. 董事会

（1）董事会对股东大会负责，对商业银行经营和管理承担最终责任。董事会由执行董事和非执行董事（含独立董事）组成。

（2）董事会应当根据商业银行情况单独或合并设立其专门委员会，如战略委员会、审计委员会、风险管理委员会、关联交易控制委员会、提名委员会、薪酬委员会等。

（3）董事会例会每季度应至少召开一次，董事会临时会议的召开程序由商业银行章程规定。董事会会议应当有商业银行全体董事过半数出席方可举行。董事会作出决议，必须经商业银行全体董事过半数通过；对利润分配方案、重大投资、重大资产处置方案、聘任或解聘高级管理人员、资本补充方案、重大股权变动以及财务重组等重大事项，应当由董事会2/3以上董事通过方可有效。

知识加油站

执行董事是指在商业银行担任除董事职务外的其他高级经营管理职务的董事。非执行董事是指在商业银行不担任经营管理职务的董事。独立董事是指不在商业银行担任除董事以外的其他职务，并与所聘商业银行及其主要股东不存在任何可能影响其进行独立、客观判断关系的董事。商业银行董事长和行长应当分设。

3. 监事会

（1）监事会是商业银行的内部监督机构，对股东大会负责。

（2）监事会由职工代表出任的监事、股东大会选举的外部监事和股东监事组成。监事长（监事会主席）应当由专职人员担任，且至少应当具有财务、审计、金融、法律等某一方面专业知识和工作经验。

（3）监事会例会每季度至少应当召开一次，监事会临时会议召开程序由商业银行章程规定。

4. 高级管理层

高级管理层由商业银行总行行长、副行长、财务负责人及监管部门认定的其他高级管理人员组成。高级管理层对董事会负责，同时接受监事会监督，依法在其职权范围内的经营管理活动不受干预。

教你一招

股东大会是最高权力机构，董事会是日常决策机构，监事会起到监督作用。

四、激励约束机制（中级考试内容）★

1. 董事和监事履职评价

商业银行应当按年度对所有在职董事进行履职评价。根据董事的履职情况，依据评价结果将董事划分为称职、基本称职和不称职三个级别。

2. 薪酬机制

薪酬机制一般应坚持以下原则：

（1）**薪酬机制与银行公司治理要求相统一**。

（2）**薪酬激励与银行竞争能力及银行持续能力建设相兼顾**。

（3）**薪酬水平与风险成本调整后的经营业绩相适应**。

（4）**短期激励与长期激励相协调**。

要点	内容
薪酬结构	薪酬由固定薪酬、可变薪酬、福利性收入等构成。 ①**固定薪酬**。固定薪酬即基本薪酬，是商业银行为保障员工基本生活而支付的基本报酬。商业银行的基本薪酬一般不高于其薪酬总额的35%。 ②**可变薪酬**。包括绩效薪酬和中长期各种激励。 ③**福利性收入**。福利性收入包括商业银行为员工支付的社会保险费、住房公积金等
薪酬支付	①基本薪酬按月支付，应根据薪酬年度总量计划和分配方案支付基本薪酬。中长期激励在协议约定的锁定期到期后支付，锁定期长短取决于相应各类风险持续的时间，至少为3年。住房公积金、各种保险费应按照国家有关规定纳入专户管理。 ②商业银行高级管理人员以及对风险有重要影响岗位上的员工，其绩效薪酬的40%以上应采取延期支付的方式，且延期支付期限一般不少于3年，其中，主要高级管理人员绩效薪酬的延期支付比例应高于50%。 ③商业银行应制定绩效薪酬延期追索、扣回规定。绩效薪酬延期追索、扣回规定应同样适用离职人员
薪酬管理	银行的薪酬管理体系包括薪酬管理制度、绩效考核指标体系和市场纪律约束等内容

真题精练

【例1·单项选择题】（　　）是银行的最高权力机构。

A. 股东大会　　B. 董事会

C. 监事会　　D. 高级管理层

A　股东大会是股东参与银行重大决策的一种组织形式，是银行的最高权力机构，是股东履行自己的责任、行使自己权利的机构与场所。

【例2·单项选择题】对利润分配方案、重大投资等重大事项，应当由董事会（　　）以上董事通过方可有效。

A. 1/2　　B. 1/3

C. 2/3　　D. 3/4

C　对利润分配方案、重大投资、重大资产处置方案、聘任或解聘高级管理人员、资本补充方案、重大股权变动以及财务重组等重大事项，应当由董事会2/3以上董事通过方可有效。

3. 绩效考核机制

要点	内容
绩效考评实践中存在的问题	(1)过分强调市场份额，未充分考虑自身条件而与同业盲目攀比。 (2)风险和合规指标权重偏低，过分强调业务发展和经营效益。 (3)绩效考评的传导机制不完善，存在简单分解、层层加码的情形。 (4)质量管理不科学，未充分考虑金融风险滞后性、隐匿性的特点，导致经营行为短期化；商业银行的绩效考核机制应当充分体现兼顾收益与风险、长期与短期激励相协调，人才培养和风险控制相适应的原则，并有利于本行战略目标实施和竞争力提升
绩效考核的原则	(1)稳健经营。 (2)合规引领。 (3)战略导向。 (4)综合平衡。 (5)统一执行
绩效考核的特点	(1)由传统的财务指标转向财务与非财务指标（内控及合规等）并重。 (2)由财务会计数据转向财务会计与管理会计信息并重。 (3)由单一指标转向单一指标与综合指标（如风险调整后收益指标等）并重。 (4)由高管和特殊岗位从业人员（如交易员）绩效考评转向个人与机构并重

（续表）

要点	内容
绩效考核的指标	银行业金融机构绩效考评指标包括五大类： (1)**合规经营类指标**。合规经营类指标用于评价银行业金融机构遵守相关法律法规和规章制度、内部控制建设及执行的情况，包括合规执行、内控评价、违规处罚等方面。 (2)**风险管理类指标**。风险管理类指标用于评价银行业金融机构风险状况及变动趋势，包括信用风险指标、操作风险指标、流动性风险指标、市场风指标、声誉风险指标等。 (3)**经营效益类指标**。经营效益类指标用于评价银行业金融机构经营成果、经营效率和价值创造能力，包括利润指标、成本控制指标、风险调整后收益指标等。在经营效益类指标中，应当以风险调整后收益指标为核心。 (4)**发展转型类指标**。发展转型类指标用于评价银行业金融机构根据宏观经济政策、结构调整及自身需要，推动业务发展和战略转型的情况，包括业务及客户发展指标、资产负债结构调整指标、收入结构调整指标等。 (5)**社会责任类指标**。社会责任类指标用于评价银行业金融机构提供金融服务、支持节能减排和环境保护、提高社会公众金融意识的情况，包括服务质量和公平对待消费者、绿色信贷、公众金融教育等
绩效考核的应用	绩效考评结果的应用至少应当包括以下方面： (1)评定等级行。 (2)确定管理授权。 (3)分配信贷资源和财务费用。 (4)核定绩效薪酬总额。 (5)评价高级管理人员和确定其绩效薪酬

教你一招

绩效考核各个指标所包括的各类小指标，在考试中经常以多选题的形式出现，此处需要分类记忆，着重掌握。

第二节 内部控制

一、内部控制目标与基本原则 ★★★

1. 内部控制目标

(1)保证国家有关法律法规及规章的贯彻执行。

(2)保证商业银行发展战略和经营目标的实现。

(3)保证商业银行风险管理的有效性。

(4)保证商业银行业务记录、会计信息、财务信息和其他管理信息的真实、准确、完整和及时。

2. 内部控制基本原则

(1)全覆盖原则。

(2)制衡性原则。

(3)审慎性原则。

(4)相匹配原则。

真题精练

【例3·多项选择题】商业银行内部控制应当遵循的基本原则包括(　　)。

A. 全覆盖原则　　B. 制衡性原则

C. 独立性原则　　D. 审慎性原则

E. 相匹配原则

ABDE　商业银行内部控制应当遵循的基本原则包括全覆盖原则、制衡性原则、审慎性原则和相匹配原则。

二、内部控制治理 ★★★

董事会负责保证银行建立并实施充分有效的内部控制体系。监事会负责监督董事会、高级管理层及其成员履行内部控制职责。高级管理层负责建立和完善内部组织机构，采取相应的风险控制措施，对内部控制体系的充分性与有效性进行监测和评估。银行应当指定专门部门作为内控管理职能部门，牵头内部控制体系的统筹规划、组织落实和检查评估。内部审计部门履行内部控制的监督职能。各业务部门负责严格执行相关制度规定，发现内部控制存在的缺陷并组织落实整改。

知识加油站

内部控制应当以防范风险、审慎经营为出发点。

三、内部控制措施 ★★★

内部控制措施是银行根据风险评估结果，采用相应的控制措施，将风险控制在可承受度之内。商业银行的内部控制措施主要包括：

(1)内控制度。

(2)风险识别。

(3)信息系统。

(4)岗位设置。商业银行应当明确重要岗位，并制定重要岗位的内部控制要求，对重要岗位人员实行轮岗或强制休假制度，原则上不相容岗位人员之间不得轮岗。

(5)员工管理。

(6)授权管理。

(7)会计核算。

(8)监控对账。

(9)外包管理。建立健全外包管理制度，明确外包管理组织架构和管理职责，并至少每年开展一次全面的外包业务风险评估。

(10)投诉处理。

四、内部控制保障 ★★★

健全的内部控制保障体系要素包括：

(1)信息系统控制。

(2)报告机制。

(3)业务连续性管理。

(4)人员管理。

(5)考评管理。

(6)内控文化。

第三节　合规管理

一、合规管理的相关概念 ★★★

要点	内容
合规	合规是指使商业银行的经营活动与法律、规则和准则相一致
合规风险	合规风险是指商业银行因没有遵循法律、规则和准则可能遭受法律制裁、监管处罚、重大财务损失和声誉损失的风险
合规管理	合规管理是指银行有效识别和监控合规风险，主动预防违规行为发生的动态过程

二、合规管理的重点内容 ★★★

为提高合规风险管理的有效性，实行安全稳健运行，合规管理需要重点做好以下工作：

(1)建设强有力的合规文化。

(2)建立有效的合规风险管理体系。

(3)建立有利于合规风险管理的基本制度。有利于合规风险管理的基本制度主要包括建立对管理人员合规绩效的考核制度、建立有效的合规问责制度和建立诚信举报制度。

三、合规风险管理体系 ★★★

合规风险管理体系的基本要素

(1)合规政策。

(2)合规管理部门的组织结构和资源。

(3)合规风险管理计划。

(4)合规风险识别和管理流程。

(5)合规培训与教育制度。

真题精练

【例4·单项选择题】下列不属于合规管理重点内容的是(　　)。

A. 建设强有力的合规文化

B. 建立符合政策法规的合规目标

C. 建立有利于合规风险管理的基本制度

D. 建立有效的合规风险管理体系

B　合规管理需要重点做好以下工作:(1)建设强有力的合规文化。(2)建立有效的合规风险管理体系。(3)建立有利于合规风险管理的基本制度。

第四节　内部审计(中级考试内容)

一、内部审计的目标和原则 ★★

商业银行内部审计目标包括:

(1)推动国家有关经济金融法律法规和监管规则的有效落实。

(2)促进商业银行建立并持续完善有效的风险管理、内控合规和公司治理架构。

(3)督促相关审计对象有效履职,共同实现本银行战略目标。

商业银行内部审计活动应遵循独立性、客观性原则,独立于业务经营、风险管理和内控合规等活动。

二、内部审计的组织架构 ★★

1. 董事会、监事会与高管层

(1)董事会。董事会对内部审计的独立性和有效性承担最终责任。董事会应下设审计委员会,审计委员会成员不少于3人,多数成员应为独立董事。

(2)监事会。监事会对本银行内部审计工作进行监督,有权要求董事会和高级管理层提供审计方面的相关信息。

(3)高级管理层。高级管理层应支持内部审计部门独立履行职责,确保内部审计资源充足到位;及时向审计委员会报告业务发展、产品创新、操作流程、风险管理、内控合规的最新发展和变化;根据内部审计发现的问题和审计建议及时采取有效整改措施。

2. 审计部门

商业银行应设立独立的内部审计部门。主要职责包括:审查评价并督促改善商业银行经营活动、风险管理、内控合规和公司治理效果;编制并落实中长期审计规划和年度审计计划,开展后续审计,评价整改情况,对审计项目的质量负责。内部审计部门向总审计师负责并报告工作。

3. 审计人员

商业银行应配备充足的内部审计人员,原则上不得少于员工总数的1%。在从事内部审计活动时,应遵循客观、保密原则,不得参与有利益关系的审计项目,不得利用职权谋取私利,不得隐瞒审计发现的问题,不做缺少证据支持的判断,不做误导性陈述。

要点点拨

董事会的主要职责包括：提供充足的人力与财务资源保障；批准内部审计章程、中长期审计规划和年度审计计划；为独立、客观开展内部审计工作提供必要保障；对内部审计工作的独立性和有效性进行考核，对审计质量进行评价。

三、内部审计的内容与权限 ★★

1. 审计内容

(1)公司治理的健全性和有效性。

(2)经营管理的合规性和有效性。

(3)内部控制的适当性和有效性。

(4)风险管理的全面性和有效性。

(5)会计记录及财务报告的完整性和准确性。

(6)信息系统的持续性、可靠性和安全性。

(7)机构运营、绩效考评、薪酬管理和高级管理人员履职情况。

(8)监管部门监督检查发现问题的整改情况以及监管部门指定项目的审计工作等。

2. 审计权限

内部审计部门在从事审计工作中，有权参与或从事以下活动：

(1)获取与审计有关的信息，列席或参加与内部审计职责有关的会议，参加相关业务培训。

(2)检查各类经营机构(含分支机构和附属机构)的各项业务和管理活动(含外包业务)，及时、全面获取经营管理相关信息，并就有关问题向审计对象和行内相关人员进行调查、质询和取证。

(3)向董事会、高级管理层和相关部门提出处理和处罚建议。

(4)可就风险管理、内部控制等事项提供专业建议，但不得直接参与或负责内部控制设计和经营管理的决策与执行。

四、内部审计的组织实施 ★★

1. 审计章程

商业银行应制定内部审计章程，章程应由董事会批准并报监管部门备案。内部审计章程应至少包括以下事项：

(1)内部审计目标和范围。

(2)内部审计地位、权限和职责。

(3)内部审计部门的报告路径以及与高级管理层的沟通机制。

(4)内部审计与风险管理、内部控制的关系。

(5)内部审计活动外包的标准和原则。

(6)内部审计与外部审计的关系。

(7)对重点业务条线及风险领域的审计频率及后续整改要求。

(8)内部审计人员职业准入与退出标准、后续教育制度和人员交流机制。

2. 审计流程

(1)审计计划。年度内部审计计划应充分考虑监管关注事项，包括但不限于：全面风险管理、资本充足、流动性、内控合规、财务报告等。

(2)组建审计组。

(3)开展审计。

(4)审计报告。

(5)审计整改。

(6)审计跟踪。

3. 审计外包

商业银行不得将内部审计职能外包，但可将有限的、特定的内部审计活动外包给第三方，以缓解内部审计资源压力并提升内部审计工作的全面性。商业银行不得将内部审计活动外包给正在为本银行提供外部审计服务的会计师事务所及其关联机构，不得外包给近三年内为审计对象提供过与该项审计外包业务相关咨询服务的第三方及其关联机构。

码上看总结

章节自测

一、单项选择题（在以下各小题所给出的四个选项中，只有一个选项符合题目要求，请将正确选项的代码填入括号内）

1. 股东大会年会应当由董事会在每一会计年度结束后（　　）个月内召集和召开。
A. 3　　B. 6
C. 9　　D. 12

2. 董事会例会每季度应至少召开（　　）次。
A. 1　　B. 2
C. 3　　D. 4

3. （　　）是商业银行的内部监督机构。
A. 股东大会　　B. 董事会
C. 监事会　　D. 高级管理层

4. 根据董事的履职情况，依据评价结果将董事划分为（　　）级别。
A. 优秀、良好、合格、不合格　　B. 优秀、良好、称职、不称职
C. 优秀、合格、基本合格、不合格　　D. 称职、基本称职、不称职

5. 商业银行的基本薪酬一般不高于其薪酬总额的（　　）。
A. 15%　　B. 25%
C. 35%　　D. 45%

6. （　　）负责保证银行建立并实施充分有效的内部控制体系。
A. 股东大会　　B. 董事会
C. 监事会　　D. 高级管理层

7. 下列不属于商业银行合规风险管理目标的是（　　）。
A. 实现对合规风险的有效识别和管理　　B. 促进全面风险管理体系建设
C. 确保依法合规经营　　D. 使银行的收益最大化

8. 有利于合规风险管理的基本制度不包括（　　）。
A. 建立有效的合规预警机制　　B. 建立对管理人员合规绩效的考核制度
C. 建立有效的合规问责制度　　D. 建立诚信举报制度

二、多项选择题（在以下各小题所给出的选项中，至少有两个选项符合题目要求，请将正确选项的代码填入括号内）

1. 良好银行公司治理的内容包括（　　）。
A. 清晰的职责边界　　B. 健全的组织架构
C. 较快的发展速度　　D. 有效的风险管理与内部控制
E. 合理的激励约束机制

2. 公司治理组织架构的主体包括（　　）。
A. 股东大会　　B. 董事会
C. 监事会　　D. 理事会
E. 高级管理层

3. 股东大会会议包括(　　)。
A. 年度会议　　B. 月度会议
C. 季度会议　　D. 周会议
E. 临时会议

4. 商业银行的内部控制措施包括(　　)。
A. 内控制度　　B. 信息系统
C. 授权管理　　D. 监控对账
E. 投诉处理

5. 健全的内部控制保障体系包括的要素有(　　)。
A. 信息系统控制　　B. 报告机制
C. 人员管理　　D. 内控文化
E. 考评管理

三、判断题(请判断以下各小题的正误,正确的选 A,错误的选 B)

1. 绩效薪酬延期追索、扣回规定只适用在职人员,不适用离职人员。(　　)
A. 正确　　B. 错误

2. 建立健全外包管理制度,明确外包管理组织架构和管理职责,并至少每半年开展 1 次全面的外包业务风险评估。(　　)
A. 正确　　B. 错误

答案详解

一、单项选择题

1. B。【解析】股东大会年会应当由董事会在每一会计年度结束后 6 个月内召集和召开。

2. A。【解析】董事会例会每季度应至少召开 1 次。

3. C。【解析】监事会是商业银行的内部监督机构,对股东大会负责。

4. D。【解析】根据董事的履职情况,依据评价结果将董事划分为称职、基本称职、不称职三个级别。

5. C。【解析】商业银行的基本薪酬一般不高于其薪酬总额的 35% 。

6. B。【解析】董事会负责保证银行建立并实施充分有效的内部控制体系。

7. D。【解析】合规管理的目标是通过建立健全合规风险管理框架,实现对合规风险的有效识别和管理,促进全面风险管理体系建设,确保依法合规经营。

8. A。【解析】有利于合规风险管理的基本制度主要包括:(1)建立对管理人员合规绩效的考核制度。(2)建立有效的合规问责制度。(3)建立诚信举报制度。

二、多项选择题

1. ABDE。【解析】良好银行公司治理的主要内容应包括健全的组织架构、清晰的职责边界、科学的发展战略、良好的价值准则与社会责任、有效的风险管理与内部控制、合理的激励约束机制、完善的信息披露制度。

2. ABCE。【解析】公司治理组织架构的主体包括股东大会、董事会、监事会和高级管理层。

3. AE。【解析】股东大会会议包括年度会议和临时会议。

4. ABCDE。【解析】商业银行的内部控制措施包括内控制度、风险识别、信息系统、岗位设置、员工管理、授权管理、会计核算、监控对账、外包管理和投诉处理。

5. ABCDE。【解析】健全的内部控制保障体系包括的要素有信息系统控制、报告机制、业务连续性管理、人员管理、考评管理和内控文化。

三、判断题

1. B。【解析】绩效薪酬延期追索、扣回规定同样适用离职人员。

2. B。【解析】建立健全外包管理制度,明确外包管理组织架构和管理职责,并至少每年开展 1 次全面的外包业务风险评估。

第十四章 商业银行资产负债管理

考情直击

本章的主要内容是银行资产负债管理的相关知识，分别从资产负债管理概述、资产负债管理的工具与策略两个维度来阐述相关知识。分析近几年的考试情况，本章的常考点有资产负债管理的对象、目标、原则、构成、管理工具、管理策略等，在考试中约占 1.5 ~2 分。

考纲要求

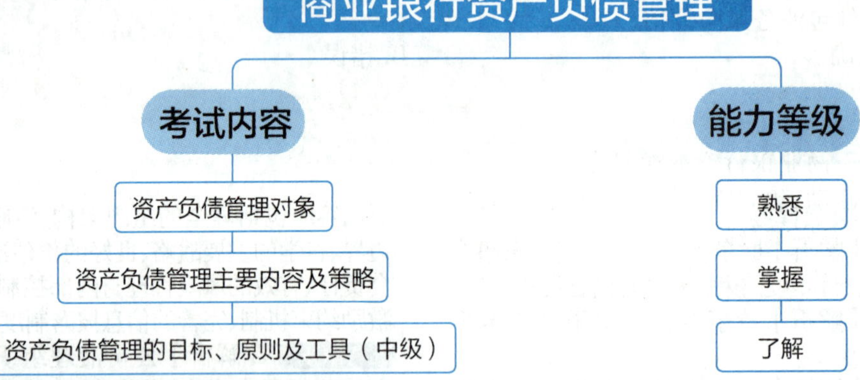

知识解读

第一节 资产负债管理概述

一、资产负债管理的对象 ★★

对于商业银行而言，传统资产负债管理的对象即是银行的资产负债表。

在新的社会经济环境、新金融市场环境以及新的全球监管要求下，随着商业银行综合化经营范围的拓宽和国际化业务的推进，商业银行资产负债管理的对象和内涵也不断扩充，呈现出“表内外、本外币、集团化”的趋势。总体而言，当前商业银行资产负债管理已经越来越强调全面、动态和前瞻的综合平衡管理。

二、资产负债管理的目标与原则（中级考试内容） ★

1. 资产负债管理的目标

商业银行资产负债管理的整体目标是，在承受合理的缺口与流动性风险的前提下，追求银行价值的最大化。

（1）短期目标。衡量短期资产负债效率的核心指标是净利息收益率（净利息收入与生息资产平均余额之比）。结合管理内涵和职能，资产负债管理短期目标可概括为：顺应当前经济形势、市场变革和监管要求的变化，坚持稳健审慎的风险偏好，以提升净利息收益率（NIM）和股权收益率（ROE）水平为核心，统筹表内外资产负债管理，做好规模、风险、收益的平衡协调发展。

（2）长期目标。经济资本回报率（RAROC）成为现代商业银行普遍采用的一种新型的以风险为基础的价值创造能力考察指标。结合管理内涵和职能，资产负债管理长期目标可概括为：从银行整体战略出发，建立符合现代商业银行要求的资产负债管理体系，强化资本约束，提高风险控制水平，加强业务经营引导和调控能力，统筹把握资产负债的总量和结构，促进流动性、安全性和效益性的协调统一，实现经济资本回报率最大化，进而持续提升股东价值回报。

2. 资产负债管理的原则

为了确保实现管理目标，资产负债管理通常需要遵循以下四项管理原则：

（1）战略导向原则。

（2）资本约束原则。

（3）综合平衡原则。

（4）价值回报原则。

三、资产负债管理的构成内容 ★★

1. 资本管理

商业银行资本管理的范畴一般包括监管资本管理、经济资本管理和账面资本管理三个方面。商业银行资本管理的内容主要包括开展资本规划、筹集、配置、监控、评价和应用等管理活动，建立资本管理框架及机制，制订资本规划及年度计划，确定资本管理工具和流程，实施资本分配和考核等。

2. 资产负债组合管理

资产负债组合管理包括资产组合管理、负债组合管理和资产负债匹配管理三个部分。

（1）资产组合管理以资本约束为前提，在测算资产组合风险回报与优化资本配比结构的基础上，综合运用量价工具，调控资产总量和结构，构建以资本和收息率为中心的价值传导机制，确保经风险调整后的资产收益率最大化。

（2）负债组合管理以平衡资金来源和运用为前提，通过加强主动负债管理，优化负债的品种、期限及利率结构，降低负债成本，保持负债成本与流动性的平衡，确保负债总量适度，提高市场竞争力，有效支撑资产业务的发展。

（3）资产负债匹配管理立足资产负债管理，以流动性指标、资本充足率和资产负债相关项目的关联关系等为约束条件，进行资产负债匹配管理，持续优化资产负债组合配置的成本收益结构和期限结构。

3. 资产负债计划管理

资产负债计划是资产负债管理的重要手段，主要包括资产负债总量计划和结构计划。通常，商业银行主要根据全行资本总量和资本充足率水平来确定资产负债总量计划。资产负债结构计划主要包括资本计划、信贷计划、投资计划、同业及金融机构往来融资计划、存款计划及资产负债期限控制计划等。

4. 定价管理

定价管理可分为外部产品定价和内部资金转移定价管理。商业银行以促进业务发展和盈利增长为目标，加强资产、负债产品的外部定价管理，提升定价水平和经营效益，并通过内部资金转移定价（FTP）完善内部价格管理，优化银行内部经营机制和全系统资源配置，增强市场竞争力。

5. 银行账户利率风险管理

银行账户利率风险是指因利率水平、期限结构等要素发生不利变动，导致银行账户整体收益和经济价值遭受损失的风险。

6. 资金管理

资金管理的核心是建设内部资金转移定价机制和全额资金管理体制，建成以总行为中心，自下而上集中资金和自上而下配置资金的收支两条线、全额计价、集中调控、实时监测和控制全行资金流的现代商业银行司库体系。

7. 流动性风险管理

流动性状况反映商业银行从宏观到微观所有层面的运营状况及市场声誉，良好的流动性状况是商业银行安全稳健运营的基础。

8. 投融资业务管理

投融资和票据转贴现业务管理要坚持科学规划、统一管理、集约经营、综合发展的原则，构建符合现代商业银行要求的投融资和票据转贴现业务管理体制和经营机制，实现对银行投融资和票据转贴现业务的制度规范、流程合规、价格引导、授权管理、计划管理和实时监督控制。

知识加油站

投融资和票据转贴现业务是商业银行一项重要的、不可或缺的资产业务，不仅具有盈利功能，还具有资金调控蓄水池和信贷规模调节器的作用。

9. 汇率风险管理

商业银行面临的汇率风险主要是指由于汇率波动造成以基准计价的资产遭受价值损失和财务损失的可能性。

真题精练

【例1·多项选择题】下列关于商业银行资产组合管理的说法中，正确的有(　　)。

A. 以平衡资金来源和运用为前提

B. 需要确保经风险调整后的资产收益率最大化

C. 构建以资本和收息率为中心的价值传导机制

D. 需要以测算资产组合风险回报与优化资本配比结构为基础

E. 保持负债成本与流动性的平衡

BCD　资产组合管理以资本约束为前提，在测算资产组合风险回报与优化资本配比结构的基础上，综合运用量价工具，调控资产总量和结构，构建以资本和收息率为中心的价值传导机制，确保经风险调整后的资产收益率最大化。

第二节　资产负债管理的工具与策略

一、资产负债管理的工具 ★

1. 缺口管理

缺口管理又称为利率敏感性缺口管理法，是利率风险管理的重要工具。当预期利率会上升时，增加缺口；反之亦然。这里所指的缺口是指浮动利率资产和负债之间的差额。

2. 久期管理

久期是用于衡量资产负债价值对于利率水平变化的敏感度的一项指标，可表示为利率变动1%时，导致资产负债净值变动的百分比。**在商业银行资产负债管理过程中，利用久期管理可以采用以下两种方法：一是风险免疫管理策略；二是久期缺口风险管理策略。**

3. 内部资金转移定价

内部资金转移定价是指商业银行内部资金中心与业务经营单位按照一定规则全额有偿转移资金，达到核算业务资金成本或收益等目的的一种内部经营管理模式。**FTP作为商业银行资产负债管理的重要工具，其作用主要在于以下两个方面：一是公平绩效考核；二是剥离利率风险。**

4. 经济资本

在商业银行资产负债管理中，经济资本作为一项重要工具，主要用于绩效考核和风险定价两个方面。

5. 收益率曲线

收益率曲线一般有四种典型形状，水平收益率曲线基本呈一条水平线，表示长期利率与短期利率相等；正向收益率曲线向上倾斜，表示长期利率高于短期利率；反转收益率曲线向下倾斜，表示长期利率低于短期利率；驼峰收益率曲线表示期限相对较短的债券，利率与期限呈正向相关，期限较长的债券，利率与期限呈反向相关。

要点点拨

收益率曲线是分析利率走势和进行市场定价的基本工具，是商业银行资产负债管理的重要工具。

6. 资产证券化

证券化是指银行发现资产负债表中资产的额外价值并将其从资产负债表中全部移除，以便为信贷业务腾挪空间的过程。

真题精练

【例2·单项选择题】(　　)表示长期利率低于短期利率。

A. 水平收益率曲线　　B. 正向收益率曲线

C. 反转收益率曲线　　D. 驼峰收益率曲线

C　水平收益率曲线基本呈一条水平线，表示长期利率与短期利率相等；正向收益率曲线向上倾斜，表示长期利率高于短期利率；反转收益率曲线向下倾斜，表示长期利率低于短期利率；驼峰收益率曲线表示期限相对较短的债券，利率与期限呈正向相关，期限较长的债券，利率与期限呈反向相关。

【例3·判断题】久期管理又称为利率敏感性缺口管理法，是利率风险管理的重要工具。(　　)

A. 正确　　B. 错误

B　缺口管理又称为利率敏感性缺口管理法，是利率风险管理的重要工具。

二、资产负债管理的策略 ★★

表内资产负债匹配

表内资产负债匹配是资产负债综合管理的核心策略。

表外工具规避表内风险

对于发达国家的国际大型商业银行，利用表外工具规避风险已成为其风险管理的重要组成部分，一方面，其利用利率、汇率衍生工具来对冲市场风险，另一方面，其利用信用违约互换（CDS）等信用衍生工具来对冲信用风险。

利用证券化剥离表内风险

从风险管理的视角看，在资产证券化过程中，商业银行将相关信贷资产从表内剥离的同时，也实现了对相应信用风险的剥离，从流量经营的视角看，资产证券化盘活了存量信贷资产，从表内和表外两个方向扩大信用投放的覆盖面，提高表内外资产的周转率和收益率。

章节自测

一、单项选择题（在以下各小题所给出的四个选项中，只有一个选项符合题目要求，请将正确选项的代码填入括号内）

1. 衡量短期资产负债效率的核心指标是（　　）。
   A. 净利息收益率　B. 产权比率
   C. 资产周转率　D. 流动比率
2. 商业银行资本管理的范畴一般不包括（　　）。
   A. 监管资本管理　B. 经济资本管理
   C. 账面资本管理　D. 永久资本管理
3. 商业银行一般通过（　　）来完善内部价格管理，优化银行经营机制和全系统资源配置，增强市场竞争力。
   A. 外部产品定价　B. 资产负债计划管理
   C. 资产负债匹配管理　D. 内部资金转移定价
4. 下列不属于资产负债组合管理组成部分的是（　　）。
   A. 资产组合管理　B. 利润管理
   C. 资产负债匹配管理　D. 负债组合管理
5. （　　）表示长期利率与短期利率相等。
   A. 水平收益率曲线　B. 正向收益率曲线
   C. 反转收益率曲线　D. 驼峰收益率曲线
6. （　　）是分析利率走势和进行市场定价的基本工具，是商业银行资产负债管理的重要工具。
   A. 收益率曲线　B. 价格曲线
   C. 时间价值曲线　D. 利率走势曲线

二、多项选择题（在以下各小题所给出的选项中，至少有两个选项符合题目要求，请将正确选项的代码填入括号内）

1. 为了确保实现管理目标，资产负债管理通常需要遵循的管理原则包括（　　）。
   A. 战略导向原则　B. 规模扩张原则
   C. 资本约束原则　D. 综合平衡原则
   E. 价值回报原则

2. 下列关于商业银行负债组合管理的说法中，正确的有(　　)。
A. 以平衡资金来源和运用为前提
B. 需要加强主动负债管理
C. 需要不断优化负债的品种、期限及利率结构
D. 构建以资本和收息率为中心的价值传导机制
E. 需要确保经风险调整后的资产收益率最大化

3. 资产负债结构计划主要包括(　　)。
A. 资本计划　　B. 信贷计划
C. 投资计划　　D. 存款计划
E. 资产负债期限控制计划

4. 收益率曲线的形状包括(　　)。
A. 水平收益率曲线　　B. 正向收益率曲线
C. 反转收益率曲线　　D. 驼峰收益率曲线
E. 波浪收益率曲线

三、判断题(请判断以下各小题的正误，正确的选 A，错误的选 B)

1. 资产负债计划主要包括资产负债总量计划和结构计划。(　　)
A. 正确　　B. 错误

2. 表内资产负债匹配是资产负债综合管理的核心策略。(　　)
A. 正确　　B. 错误

答案详解

一、单项选择题

1. A。【解析】衡量短期资产负债效率的核心指标是净利息收益率。

2. D。【解析】商业银行资本管理的范畴一般包括监管资本管理、经济资本管理和账面资本管理。

3. D。【解析】商业银行以促进业务发展和盈利增长为目标，加强资产、负债产品的外部定价管理，提升定价水平和经营效益，并通过内部资金转移定价(FTP)完善内部价格管理，优化银行内部经营机制和全系统资源配置，增强市场竞争力。

4. B。【解析】资产负债组合管理包括资产组合管理、负债组合管理和资产负债匹配管理三个部分。

5. A。【解析】水平收益率曲线基本呈一条水平线，表示长期利率与短期利率相等；正向收益率曲线向上倾斜，表示长期利率高于短期利率；反转收益率曲线向下倾斜，表示长期利率低于短期利率；驼峰收益率曲线表示期限相对较短的债券，利率与期限呈正向相关，期限较长的债券，利率与期限呈反向相关。

6. A。【解析】收益率曲线是分析利率走势和进行市场定价的基本工具，是商业银行资产负债管理的重要工具。

二、多项选择题

1. ACDE。【解析】为了确保实现管理目标，资产负债管理通常需要遵循的管理原则包括战略导向原则、资本约束原则、综合平衡原则和价值回报原则。

2. ABC。【解析】负债组合管理以平衡资金来源和运用为前提，通过加强主动负债管理，优化负债的品种、期限及利率结构，降低负债成本，保持负债成本与流动性的平衡，确保负债总量适度，提高市场竞争力，有效支撑资产业务的发展。

3. ABCDE。【解析】资产负债结构计划主要包括资本计划、信贷计划、投资计划、同业及金融机构往来融资计划、存款计划及资产负债期限控制计划等。

4. ABCD。【解析】收益率曲线的形状包括水平收益率曲线、正向收益率曲线、反转收益率曲线和驼峰收益率曲线。

三、判断题

1. A。【解析】资产负债计划是资产负债管理的重要手段，主要包括资产负债总量计划和结构计划。

2. A。【解析】表内资产负债匹配是资产负债综合管理的核心策略。

第十五章 资本管理

考情直击

本章的主要内容是银行资本管理的相关知识，分别从资本的概述、巴塞尔资本协议、我国商业银行资本监管以及资本管理四个方面来阐述相关内容。分析近几年的考试情况，本章的常考点有资本的分类、作用、巴塞尔资本协议、我国银行业资本监管、资本充足率管理策略、经济资本分配等，在考试中约占4~5分。

考纲要求

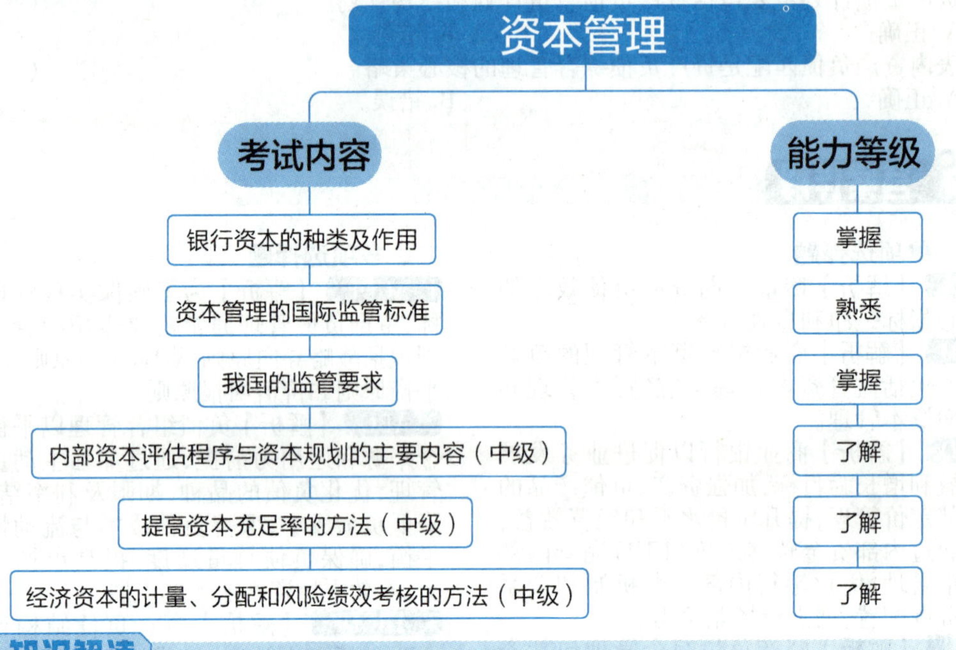

知识解读

第一节 概 述

一、资本的分类 ★★★

1. 账面资本

账面资本又称为会计资本，是指商业银行持股人的永久性资本投入，即出资人在商业银行资产中享有的经济利益，其金额等于资产减去负债后的余额，包括实收资本或普通股、资本公积、盈余公积、未分配利润等。**账面资本反映了银行实际拥有的资本水平，是银行资本金的静态反映**。

2. 监管资本

监管资本涉及两个层次的概念：一是银行实际持有的符合监管规定的合格资本；二是银行按照监管要求应当持有的最低资本量或最低资本要求。

3. 经济资本

经济资本是描述在一定的置信度水平下(如99%),为了应对未来一定期限内资产的非预期损失而应该持有或需要的资本金。

经济资本是根据银行资产的风险程度计算出来的虚拟资本,即银行所“需要”的资本,或“应该持有”的资本,而不是银行实实在在拥有的资本。经济资本本质上是一个风险概念,因而又称为风险资本。从银行审慎、稳健经营的角度而言,银行持有的资本数最应大于经济资本。

4. 三种资本之间的关系

账面资本反映的是所有者权益,而监管资本、经济资本则是从覆盖风险与吸收损失的角度提出的资本概念。

要点点拨

在资本功能方面,账面资本与监管资本(银行持有的合格资本)具有交叉,可以用于吸收损失。从数量角度而言,账面资本经过一定的调整,可以得到符合监管要求的合格资本,合格资本的数额应大于最低监管资本要求;银行要稳健、审慎经营,持有的账面资本还应大于经济资本。就银行管理角度来看,相对于监管资本,经济资本更好地反映了银行的风险状况和资本需求,对银行风险变动具有更高的敏感性,目前已经成为先进银行广泛应用的管理工具。

二、资本的作用 ★★★

银行资本的作用包括:

(1)**为银行提供融资**。

(2)**吸收和消化损失**。

(3)**限制业务过度扩张**。

(4)**维持市场信心**。

真题精练

【例1·单项选择题】在99%的置信度上,一年之内为弥补银行的非预期损失所需要的资本为50亿元,这里的50亿元是(   )。

A. 账面资本　　B. 监管资本

C. 经济资本　　D. 货币资本

C　经济资本是描述在一定的置信度水平下(如99%),为了应对未来一定期限内资产的非预期损失而应该持有或需要的资本金。

第二节 巴塞尔资本协议与我国银行业资本监管

一、巴塞尔资本协议 ★★

1. 第一版巴塞尔资本协议

(1)**统一了监管资本定义**。第一版巴塞尔资本协议提出了两个层次的资本，即核心资本和附属资本。核心资本主要包括实收资本(或普通股)、公开储备(资本公积、盈余公积、留存利润、股票发行溢价)；附属资本主要包括非公开储备、重估储备、普通准备金、混合资本工具和长期次级债务等。

(2)**建立了资产风险的衡量体系**。第一版巴塞尔资本协议主要关注信用风险，根据银行资产风险水平的大小分别赋予不同的风险权重，共分为0、10%、20%、50%、100%五个档次。

(3)**确定了资本充足率的监管标准**。资本充足率为资本与风险加权资产的比值。第一版巴塞尔资本协议规定商业银行资本充足率不得低于8%，核心资本充足率不得低于4%。

2. 第二版巴塞尔资本协议

(1)**第一支柱：最低资本要求**。明确商业银行总资本充足率不得低于8%，核心资本充足率不得低于4%，资本要全面覆盖信用风险、市场风险和操作风险。

(2)**第二支柱：监督检查**。

(3)**第三支柱：市场纪律，又称市场约束、信息披露**。

3. 第三版巴塞尔资本协议

(1)强化资本充足率监管标准。第三版巴塞尔资本协议全面强化了资本充足率监管的三个要素：

①提升资本工具损失吸收能力。

②增强风险加权资产计量的审慎性。

③提高资本充足率监管标准。明确了三个层次的最低资本要求：**核心一级资本充足率为4.5%，一级资本充足率为6%，总资本充足率为8%，并规定商业银行资本充足率不得低于最低资本要求**。

(2)引入杠杆率监管标准。杠杆率不能低于3%，要求银行自2015年开始披露杠杆率信息，2018年正式纳入第一支柱框架。

(3)建立流动性风险量化监管标准。第三版巴塞尔资本协议提出了两个流动性量化监管指标：流动性覆盖率(LCR)，用于衡量在短期压力情景下(30日内)单个银行的流动性状况；净稳定融资比率(NSFR)，用于度量中长期内银行可供使用的稳定资金来源能否支持其资产业务的发展。在正常情况下，商业银行的流动性覆盖率和净稳定融资比率都不得低于100%。

知识加油站

第三版巴塞尔协议在资本要求、杠杆率监管和损失拨备制度等方面采取措施，有助于抑制银行体系的顺周期性。

真题精练

【例2·单项选择题】第一版巴塞尔资本协议规定商业银行资本充足率不得低于(　　)。

A. 4%　　B. 6%

C. 8%　　D. 10%

C　第一版巴塞尔资本协议规定商业银行资本充足率不得低于8%,核心资本充足率不得低于4%。

【例3·多项选择题】第三版巴塞尔资本协议提出的流动性量化监管指标有(　　)。

A. 拨备率　　B. 杠杆比率

C. 流动性覆盖率　　D. 资本充足率

E. 净稳定融资比率

CE　第三版巴塞尔资本协议提出了两个流动性量化监管指标,即流动性覆盖率(LCR)和净稳定融资比率(NSFR)。

二、我国银行业资本监管 ★★★

1. 资本充足率计算公式

资本充足率是指商业银行持有的符合监管规定的资本与风险加权资产之间的比率。资本充足率计算公式如下:

资本充足率=(总资本-对应资本扣减项)/风险加权资产×100%

一级资本充足率=(一级资本-对应资本扣减项)/风险加权资产×100%

核心一级资本充足率=(核心一级资本-对应资本扣减项)/风险加权资产×100%

其中,商业银行总资本包括核心一级资本、其他一级资本和二级资本;风险加权资产包括信用风险加权资产、市场风险加权资产和操作风险加权资产。

2. 资本充足率监管要求

参考第三版巴塞尔资本协议的规定,将资本监管要求分为四个层次。

层次	内容
第一层次	第一层次为最低资本要求。**核心一级资本充足率、一级资本充足率和资本充足率分别为5%、6%和8%**;需要说明的是,我国对核心一级资本充足率的要求高于第三版巴塞尔资本协议的规定(为4.5%)
第二层次	第二层次为储备资本要求和逆周期资本要求。储备资本要求为2.5%,逆周期资本要求为0~2.5%,均由核心一级资本来满足
第三层次	第三层次为系统重要性银行附加资本要求。国内系统重要性银行附加资本要求为1%,由核心一级资本满足
第四层次	第四层次为第二支柱资本要求。确保资本充分覆盖所有实质性风险

根据《商业银行资本管理办法(试行)》的规定,正常时期我国系统重要性银行和非系统重要性银行的资本充足率要求分别为11.5%和10.5%。

3. 资本定义

要点	内容
核心一级资本	核心一级资本是银行资本中最核心的部分，承担风险和吸收损失的能力也最强。核心一级资本主要包括以下六个部分：实收资本或普通股，资本公积，盈余公积，一般风险准备，未分配利润，少数股东资本可计入部分
其他一级资本	其他一级资本与核心一级资本相比，承担风险和吸收损失的能力相对差一些，主要包括：其他一级资本工具及其溢价，少数股东资本可计入部分。在银行实践中，其他一级资本主要包括符合条件的优先股、永续债等
二级资本	一级资本工具的目标是在持续经营前提下吸收损失，而二级资本目标是在破产清算情况下吸收损失，承担风险与吸收损失的能力相对更差，主要包括：二级资本工具及其溢价，超额贷款损失准备，少数股东资本可计入部分。在银行实践中，二级资本工具主要包括符合条件的次级债、可转债及符合条件的超额贷款损失准备金等
资本扣除项	计算资本充足率时，商业银行应当从核心一级资本中全额扣除一些不具备损失吸收能力的项目，主要包括商誉、其他无形资产（土地使用权除外），由经营亏损引起的净递延税资产、贷款损失准备缺口等

教你一招

按照吸收损失的能力，资本可以分为：核心一级资本（吸收损失能力最强的资本），其他一级资本（稍强），二级资本（稍差）。

真题精练

【例 4 · 判断题】《商业银行资本管理办法（试行）》规定，正常时期我国非系统重要性银行的资本充足率要求为 11.5%。（　　）

A. 正确　　B. 错误

B 《商业银行资本管理办法（试行）》规定，正常时期我国系统重要性银行和非系统重要性银行的资本充足率要求分别为 11.5% 和 10.5%。

第三节　商业银行的资本管理（中级考试内容）

一、内部资本评估程序 ★

第二支柱明确要求商业银行应当建立完善的风险管理框架和稳健的内部资本充足评估程序，应至少每年实施一次。

二、资本充足率管理策略 ★

商业银行要提高资本充足率，主要有两个途径：一是增加资本；二是降低总的风险加权资产。前者称为分子对策,后者称为分母对策。

1. 分子对策

商业银行提高资本充足率的分子对策,包括增加一级资本和二级资本。

(1)**一级资本的来源最常用的方式是发行普通股和提高留存利润**。普通股是银行核心一级资本主要内容,但发行普通股成本通常较高,且银行不能经常采用。留存利润则是银行增加一级资本最便捷的方式。除上述方式外,银行还可以采取发行优先股来补充一级资本,但应符合监管规定的一级资本工具合格标准。

(2)**二级资本主要来源于超额贷款损失准备、次级债券、可转换债券等**。

2. 分母对策

商业银行提高资本充足率的分母对策,总体的思路是降低风险加权资产的总量,包括分别降低信用风险、市场风险和操作风险的资本要求。**要缩小整体的风险加权资产,主要采用两种措施:一是降低规模;二是调整结构**。

真题精练

【例5·多项选择题】商业银行提高资本充足率的分子对策,包括增加一级资本和二级资本,其中一级资本的来源最常用的方式有( )。

A. 发行普通股　　B. 提高留存利润

C. 降低规模　　D. 调整结构

E. 减少风险权重较高的资产

AB 一级资本的来源最常用的方式是发行普通股和提高留存利润。

第四节 经济资本(中级考试内容)

一、经济资本计量 ★

经济资本反映了为抵补银行资产或投资组合面临的非预期损失所需要的资本,因此对经济资本的计量实质上是对非预期损失的计量。

二、经济资本分配 ★

一般而言,商业银行配置经济资本可采取自上而下、自下而上或两者相结合的方法。

1. 自上而下的分配模式

自上而下的分配模式是指基于确定的资本总量,综合考虑各管理维度经济资本占用和风险回报,在遵循一定原则(如目标资本回报要求)的基础上,将有限的经济资本按照不同的管理维度进行层层分解。

2. 自下而上的分配模式

自下而上的分配模式是先对每个业务单元进行风险计量,确定相应的经济资本需求,再将这些经济资本由底层向上逐级汇总,形成全行的经济资本分配方案。

三、风险绩效考核 ★

目前,国际上主流商业银行的风险绩效评价方法主要有经济增加值和风险调整后的资本回报率。

1. 经济增加值

经济增加值也称经济利润，是扣除全部资本的机会成本后的剩余利润。其计算公式如下：

EVA = 税后净营业利润 − 经济资本 × 资本成本

EVA >0，表明银行的资产使用效率高，银行价值增加；如 EVA =0，说明银行的盈利仅能满足债权人和投资者预期获得的最低报酬，银行价值未变化；如 EVA <0，此时即使会计报表反映的净利润为正，也表明银行的经营状况并不理想，银行价值在减少。

要点点拨

EVA 最核心的特点就是考虑机会成本，其表示经营项目的净利润与投资者用同样资本投资其他项目所获最低收益之间的差额。

2. 风险调整后的资本回报率

风险调整后的资本回报率又称经济资本回报率，是经风险调整后的净收益与经济资本的比率。其具体计算公式如下：

RAROC = 经风险调整后税后净利润/经济资本

其中，经风险调整后税后净利润 = 总收入 − 资金成本 − 经营成本 − 风险成本 − 税项。

真题精练

【例 6 · 判断题】经济资本反映了为抵补银行资产或投资组合面临的非预期损失所需要的资本，因此对经济资本的计量实质上是对非预期损失的计量。（　　）

A. 正确　　B. 错误

A　经济资本反映了为抵补银行资产或投资组合面临的非预期损失所需要的资本，因此对经济资本的计量实质上是对非预期损失的计量。

章节自测

一、**单项选择题**（在以下各小题所给出的四个选项中，只有一个选项符合题目要求，请将正确选项的代码填入括号内）

1. 某银行资产负债表上的所有者权益为 100 亿元，这属于银行的（　　）。

A. 账面资本　　B. 监管资本

C. 经济资本　　D. 货币资本

2. 经济资本是描述在一定的置信度水平下，为了应对未来一定期限内资产的（　　）而应该持有或需要的资本金。

A. 预期损失　　B. 非预期损失

C. 财务损失　　D. 极端损失

3. （　　）反映了银行实际拥有的资本水平，是银行资本金的静态反映。

A. 账面资本　　B. 监管资本

C. 经济资本　　D. 货币资本

4.（ ）已经成为先进银行广泛应用的管理工具。

A. 账面资本 B. 监管资本

C. 经济资本 D. 货币资本

5. 在正常情况下，商业银行的流动性覆盖率和净稳定融资比率都不得低于（ ）。

A. 60% B. 80%

C. 90% D. 100%

6.《商业银行资本管理办法（试行）》中最低资本要求规定，核心一级资本充足率为（ ）。

A. 4% B. 4.5%

C. 5% D. 5.5%

二、多项选择题（在以下各小题所给出的选项中，至少有两个选项符合题目要求，请将正确选项的代码填入括号内）

1. 银行资本的作用包括（ ）。

A. 为银行提供融资 B. 吸收和消化损失

C. 促使银行更多地开展高风险业务 D. 限制业务过度扩张

E. 维持市场信心

2. 在第一版巴塞尔资本协议中，附属资本包括（ ）。

A. 实收资本 B. 公开储备

C. 重估储备 D. 普通准备金

E. 混合资本工具

3. 第一版巴塞尔资本协议主要关注信用风险，根据银行资产风险水平的大小分别赋予不同的风险权重，共分为（ ）这几个档次。

A. 0 B. 10%

C. 20% D. 50%

E. 100%

4. 第二版巴塞尔资本协议中的三大支柱包括（ ）。

A. 最低资本要求 B. 监督检查

C. 内部控制 D. 市场纪律

E. 股权分置

5.《商业银行资本管理办法（试行）》规定，商业银行总资本包括（ ）。

A. 核心一级资本 B. 风险资本

C. 其他一级资本 D. 二级资本

E. 资本扣除项

6. 商业银行内部资本评估程序应实现的目标有（ ）。

A. 确保主要风险得到识别、计量或评估、监测和报告

B. 确保资本水平与风险偏好及风险管理水平相适应

C. 确保资本规划与银行经营状况、风险变化趋势及长期发展战略相匹配

D. 商业银行应当将内部资本评估程序作为内部管理和决策的组成部分，并将内部资本评估结果运用于资本预算与匹配、授信决策和战略规划

E. 确保资本的完整和正确

三、判断题（请判断以下各小题的正误，正确的选A，错误的选B）

1. 一般而言，商业银行配置经济资本可采取自上而下、自下而上的方法，但不能采取两者结合的方法。（　　）

A. 正确　　B. 错误

2. 目前，国际上主流商业银行的风险绩效评价方法主要有经济增加值和风险调整后的资本回报率。（　　）

A. 正确　　B. 错误

答案详解

一、单项选择题

1. A。【解析】账面资本反映的是所有者权益，而监管资本、经济资本则是从覆盖风险与吸收损失的角度提出的资本概念。

2. B。【解析】经济资本是描述在一定的置信度水平下（如99%），为了应对未来一定期限内资产的非预期损失而应该持有或需要的资本金。

3. A。【解析】账面资本反映了银行实际拥有的资本水平，是银行资本金的静态反映。

4. C。【解析】就银行管理角度来看，相对于监管资本，经济资本更好地反映了银行的风险状况和资本需求，对银行风险变动具有更高的敏感性，目前已经成为先进银行广泛应用的管理工具。

5. D。【解析】在正常情况下，商业银行的流动性覆盖率和净稳定融资比率都不得低于100%。

6. C。【解析】《商业银行资本管理办法（试行）》中最低资本要求规定，核心一级资本充足率、一级资本充足率和资本充足率分别为5%、6%和8%。

二、多项选择题

1. ABDE。【解析】银行资本的作用主要体现在以下几个方面：(1)为银行提供融资。(2)吸收和消化损失。(3)限制业务过度扩张。(4)维持市场信心。

2. CDE。【解析】在第一版巴塞尔资本协议中，核心资本主要包括实收资本（或普通股）、公开储备；附属资本主要包括非公开储备、重估储备、普通准备金、混合资本工具和长期次级债务等。

3. ABCDE。【解析】第一版巴塞尔资本协议主要关注信用风险，根据银行资产风险水平的大小分别赋予不同的风险权重，共分为0、10%、20%、50%、100%五个档次。

4. ABD。【解析】《巴塞尔新资本协议》的三大支柱是最低资本要求、监督检查和市场纪律。

5. ACD。【解析】《商业银行资本管理办法（试行）》规定，商业银行总资本包括核心一级资本、其他一级资本和二级资本。

6. ABC。【解析】商业银行内部资本评估程序应实现以下目标：(1)确保主要风险得到识别、计量或评估、监测和报告。(2)确保资本水平与风险偏好及风险管理水平相适应。(3)确保资本规划与银行经营状况、风险变化趋势及长期发展战略相匹配。

三、判断题

1. B。【解析】一般而言，商业银行配置经济资本可采取自上而下、自下而上或两者相结合的方法。

2. A。【解析】目前，国际上主流商业银行的风险绩效评价方法主要有经济增加值和风险调整后的资本回报率。

第十六章
风险管理

考情直击

本章的主要内容是与银行经营风险有密切关系的基础知识，分别从全面风险管理、信用风险管理、市场风险管理、操作风险管理、流动性风险管理、声誉风险管理六个方面来阐述相关知识。分析近几年的考试情况，本章的常考点有各类风险的定义、风险策略、风险管理的组织架构、信用风险的计量、不良贷款的处置、市场风险的计量、操作风险以及流动性风险的计量等，在考试中约占7.5～9.5分。

考纲要求

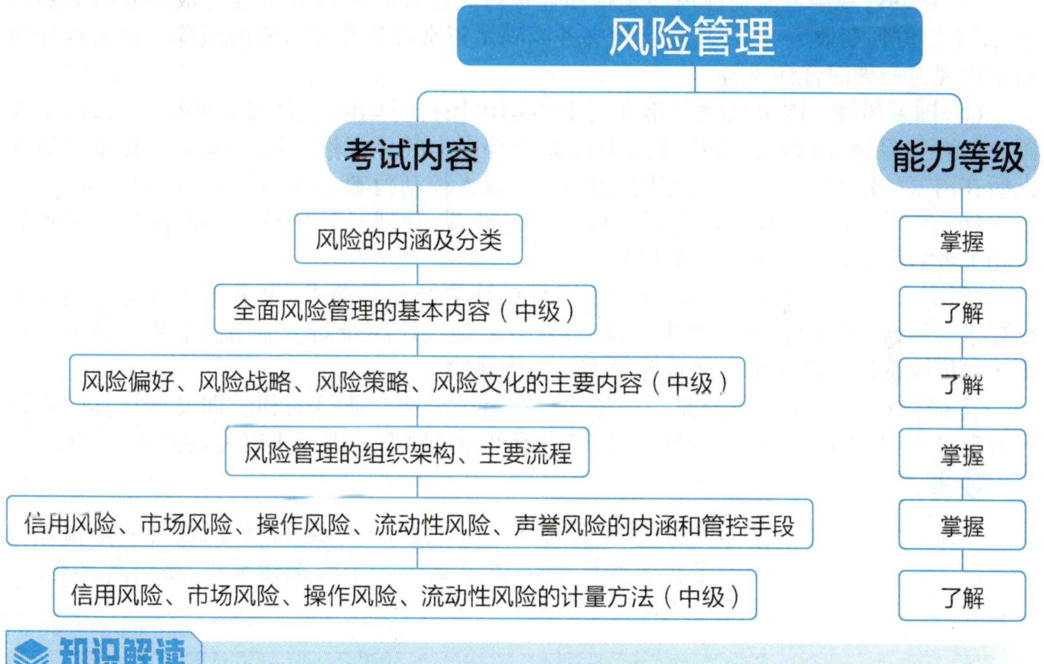

知识解读

第一节　概　述

一、风险的定义 ★★★

可以把风险简单定义为银行在经营过程中，由于一系列不确定因素的影响，导致资产和收益损失的可能性。对银行风险的定义，可以从两个角度理解：一是强调结果的不确定性；二是强调不确定性带来的不利后果。

风险不等同于损失本身，风险是一个事前概念，损失是一个事后概念。

二、风险的分类 ★★★

按照遭受风险的范围划分，银行风险可以分为系统性风险和非系统性风险；按照银行业务结构划分，银行风险可以分为资产风险、负债风险、中间业务风险；按照风险主体划分，银行风险可以分为公司风险、个人风险、国家风险等。结合银行经营的特征及诱发风险的原因，巴塞尔委员会将商业银行面临的风险分为信用风险、市场风险、操作风险、流动性风险、国家风险、声誉风险、法律风险和战略风险八个主要类型，这也是业界较为通用的风险分类方法。

（1）**信用风险**。商业银行面临的主要风险是信用风险，即借款人或交易对手不能按照事先达成的协议履行义务的可能性。这些风险不仅存在于银行的贷款业务中，也存在于其他表内和表外业务中。

（2）**市场风险**。市场风险是指因市场价格（利率、汇率、股票价格和商品价格）的不利变动而使银行表内和表外业务发生损失的风险。目前我国商业银行市场风险主要表现为利率风险和汇率风险。

（3）**操作风险**。操作风险是指由不完善或有问题的内部程序、人员和信息科技系统，以及外部事件所造成损失的风险，包括法律风险，但不包括战略风险和声誉风险。

（4）**流动性风险**。流动性风险是指商业银行无法及时获得或以合理成本获得充足资金，用于偿付到期债务、履行其他支付义务或满足正常业务开展需要的风险。流动性风险通常被视为一种综合性风险。

（5）**国家风险**。国家风险是指在与非本国国民进行国际经贸与金融往来中，由于他国（或地区）经济、政治、社会变化及事件而遭受损失的可能性。国家风险通常是由债务人所在国家（或地区）的行为引起的，超出了债权人控制范围。

（6）**声誉风险**。声誉风险是指由商业银行经营、管理及其他行为或外部事件导致利益相关者对商业银行负面评价的风险。

（7）**法律风险**。法律风险是指商业银行在日常经营活动中，由于无法满足或违反法律要求，导致不能履行合同、发生争议/诉讼或其他法律纠纷而可能给商业银行造成经济损失的风险。法律风险是一种特殊类型的操作风险。

（8）**战略风险**。战略风险是指商业银行在追求短期商业目的和长期发展目标的系统化管理过程中，不适当的发展规划和战略决策可能威胁商业银行未来发展的潜在风险。

要点点拨

国家风险有两个特点：一是国家风险发生在国际经济金融活动中，在同一个国家范围内的经济金融活动不存在国家风险；二是在国际经济金融活动中，不论是政府、银行、企业还是个人，都可能遭受国家风险所带来的损失。

真题精练

【例1·多项选择题】按照银行业务结构划分，银行风险可分为（　　）。

A. 系统性风险　　B. 非系统性风险

C. 资产风险　　D. 负债风险

E. 中间业务风险

CDE 按照遭受风险的范围划分，银行风险可分为系统性风险和非系统性风险。按照银行业务结构划分，银行风险可分为资产风险、负债风险和中间业务风险。

第二节　全面风险管理

一、全面风险管理的原则（中级考试内容）★

全面风险管理的原则包括：

（1）匹配性原则。全面风险管理体系应当与风险状况和系统重要性等相适应，并根据环境变化进行调整。

（2）全覆盖原则。覆盖各个业务条线，包括本外币、表内外、境内外业务；覆盖所有分支机构、附属机构，部门、岗位和人员；覆盖所有风险种类和不同风险之间的相互影响；贯穿决策、执行和监督全部管理环节。

（3）独立性原则。建立独立的全面风险管理组织架构，赋予风险管理条线足够的授权、人力资源及其他资源配置，建立科学合理的报告渠道，与业务条线之间形成相互制衡的运行机制。

（4）有效性原则。将全面风险管理的结果应用于经营管理，根据风险状况、市场和宏观经济情况评估资本和流动性的充足性，有效抵御所承担的总体风险和各类风险。

二、风险战略、风险偏好、风险策略与风险文化（中级考试内容）★

1. 风险战略

风险战略是银行为实现总体发展目标所制定的一系列风险管理目标和方针政策，为整个银行发展战略提供保障。风险战略一般分为进取、稳健、保守三种类型。

2. 风险偏好

影响风险偏好的因素主要包括：财务目标、风险类型、风险管理的基础设施、风险文化、信用风险策略、银行基于不同客户类别和产品、经济领域和地理区域等口径的授信计划、银行目标市场和定价策略等。

风险偏好指标体系设定遵循以下原则：

（1）体现银行各个相关利益方（股东、监管机构和债权人）的期望。

（2）与银行发展战略协调一致。

（3）充分考虑银行目前的实际风险管理能力及风险暴露情况。

（4）风险偏好陈述书的生成应遵循由上至下的原则，并由董事会审议通过。

（5）保持风险偏好的相对稳定，定期对风险偏好陈述书的具体参数进行修订。

3. 风险策略

要点	内容
风险分散	风险分散是指通过多样化的投资来分散和降低风险的策略性选择
风险对冲	风险对冲是指通过投资或购买与标的资产收益波动负相关的某种资产或衍生产品，来冲销标的资产潜在损失的一种策略性选择。风险对冲对管理市场风险（利率风险、汇率风险、股票风险和商品风险）非常有效，可以分为： （1）自我对冲。自我对冲是指商业银行利用资产负债表或某些具有收益负相关性质的业务组合本身所具有的对冲特性进行风险对冲。 （2）市场对冲。市场对冲是指商业银行对于无法通过资产负债表和相关业务调整进行自我对冲的风险，通过衍生产品市场进行对冲

（续表）

要点	内容
风险转移	风险转移是指通过购买某种金融产品或采取其他合法的经济措施将风险转移给其他经济主体的一种策略性选择。风险转移可分为： (1)保险转移。保险转移是指商业银行购买保险，以缴纳保险费为代价，将风险转移给承保人。当商业银行发生风险损失时，承保人按照保险合同的约定责任给予商业银行一定的经济补偿。 (2)非保险转移。担保、备用信用证等能够将信用风险转移给第三方。此外，在金融市场中，某些衍生产品（如期权合约）可看做是特殊形式的保单，为投资者提供了转移利率、汇率、股票和商品价格风险的工具
风险规避	风险规避是指商业银行拒绝或退出某一业务或市场，以避免承担该业务或市场风险的策略性选择。风险规避策略在规避风险的同时自然也失去了在这一业务领域获得收益的机会。风险规避策略是一种消极的风险管理策略，不宜成为风险管理的主导策略
风险补偿	风险补偿是指商业银行在所从事的业务活动造成实质性损失之前，对所承担的风险进行价格补偿的策略性选择

教你一招

这五种风险策略是易混易错点，可以通过对其特点对比，区分记忆。在考试中，一般以单选题或者判断题的形式存在。

4. 风险文化

风险管理文化，又称风险文化，是一种融合现代商业银行经营思想、风险管理理念、风险管理行为、风险控制标准与风险管理环境等要素于一体的文化力，是商业银行企业文化的重要组成部分，也是商业银行稳健经营与可持续发展的基础。

金融稳定委员会(FSB)认为风险文化包括如下内容：

(1)健全的风险治理框架。

(2)在风险偏好内成功执行战略。

(3)薪酬激励体系与员工的风险表现挂钩。

(4)高层的榜样示范。

(5)被员工认可的个人风险责任。

(6)内部沟通中的开放性与可挑战性。

(7)风险文化被财务和非财务激励机制所支持等。

三、风险管理的组织架构 ★★★

商业银行根据不同的经营环境、经营制度和不同的风险管理要求，设置各自的风险管理组织架构，一般由董事会及其专门委员会、监事会、高级管理层、风险管理部门及其他风险控制部门等组成。

1. 董事会

董事会是商业银行的最高风险管理和决策机构，承担商业银行风险管理的最终责任，一般负责审批风险管理偏好和战略、政策和程序，确定商业银行可以承受的总体风险水平。

2. 监事会

监事会负责监督董事会和高级管理层是否尽职履职，并对银行承担风险水平和风险管理体系的有效性进行独立的监督、评价。

3. 高级管理层

高级管理层是商业银行风险管理的执行机构，主要职责是负责执行风险管理政策并在董事会授权范围内就风险管理事项进行决策，负责建立银行风险管理体系，组织管理各项风险管理活动，有效地识别、计量、监测和控制各项业务所承担的各种风险。高级管理层的支持与承诺是商业银行有效风险管理的基石。

4. 风险管理部门及其他风险控制部门

风险管理的"三道防线"是指在商业银行内部形成的在风险管理方面承担不同职责的三个团队（或部门），即**业务团队、风险管理团队和内部审计团队**。

(1) 业务团队。业务团队是风险管理的"第一道防线"，负责识别、评估、缓释和监控各自业务领域的风险，对管理和控制其经营活动承担的风险负有首要、直接的责任。

(2) 风险管理团队。风险管理团队是风险管理的"第二道防线"，主要职能包括建立银行的风险政策制度体系，对各个业务单元的风险管理提供专业咨询和指导，并通过风险偏好和限额等方式，监控、评估和管理全行风险，有效防止系统性风险的发生。

(3) 内部审计团队。内部审计团队作为风险管理的"第三道防线"，负责对全行风险管理体系有效性进行监督和评估。

四、风险管理流程 ★★★

1. 风险识别

风险识别包括感知风险和分析风险两个环节。良好的风险识别应具有全面性和前瞻性。

2. 风险计量

风险计量是在风险识别的基础上，对风险发生的可能性、后果及严重程度进行充分分析和评估，从而确定风险水平的过程。风险计量是提升银行精细化管理水平、优化资源配置的基础。目前，我国商业银行业开始逐渐采取资本计量的高级方法，提高风险计量的科学性和准确性。

3. 风险监测

风险监测是指通过对一些关键的风险指标和环节进行监测，关注银行风险变化的程度，建立风险预警机制；同时，向内外部不同层级的主体报告对风险的定性、定量评估结果，以及所采取的风险管控措施及其质量和效果。

4. 风险控制

风险控制是对经过识别和计量的风险采取分散、对冲、转移、规避、补偿等策略和措施，进行有效管理和控制的过程。

真题精练

【例2·单项选择题】风险管理的“三道防线”不包括（　　）。

A. 业务团队　　B. 研发团队

C. 风险管理团队　　D. 内部审计团队

B　风险管理的“三道防线”是指在商业银行内部形成的在风险管理方面承担不同职责的三个团队（或部门），即业务团队、风险管理团队和内部审计团队。

【例3·单项选择题】（　　）是商业银行风险管理的执行机构。

A. 董事会　　B. 监事会

C. 专门委员会　　D. 高级管理层

D　高级管理层是商业银行风险管理的执行机构，主要职责是负责执行风险管理政策并在董事会授权范围内就风险管理事项进行决策，负责建立银行风险管理体系，组织管理各项风险管理活动，有效地识别、计量、监测和控制各项业务所承担的各种风险。

第三节　信用风险管理

一、信用风险的分类 ★★★

（1）按照风险能否分散，信用风险可分为系统性信用风险和非系统性信用风险。

（2）按照风险发生的形式，信用风险可分为结算前风险和结算风险。其中，结算风险在外汇交易中较为常见，涉及在不同的时间以不同的货币进行结算交易。

（3）按照风险暴露特征和引起风险主体不同，信用风险可分为主权信用风险暴露、金融机构信用风险暴露、零售信用风险暴露、公司信用风险暴露、股权信用风险暴露和其他信用风险暴露六大类。其中，主权信用风险暴露、金融机构信用风险暴露、公司信用风险暴露统称为非零售信用风险暴露。

二、信用风险的计量（中级考试内容） ★★

1. 信用风险参数

（1）违约概率（PD）。违约概率是债务人在未来一段时间内（一般是一年）发生违约的可能性。

（2）违约损失率（LGD）。违约损失率是指某一债项违约导致的损失金额占该违约债项风险暴露的比例，即损失占风险暴露总额的百分比。

（3）违约风险暴露（EAD）。违约风险暴露是指债务人发生违约时预期表内和表外项目风险暴露总额，反映了可能发生损失的总额度。

（4）有效期限（M）。有效期限是指某一债项的剩余有效期限。

（5）预期损失。通过上述风险参数，可以按照如下公式计算预期损失：

预期损失＝违约概率×违约损失率×违约风险暴露

（6）非预期损失。对非预期损失的计量比预期损失要复杂得多，且组合的非预期损失并不是单笔债项非预期损失简单相加，而是与各债项之间的相关性密切相关。

2. 信用风险加权资产的计量

信用风险加权资产等于信用风险暴露与风险权重的乘积，综合反映了银行信贷资产的风险水平。

方法	内容
权重法	(1)权重法的含义。权重法是指银行将全部资产按照监管规定的类别进行分类，并采用监管规定的风险权重计量信用风险加权资产的方法。 (2)资产分类与风险权重。在权重法下，表内资产划分为 17 个类型，根据每个资产类别的性质及风险大小，分别赋予了不同的权重，共分为 0、20%、25%、50%、75%、100%、150%、250%、400%、1 250%等档次。 (3)信用转换系数。在权重法下，银行的表外资产划分为 11 个类别，针对不同类别分别规定了 0、20%、50%、100%四个档次的不同的信用转换系数
内部评级法	(1)内部评级法的定义。内部评级法是指商业银行通过构建自己的内部评级体系，估计各类信用风险暴露的违约概率、违约损失率、违约风险暴露及期限等风险参数，并按照统一的函数关系计算信用风险加权资产的方法。**内部评级法分为初级内部评级法和高级内部评级法**。 (2)内部评级体系。 ①非零售风险暴露的内部评级体系。商业银行采用内部评级法计算信用风险加权资产，应该通过内部评级确定每个非零售风险暴露债务人和债项的风险等级。 ②零售风险暴露风险分池体系。与非零售风险暴露相比，零售风险暴露具有笔数大、单笔风险暴露较小、风险分散的显著特点

要点点拨

《商业银行资本管理办法(试行)》规定：对不实施内部评级法的商业银行，需要运用权重法计算全行表内外资产的信用风险加权资产；对实施内部评级法的银行，内部评级法覆盖的表内外资产使用内部评级法计算信用风险加权资产，未覆盖的表内外资产使用权重法计算信用风险加权资产。

真题精练

【例 4 · 单项选择题】在信用风险参数中，M 是指(　　)。

A. 违约概率　　B. 违约损失率

C. 违约风险暴露　　D. 有效期限

D　PD 是指违约概率，LGD 是指违约损失率，EAD 是指违约风险暴露，M 是指有效期限。

三、信用风险的管控手段 ★★★

常用的信用风险控制手段包括明确信贷准入和退出政策、限额管理、风险缓释、风险定价等。

1. 信贷准入和退出

(1)信贷准入。信贷准入是指银行通过制定信贷政策，明确银行意愿对客户开办某项信贷业务或产品的最低要求。常见的信贷准入策略考虑的因素包括客户的信用等级、客户的财务与经营状况、风险调整后收益(RAROC)等。

(2)信贷退出。信贷退出是指银行在对存量信贷资产进行风险收益评估的基础上，收回对超出其风险容忍度的贷款，以达到降低风险总量、优化信贷结构的目的。

2. 限额管理

限额管理是指银行根据自身风险偏好、风险承担能力和风险管理策略，对银行承担的风险设定的上限，防止银行过度承担风险。一般来说，银行既可对单个客户设定风险限额(授信额度)，也可从国别或区域、行业、产品类型等组合维度设定限额。

3. 风险缓释

信用风险缓释是指银行运用合格的抵质押品、净额结算、保证和信用衍生工具等方式转移或降低信用风险。信用风险缓释功能可以体现为违约概率、违约损失率或违约风险暴露的下降。

(1)抵质押品。常见的抵质押品包括金融质押品、应收账款、商用房地产和居住用房地产、土地使用权等。

(2)保证。保证是指保证人和债权人约定，当债务人不履行债务时，保证人按照约定履行债务或者承担责任的行为。

(3)信用衍生工具。信用衍生工具是用来分离和转移信用风险的各种工具和技术的统称，比较常见的衍生工具有信用违约互换、总收益互换、信用联系票据和信用利差期权等。

(4)净额结算。净额结算是指参与交易的机构以交易参与方为单位，对其买入和卖出交易的余额进行轧差，以轧差得到的净额组织交易参与方进行交割的制度。净额结算的缓释作用主要体现为降低违约风险暴露。

4. 风险定价

信用风险也是银行面临的一种成本，银行需要通过风险定价加以覆盖，并计提相应的风险准备金，以便在实际遭受损失时进行抵补。

四、贷款质量管理 ★★★

1. 贷款风险分类

(1)贷款分类的原则。

①**真实性原则**。

②**及时性原则**。

③**重要性原则**。

④**审慎性原则**。

（2）贷款分类的标准。

要点	内容
贷款五级分类	商业银行应至少将贷款划分为五类： ①正常类贷款。正常类贷款是指借款人能履行合同，没有足够理由怀疑贷款本息不能按时足额偿还的贷款。 ②关注类贷款。关注类贷款是指尽管借款人目前有能力偿还贷款本息，但存在一些可能对偿还产生不利影响因素的贷款。 ③次级类贷款。次级类贷款是指借款人的还款能力出现明显问题，完全依靠其正常经营收入无法足额偿还贷款本息，即使执行担保，也可能会造成一定损失的贷款。 ④可疑类贷款。可疑类贷款是指借款人无法足额偿还贷款本息，即使执行担保，也肯定要造成较大损失的贷款。 ⑤损失类贷款。损失类贷款是指在采取所有可能的措施或一切必要的法律程序之后，本息仍然无法收回，或只能收回极少部分的贷款。 其中，正常类贷款与关注类贷款之和统称为正常贷款，后三类合称为不良贷款
贷款分类考虑的因素	商业银行对贷款进行分类，应考虑的主要因素包括：借款人的还款能力，借款人的还款记录，借款人的还款意愿，贷款项目的盈利能力，贷款的担保，贷款偿还的法律责任，银行的信贷管理状况
至少归为关注类的情况	出现下列情况的贷款应至少归为关注类： ①本金和利息虽尚未逾期，但借款人有利用兼并、重组、分立等形式恶意逃废银行债务的嫌疑。 ②借新还旧，或者需通过其他融资方式偿还。 ③改变贷款用途。 ④本金或者利息逾期。 ⑤同一借款人对本行或其他银行的部分债务已经不良。 ⑥违反国家有关法律和法规发放的贷款
至少归为次级类的情况	出现下列情况的贷款应至少归为次级类： ①逾期（含展期后）超过一定期限、其应收利息不再计入当期损益。 ②借款人利用合并、分立等形式恶意逃废银行债务，本金或者利息已经逾期。 需要重组的贷款应至少归为次级类。 重组后的贷款（以下简称重组贷款）如果仍然逾期，或借款人仍然无力归还贷款，应至少归为可疑类。重组贷款的分类档次在至少6个月的观察期内不得调高，观察期结束后，应严格按照分类标准进行分类

（3）贷款质量的迁徙。商业银行应至少每季度对全部贷款进行一次分类，如果影响借款人财务状况或贷款偿还因素发生重大变化，应及时调整对贷款的分类。

贷款质量迁徙反映了银行资产在一定时间内（通常为1年）逆变的程度，其计算公式为：期初属于某一形态的贷款，到期末变迁为其他类型的比例。

2. 贷款风险的抵补

银行面临的风险损失可划分为预期损失、非预期损失与极端损失三种类型。

准备金，又称拨备，是指商业银行对承担风险和损失的金融资产计提的准备金，包括资产减值准备和一般准备。

(1)资产减值准备是指商业银行对债权、股权等金融资产(不包括以公允价值计量并且其变动计入当期损益的金融资产)进行合理估计和判断,对其预计未来现金流量现值低于账面价值部分计提的,计入成本的,用于弥补资产损失的准备金。

银行应当在资产负债表日对各项资产进行检查,分析判断资产是否发生减值,并根据谨慎性原则,计提资产减值准备。对发放贷款和垫款,至少应当按季进行分析,采取单项或组合的方式进行减值测试,计提贷款损失准备。

(2)一般准备是指运用动态拨备原理,采用内部模型法或标准法计算风险资产的潜在风险估计值后,扣减已计提的资产减值准备,从净利润中计提的、用于部分弥补尚未识别的可能性损失的准备金。

商业银行应当于每年末对承担风险和损失的资产计提一般准备,一般准备由银行总行(总公司)统一计提和管理。根据自身实际情况,银行可选择内部模型法或标准法对风险资产所面临的风险状况进行定量分析,确定潜在风险估计值。对于潜在风险估计值高于资产减值准备的差额,计提一般准备。当潜在风险估计值低于资产减值准备时,可不计提一般准备。一般准备余额原则上不得低于风险资产期末余额的1.5%。

对不采用内部模型法的,银行应当根据标准法计算潜在风险估计值,按潜在风险估计值与资产减值准备的差额,对风险资产计提一般准备。其中,**信贷资产进行风险分类,标准风险系数暂定为:正常类1.5%,关注类3%,次级类30%,可疑类60%,损失类100%**;对于其他风险资产可参照信贷资产进行风险分类,采用的标准风险系数不得低于上述信贷资产标准风险系数。对非信贷资产未实施风险分类的,可按非信贷资产余额的1%~1.5%计提一般准备。

潜在风险估计值=正常类风险资产×1.5%+关注类风险资产×3%+次级类风险资产×30%+可疑类风险资产×60%+损失类风险资产×100%

要点点拨

2018年2月,原银监会下发了《关于调整商业银行贷款损失准备监管要求的通知》,将贷款拨备率监管标准调整为1.5%~2.5%,拨备覆盖率的监管标准调整为120%~150%,并要求各级监管部门在上述调整区间范围内,按照“同质同类”“一行一策”原则,明确银行贷款损失准备监管要求。确定单家银行具体监管要求时,应考虑以下三方面因素:贷款分类准确性、处置不良贷款主动性、资本充足性。

五、不良贷款处置 ★★★

不良贷款的处置,指商业银行运用各种经营方式、按照规定程序和权限对不良贷款进行经营处置,最终实现贷款分类形态由不良恢复为正常形态或现金收回等价值提升的各项经营管理活动。

1. 现金清收

现金清收包括:

(1)直接追偿。直接追偿是依据有关法律文书,采取直接催收、扣划账户资金或敦促债务关联人处置有效资产,收回现金或现金等价物的资产处置方式。这是不良贷款最基本、最常用的处置方式。

(2)诉讼追偿。诉讼追偿,指通过诉讼或者仲裁程序,运用强制执行手段,向债务关联人进行追偿,收回现金或者现金等价物的资产处置方式。

商业银行还可以委托第三方合法机构在约定期限内,以银行名义通过合法手段对协议约定的不良贷款进行清收，银行按照协议约定支付相应费用的处置方式，这种方式简称委外清收。

2. 贷款重组

不良贷款重组是指贷款形成不良后，对贷款构成要素（如借款主体、期限、利率、担保等）进行调整的行为。

不良贷款重组方式包括重新约期、调整利率、变更担保和债务转移等，这些重组方式可单独运用，也可组合运用。

除调整贷款构成要素外，对发生财务困难、无力及时足额偿还贷款本息的债务人，为盘活不良贷款、最大限度回收债权，减免贷款也是常用的一种处置方式。**贷款减免方式包括减免贷款利息、减免贷款本金、减免贷款本金和利息、免除担保责任等**。

3. 以资抵债

以资抵债指债务人或担保人无力以货币资金偿还银行贷款时，债务人、担保人或第三人以实物资产或财产权利作价抵偿银行贷款的行为。以资抵债主要通过协议抵债及裁定抵债两种方式进行。实物类资产处置主要通过产权交易所挂牌、拍卖等方式处置，而股权类资产主要通过证券交易系统或产权交易所挂牌。

4. 呆账核销

不是所有的不良资产都可以核销，下列债权、股权不得作为呆账核销：

(1)借款人或者担保人有经济偿还能力，银行未按规定履行必要措施和实施必要程序追偿的债权。

(2)违反法律、法规的规定，以各种形式逃废或悬空的银行债权。

(3)因行政干预造成逃废或悬空的银行债权。

(4)银行未向借款人、担保人追偿的债权。

(5)其他不应核销的银行债权、股权。

5. 批量转让

批量转让是指商业银行对一定规模的不良资产进行组包，定向转让给资产管理公司的行为。

批量转让不良资产的范围包括金融企业在经营中形成的以下不良信贷资产和非信贷资产，包括：

(1)按规定程序和标准认定为次级、可疑、损失类的贷款。

(2)已核销的账销案存资产。

(3)抵债资产。

下列不良资产不得进行批量转让：

(1)债务人或担保人为国家机关的资产。

(2)经国务院批准列入全国企业政策性关闭破产计划的资产。

(3)国防军工等涉及国家安全和敏感信息的资产。

(4)个人贷款(包括向个人发放的购房贷款、购车贷款、教育助学贷款、信用卡透支、其他消费贷款等以个人为借款主体的各类贷款)。

(5)在借款合同或担保合同中有限制转让条款的资产。

(6)国家法律法规限制转让的其他资产。

6. 不良资产证券化

不良贷款资产支持证券，是指在中国境内，银行业金融机构及其他经监管部门认定的金融机构作为发起机构，将不良贷款信托给受托机构，由受托机构以资产支持证券的形式向投资机构发行受益证券，以该不良贷款所产生的现金支付资产支持证券收益的证券化融资工具。不良贷款证券化只是信贷资产证券化的一个子业务品种，与一般的信贷资产证券化产品最大的不同是其基础资产为不良贷款。不良资产支持证券由特定目的信托受托机构发行，代表特定目的的信托的信托受益权份额，不良资产支持证券在全国银行间债券市场上发行和交易。

7. 市场化债转股

债转股是指将银行对企业的债权转换为对企业的股权。市场化债转股也可作为不良贷款处置的一种手段。

国家鼓励面向发展前景良好但遇到暂时困难的优质企业开展市场化债转股，市场化债转股对象企业应当具备以下条件：发展前景较好，具有可行的企业改革计划和脱困安排；主要生产装备、产品、能力符合国家产业发展方向，技术先进，产品有市场，环保和安全生产达标；信用状况较好，无故意违约、转移资产等不良信用记录。

8. 破产清偿

破产清偿，指债务人因不能清偿到期债务，并且财产不足以清偿全部债务或者明显缺乏清偿能力时，被法院依法裁定破产清算、破产和解或者破产重整，银行据以实现债权受偿的处置方式。

要点点拨

禁止将下列情形的企业作为市场化债转股对象：扭亏无望、已失去生存发展前景的“僵尸企业”；有恶意逃废债行为的企业；债权债务关系复杂且不明晰的企业；有可能助长过剩产能扩张和增加库存的企业。

第四节　市场风险管理

一、市场风险的分类 ★★★

1. 利率风险

利率风险是指市场利率变动的不确定对银行造成损失的风险。利率风险是银行面临的主要市场风险。**利率风险按照来源的不同，可以分为重新定价风险、收益率曲线风险、基准风险和期权性风险。**

2. 汇率风险

汇率风险是指由于汇率的不利变动导致银行业务发生损失的风险。根据产生的原因，汇率风险可以分为两类：

（1）外汇交易风险，主要来自两个方面：一是为客户提供外汇交易服务时未能立即进行对冲的外汇敞口头寸；二是银行对外币走势有某种预期而持有的外汇敞口头寸。

（2）外汇结构性风险，是因为银行结构性资产与负债之间币种的不匹配而产生的。

3. 股票价格风险

股票价格风险是指由于商业银行持有的股票价格发生不利变动而给商业银行带来损失的风险。目前，我国商业银行不能从事证券经营业务。

4. 商品价格风险

商品价格风险是指商业银行所持有的各类商品的价格发生不利变动而给商业银行带来损失的风险。

二、市场风险的计量（中级考试内容）★★

1. 市场风险的计量方法

(1)缺口分析。缺口分析是衡量利率变动对银行当期收益影响的一种方法。

(2)久期分析。久期分析也称为持续期分析或期限弹性分析,是衡量利率变动对银行经济价值影响的一种方法。

(3)外汇敞口分析。外汇敞口分析是衡量汇率变动对银行当期收益影响的一种方法。

(4)风险价值法。**目前常用的风险价值模型技术主要有三种:方差—协方差法、历史模拟法和蒙特卡洛模拟法**。风险价值法是计量市场风险的一种较为先进的做法,其主要优点是可以将不同业务、不同类别的市场风险用一个确切的数值(VaR 值)表示出来,有利于进行风险的监测、管理和控制。

(5)敏感性分析与情景分析。敏感性分析是一种单一因素分析方法,而情景分析是一种多因素分析方法。

(6)压力测试。银行不仅应采用各种市场风险计量方法对在一般市场情况下所承受的市场风险进行分析,还应当通过压力测试来估算突发的小概率事件等极端不利情况可能对其造成的潜在损失,评估银行在极端不利情况下的亏损承受能力。

2. 市场风险资本要求的计量

《商业银行资本管理办法(试行)》规定,商业银行可以采用标准法或内部模型法计量市场风险资本要求。市场风险加权资产为市场风险资本要求的12.5倍,即市场风险加权资产=市场风险资本要求×12.5。

(1)标准法。标准法是将市场风险分为利率、股票、外汇、商品以及期权风险,银行根据监管机构提供的系数,分别计算交易账户利率产品和股票产品头寸的特定风险和一般市场风险,以及交易账户与银行账户外汇产品(包括黄金)与大宗商品的市场风险。此外,针对期权产品,银行还需要计算期权风险。市场风险资本要求等于上述五种风险资本要求之和。

(2)内部模型法。内部模型法的核心是以风险价值为指标来度量市场风险,并在此基础上确定资本要求。商业银行采用内部模型法,其最低市场风险资本要求为一般风险价值及压力风险价值之和。

(3)巴Ⅲ计量方法。巴Ⅲ最终方案提出的计量方法包括**标准法、内部模型法和简化标准法**,较现行方法更复杂。巴Ⅲ标准法采用敏感度指标按相关性加总代替敞口按权重计提资本。

三、市场风险的管控手段 ★★★

限额管理

常用的市场风险限额包括交易限额、风险限额和止损限额。

(1)交易限额。交易限额是指对总交易头寸或净交易头寸设定的限额。

(2)风险限额。风险限额是指对采用一定的计量方法获得的市场风险规模设置限额。

(3)止损限额。止损限额是指所允许的最大损失额。

风险对冲

市场风险对冲是指通过投资或购买与管理基础资产收益波动负相关的某种资产或金融衍生产品来冲销风险的一种风险管理策略。

真题精练

【例5·单项选择题】(　　)是衡量利率变动对银行经济价值影响的一种方法。

A. 缺口分析　　B. 久期分析

C. 外汇敞口分析　　D. 风险价值法

B　缺口分析是衡量利率变动对银行当期收益影响的一种方法。久期分析也称为持续期分析或期限弹性分析，是衡量利率变动对银行经济价值影响的一种方法。外汇敞口分析是衡量汇率变动对银行当期收益影响的一种方法。风险价值法是计量市场风险的一种较为先进的做法。

第五节　操作风险管理

一、操作风险的分类 ★★★

根据操作风险引起原因的不同，可以分为由人员、系统、流程和外部事件所引发的四类风险。

(1)人员因素。人员因素主要是因银行内部员工发生内部欺诈、失职违规以及因员工的知识/技能匮乏、关键人员流失、违反用工法、劳动力中断等造成损失或者不良影响的风险。

(2)内部流程。内部流程是指由于商业银行业务流程缺失、流程设计不合理，或者没有被严格执行而造成损失的风险，主要包括：财务/会计错误、文件/合同缺陷、产品设计缺陷、结算/支付错误、错误监控/报告、交易/定价错误六个方面。

(3)系统因素。系统因素是指由于IT系统开发不完善、系统(软硬件)失灵或瘫痪、系统功能漏洞等导致银行不能正常提供服务或业务中断，以及由于系统数据风险影响业务正常运行而导致损失的风险。

(4)外部事件。外部事件是指由于外部主观或客观的破坏性因素导致损失的风险。外部事件引起银行损失的范围非常广泛，包括自然灾害、政治风险、外部欺诈、外部人员犯罪等。

此外，根据引发操作风险的事件类型，可以分为七种表现形式：内部欺诈事件，外部欺诈事件，就业制度和工作场所安全事件，客户、产品和业务活动事件，实物资产的损坏事件，信息科技系统事件，执行、交割和流程管理事件。

二、操作风险的计量(中级考试内容) ★★

《商业银行资本管理办法(试行)》规定，商业银行可以使用基本指标法、标准法或高级计量法计量操作风险资本要求。操作风险加权资产为操作风险资本要求的12.5倍，即操作风险加权资产＝操作风险资本要求×12.5。

1. 基本指标法

银行采用基本指标法，应当以总收入为基础计量操作风险资本要求，总收入为净利息收入与净非利息收入之和。操作风险资本要求等于银行前三年总收入的平均值与一个固定比例(为15%)的乘积。总体上看,基本指标法计算方法较为简单,资本与收入呈线性关系,银行收入越高、资本要求越大。

2. 标准法

商业银行采用标准法,应当以各业务条线的总收入为基础计量操作风险资本要求。与基本指标法不同的是,标准法将银行全部业务划分为公司金融、交易和销售、零售银行、商业银行、支付和清算、代理服务、资产管理、零售经纪和其他业务等9个业务条线,操作风险资本要求等于各条线三年总收入的平均值乘上一个固定比例再加总。

3. 高级计量法

高级计量法是目前风险敏感度最高、最为科学的操作风险计量方法。操作风险计量模型主要包括损失分布法、内部衡量法、打分卡法。从当前业界实践看,最常用的是损失分布法。

4. 新标准法

操作风险资本要求等于业务指标部分(BIC)与内部损失乘数(ILM)的乘积。其中,由利息、租赁及股利净收入,服务净收入以及金融资产净损益三部分构成业务指标(BI),替换原基本指标法和标准法的总收入指标,并采取分段累进方法计算业务指标部分(BIC)作为操作风险的计量基数。总体上看,银行业务规模越大,历史损失越多,资本要求越大。

三、操作风险的管控手段 ★★★

1. 操作风险管理工具

操作风险管理工具包括:

(1)操作风险与控制自评估。操作风险与控制自评估主要包括风险评估和控制评价两个方面内容。

(2)关键风险指标。

(3)损失数据库。

2. 业务连续性管理

业务连续性管理是指为有效应对突发事件导致的重要业务运营中断,建设应急响应、恢复机制和管理能力框架,保障重要业务持续运营的一整套管理过程,包括组织架构、策略、预案体系、资源保障、演练和应急处置等。

真题精练

【例6·单项选择题】2021年3月至2022年3月,A银行某支行收款员陈某利用办理两个公司上门收款业务之便,涂改凭证日期,压延单据,私自重制记账凭证,偷盖印章,用后款抵前款,在营业室直接窃取保管现金和利用保管交款单位存折之机盗支存款,累计贪污公款327.1万元。这属于(　　)引发的操作风险。

A. 人员因素　　B. 内部流程

C. 系统因素　　D. 外部事件

A　根据操作风险引起原因的不同,可以分为由人员、系统、流程和外部事件所引发的四类风险。其中,人员因素主要是因银行内部员工发生内部欺诈、失职违规以及因员工的知识/技能匮乏、关键人员流失、违反用工法、劳动力中断等造成损失或者不良影响的风险。

第六节　流动性风险管理

一、流动性风险的分类 ★★★

1. 市场流动性风险

市场流动性风险是指由于市场深度不足或市场动荡，商业银行无法以合理的市场价格出售资产以获得资金的风险，反映了商业银行在无损失或微小损失情况下迅速变现的能力。资产变现能力越强，银行流动性状况越佳，其流动性风险也相应越低。

2. 融资流动性风险

融资流动性风险是指商业银行在不影响日常经营或财务状况的情况下，无法及时有效满足资金需求的风险，反映了商业银行在合理的时间、成本条件下迅速获取资金的能力。

二、流动性风险的计量（中级考试内容） ★★

商业银行应当在法人和集团层面，分别计算未并表和并表的流动性风险状况。用于反映银行流动性风险状况的指标包括流动性覆盖率、净稳定资金比例、流动性比例、流动性匹配率和优质流动性资产充足率。其中，资产规模不小于 2 000 亿元人民币的商业银行应当持续达到流动性覆盖率、净稳定资金比例、流动性比例和流动性匹配率的最低监管标准；资产规模小于 2 000 亿元人民币的商业银行应当持续达到优质流动性资产充足率、流动性比例和流动性匹配率的最低监管标准。

三、流动性风险的管控手段 ★★★

1. 现金流量管理

银行应以其融资能力和风险承受能力为基础设定现金流期限错配限额，并保证每一期限内的现金流错配净额低于现金流期限错配限额。**期限错配情况的分析和监测可以涵盖隔夜、7 天、14 天、1 个月、2 个月、3 个月、6 个月、9 个月、1 年、2 年、3 年、5 年和 5 年以上等多个时间段**。相关参考指标包括但不限于各个时间段的流动性缺口和流动性缺口率。

2. 限额管理

流动性风险限额包括但不限于现金流缺口限额、负债集中度限额、集团内部交易和融资限额。

3. 融资管理

商业银行融资管理的目的是为了提高融资来源的多元化和稳定程度。融资管理主要包括以下几个方面的内容：

（1）分析正常和压力情景下未来不同时间段的融资需求和来源。

（2）加强负债品种、期限、交易对手、币种、融资抵（质）押品和融资市场等的集中度管理，适当设置集中度限额，对于同业批发融资，应按总量和主要期限分别设定限额。

（3）加强融资渠道管理，积极维护与主要融资交易对手的关系，保持在市场上的适当活跃程度，并定期评估市场融资与资产变现能力。

（4）密切监测主要金融市场的交易量和价格等变动情况，评估市场流动性对商业银行融资能力的影响。

要点点拨

融资管理的另一项重要内容是融资抵（质）押品管理，确保其能够满足正常和压力情景下日间和不同期限融资交易的抵（质）押品需求，并且能够及时履行向相关交易对手返售抵（质）押品的义务。

4. 压力测试

压力测试频率应当与商业银行的规模、风险水平及市场影响力相适应，但至少每季度应进行一次常规压力测试，出现市场剧烈波动等情况时，应当提高压力测试频率。

5. 应急计划

商业银行要制订有效的流动性风险应急计划，确保其可以应对紧急情况下的流动性需求。

第七节　声誉风险管理

一、声誉风险管理的基本原则 ★★★

1. 含义

声誉风险是指由商业银行行为、从业人员行为或外部事件等，导致利益相关方、社会公众、媒体等对商业银行形成负面评价，从而损害其品牌价值，不利其正常经营，甚至影响到市场稳定和社会稳定的风险。

2. 基本原则

(1) **前瞻性原则**。

(2) **匹配性原则**。

(3) **全覆盖原则**。

(4) **有效性原则**。

二、声誉风险治理架构 ★★★

董事会、监事会和高级管理层分别承担声誉风险管理的最终责任、监督责任和管理责任，董事长或主要负责人为第一责任人。

(1) 董事会负责确定声誉风险管理策略和总体目标，掌握声誉风险状况，监督高级管理层开展声誉风险管理。

(2) 监事会负责监督董事会和高级管理层在声誉风险管理方面的履职尽责情况，并将相关情况纳入监事会工作报告。

(3) 高级管理层负责建立健全声誉风险管理制度，完善工作机制，制定重大事项的声誉风险应对预案和处置方案，安排并推进声誉事件处置。每年至少进行一次声誉风险管理评估。

知识加油站

银行业从业人员应当自觉遵守法律法规、行业自律规范和所在机构的各种规章制度，保护所在机构的商业秘密、知识产权和专有技术，自觉维护所在机构的形象和声誉。

三、声誉风险管理的流程 ★★★

1. 风险评估

建立声誉风险事前评估机制，在进行重大战略调整、参与重大项目、实施重大金融创新及展业、重大营销活动及媒体推广、披露重要信息、涉及重大法律诉讼或行政处罚、面临群体性事件、遇到行业规则或外部环境发生重大变化等容易产生声誉风险的情形时，应进行声誉风险评估，根据评估结果制定应对预案。

2. 风险监测

建立声誉风险监测机制，充分考虑与信用风险、保险风险、市场风险、流动性风险、操作风险、国别风险、利率风险、战略风险、信息科技风险以及其他风险的关联性，及时发现和识别声誉风险。

3. 风险分级

建立声誉事件分级机制，结合本机构实际，对声誉事件的性质、严重程度、传播速度、影响范围和发展趋势等进行研判评估，科学分类，分级应对。

4. 风险处置

加强声誉风险应对处置，按照声誉事件的不同级别，灵活采取相应措施。

5. 风险报告

建立声誉事件报告机制，明确报告要求、路径和时限。对于符合突发事件信息报告有关规定的，按要求向监管部门报告。

6. 考核问责

强化考核问责，将声誉事件的防范处置情况纳入考核范围，对引发声誉事件或预防及处置不当造成重大损失或严重不良影响的相关人员和声誉风险管理部门、其他职能部门、分支机构等应依法依规进行问责追责。

四、声誉风险管理的常态化建设 ★★★

声誉风险管理的常态化建设的具体内容

（1）持续开展声誉风险隐患排查，定期开展声誉风险情景模拟和应急演练，将声誉风险管理纳入内部审计范畴。

（2）建立与投诉、举报、调解、诉讼等联动的声誉风险防范机制。

（3）主动接受社会舆论监督，建立统一管理的采访接待和信息发布机制，及时准确公开信息。

（4）做好声誉资本积累，加强品牌建设，承担社会责任，诚实守信经营，提供优质高效服务。

章节自测

一、单项选择题（在以下各小题所给出的四个选项中，只有一个选项符合题目要求，请将正确选项的代码填入括号内）

1. 商业银行面临的主要风险是（　　）。

A. 操作风险　　B. 信用风险

C. 流动性风险　　D. 市场风险

2. 与市场风险和信用风险相比，商业银行的操作风险具有（　　）。

A. 特殊性和非营利性　　B. 普遍性和非营利性

C. 特殊性和营利性　　D. 普遍性和营利性

3. 商业银行风险管理的“第一道防线”是（　　）。

A. 业务团队　　B. 研发团队

C. 风险管理团队　　D. 内部审计团队

4. （　　）是提升银行精细化管理水平、优化资源配置的基础。

A. 风险识别　　B. 风险计量

C. 风险监测　　D. 风险控制

5. 非零售信用风险暴露不包括（　　）。

A. 主权信用风险暴露　　B. 金融机构信用风险暴露

C. 股权信用风险暴露　　D. 公司信用风险暴露

6.《商业银行资本管理办法（试行）》规定，对不实施内部评级法的商业银行，需要运用（　　）计算全行表内外资产的信用风险加权资产。

A. 权重法　　B. 标准法

C. 新标准法　　D. 高级计量法

7. 市场风险加权资产为市场风险资本要求的（　　）倍。
A. 2　　B. 5
C. 10　　D. 12.5

8. 常用的市场风险限额不包括（　　）。
A. 交易限额　　B. 变动限额
C. 风险限额　　D. 止损限额

9. （　　）是目前风险敏感度最高、最为科学的操作风险计量方法。
A. 内部模型法　　B. 基本指标法
C. 高级计量法　　D. 标准法

10. 在流动性风险的管控手段中，压力测试频率应当与商业银行的规模、风险水平及市场影响力相适应，但至少（　　）应进行一次常规压力测试。
A. 每年　　B. 每季度
C. 每月　　D. 每周

二、多项选择题（在以下各小题所给出的选项中，至少有两个选项符合题目要求，请将正确选项的代码填入括号内）

1. 按照遭受风险的范围划分，风险可分为（　　）。
A. 系统性风险　　B. 非系统性风险
C. 资产风险　　D. 负债风险
E. 中间业务风险

2. 商业银行面临的战略风险主要来源于（　　）。
A. 商业银行战略目标缺乏整体兼容性
B. 商业银行经营目标不能按时实现
C. 为实现战略目标而制定的经营战略存在缺陷
D. 为实现目标所需要的资源匮乏
E. 整个战略实施过程中的质量难以保证

3. 商业银行的风险管理流程包括（　　）。
A. 风险识别　　B. 风险计量
C. 风险监测　　D. 风险控制
E. 风险对冲

4. 按照风险发生的形式，信用风险可分为（　　）。
A. 结算前风险　　B. 结算风险
C. 结算后风险　　D. 系统性信用风险
E. 非系统性信用风险

5. 常用的信用风险参数包括（　　）。
A. 违约概率　　B. 违约损失率
C. 有效期限　　D. 预期损失
E. 违约风险暴露

6. 市场风险可分为（　　）。
A. 利率风险　　B. 汇率风险
C. 股票价格风险　　D. 商品价格风险
E. 信用风险

三、判断题（请判断以下各小题的正误，正确的选 A，错误的选 B）

1. 操作风险包括法律风险和战略风险。（　　）
A. 正确　　B. 错误

2. 国家风险发生在国际经济金融活动中，在同一个国家范围内的经济金融活动不存在国家风险。（　）

A. 正确　　B. 错误

3. 情景分析是一种单因素分析方法。（　）

A. 正确　　B. 错误

答案详解

一、单项选择题

1. B。【解析】商业银行面临的主要风险是信用风险，即借款人或交易对手不能按照事先达成的协议履行义务的可能性。

2. B。【解析】操作风险具有普遍性和非营利性的特点。

3. A。【解析】业务团队是商业银行风险管理的“第一道防线”。

4. B。【解析】风险计量是提升银行精细化管理水平、优化资源配置的基础。

5. C。【解析】主权信用风险暴露、金融机构信用风险暴露、公司信用风险暴露统称为非零售信用风险暴露。

6. A。【解析】《商业银行资本管理办法（试行）》规定：对不实施内部评级法的商业银行，需要运用权重法计算全行表内外资产的信用风险加权资产；对实施内部评级法的银行，内部评级法覆盖的表内外资产使用内部评级法计算信用风险加权资产，未覆盖的表内外资产使用权重法计算信用风险加权资产。

7. D。【解析】市场风险加权资产为市场风险资本要求的12.5倍，即市场风险加权资产＝市场风险资本要求×12.5。

8. B。【解析】常用的市场风险限额包括交易限额、风险限额和止损限额。

9. C。【解析】高级计量法是目前风险敏感度最高、最为科学的操作风险计量方法。

10. B。【解析】在流动性风险的管控手段中，压力测试频率应当与商业银行的规模、风险水平及市场影响力相适应，但至少每季度应进行一次常规压力测试。

二、多项选择题

1. AB。【解析】按照遭受风险的范围划分，风险可分为系统性风险和非系统性风险。按照银行业务结构划分，风险可分为资产风险、负债风险和中间业务风险。

2. ACDE。【解析】商业银行面临的战略风险主要来源于四个方面：(1)商业银行战略目标缺乏整体兼容性。(2)为实现这些目标而制定的经营战略存在缺陷。(3)为实现目标所需要的资源匮乏。(4)整个战略实施过程中的质量难以保证。

3. ABCD。【解析】商业银行的风险管理流程可以概括为风险识别、风险计量、风险监测和风险控制四个主要环节。

4. AB。【解析】按照风险能否分散，信用风险可分为系统性信用风险和非系统性信用风险；按照风险发生的形式，信用风险可分为结算前风险和结算风险。

5. ABCDE。【解析】常用的信用风险参数包括违约概率、违约损失率、违约风险暴露、有效期限、预期损失和非预期损失等。

6. ABCD。【解析】市场风险可分为利率风险、汇率风险、股票价格风险和商品价格风险。

三、判断题

1. B。【解析】操作风险是指由不完善或有问题的内部程序、人员和信息科技系统，以及外部事件所造成损失的风险，包括法律风险，但不包括战略风险和声誉风险。

2. A。【解析】国家风险有两个特点：(1)国家风险发生在国际经济金融活动中，在同一个国家范围内的经济金融活动不存在国家风险。(2)在国际经济金融活动中，不论是政府、银行、企业还是个人，都可能遭受国家风险所带来的损失。

3. B。【解析】敏感性分析是一种单一因素分析方法，情景分析是一种多因素分析方法。

第十七章 银行基本法律法规

考情直击

本章的主要内容是与银行法律法规有密切关系的基本知识，分别从《中华人民共和国中国人民银行法》《中华人民共和国银行业监督管理法》《中华人民共和国商业银行法》《中华人民共和国反洗钱法》四个法律法规来阐述相关知识。分析近几年的考试情况，本章的常考点有中国人民银行的法定职责与业务、银行业监督管理机构的监督管理职责以及监督管理措施、商业银行的业务、洗钱的过程及方式、商业银行的反洗钱义务等，在考试中约占4.5~6分。

考纲要求

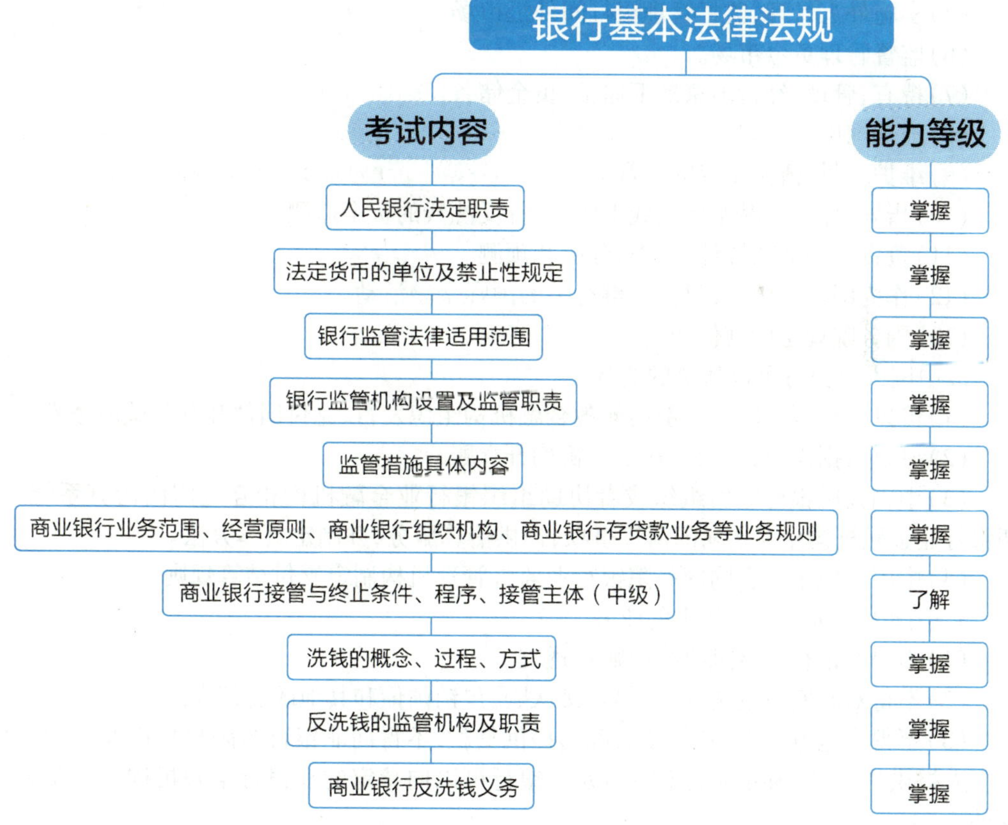

知识解读

第一节 《中华人民共和国中国人民银行法》

一、中国人民银行的法定职责与业务 ★★★

根据《中华人民共和国中国人民银行法》，中国人民银行的职能为：在国务院领导下，制定和执行货币政策，防范和化解金融风险，维护金融稳定。其中，制定和执行货币政策的目标是保持货币币值稳定，并以此促进经济增长。

1. 中国人民银行的主要职责

（1）发布与履行其职责有关的命令和规章。

（2）依法制定和执行货币政策。

（3）发行人民币，管理人民币流通。

（4）监督管理银行间同业拆借市场和银行间债券市场。

（5）实施外汇管理，监督管理银行间外汇市场。

（6）监督管理黄金市场。

（7）持有、管理、经营国家外汇储备、黄金储备。

（8）经理国库。

（9）维护支付、清算系统的正常运行。

（10）指导、部署金融业反洗钱工作，负责反洗钱的资金监测。

（11）负责金融业的统计、调查、分析和预测。

（12）作为国家的中央银行，从事有关的国际金融活动。

（13）国务院规定的其他职责。

2. 中国人民银行可以从事的业务

（1）可以代理国务院财政部门向各金融机构组织发行、兑付国债和其他政府债券。

（2）可以根据需要，为银行业金融机构开立账户。

（3）中国人民银行应当组织或者协助组织银行业金融机构相互之间的清算系统，协调银行业金融机构相互之间的清算事项，提供清算服务，并制定具体办法。

（4）中国人民银行会同国务院银行业监督管理机构制定支付结算规则。

3. 中国人民银行不得从事的业务

（1）不得对银行业金融机构的账户透支。

（2）不得对政府财政透支，不得直接认购、包销国债和其他政府债券。

（3）不得向地方政府、各级政府部门提供贷款，不得向非银行金融机构以及其他单位和个人提供贷款，但国务院决定中国人民银行可以向特定的非银行金融机构提供贷款的除外。

（4）不得向任何单位和个人提供担保。

知识加油站

中国人民银行是中华人民共和国的中央银行，全部资本由国家出资，属于国家所有。

二、人民币 ★★★

1. 人民币的界定

中华人民共和国的法定货币是人民币。人民币的单位为元，人民币辅币单位为角、分。

2. 人民币的法定管理部门

人民币的法定管理部门是中国人民银行，负责人民币的统一印制、发行、兑换、收回、销毁等工作。

3. 关于人民币的禁止性规定

(1)任何人不得以拒收、印售代币券等方式否认人民币在中国境内的法币地位，否则会依法受到行政处罚。印制、发售代币票券，以代替人民币在市场上流通的，中国人民银行应当责令停止违法行为，并处20万元以下罚款。

(2)伪造、变造人民币，或是出售、购买、运输、持有、使用伪造、变造的人民币，或是故意毁损人民币、非法使用人民币图样等，均为违法行为。

三、中国人民银行的监督管理 ★★★

1. 直接检查监督权

《中华人民共和国中国人民银行法》规定，中国人民银行有权对金融机构以及其他单位和个人的下列行为进行检查监督：

(1)执行有关存款准备金管理规定的行为。

(2)与中国人民银行特种贷款有关的行为，其中中国人民银行特种贷款是指国务院决定的由中国人民银行向金融机构发放的用于特定目的的贷款。

(3)执行有关人民币管理规定的行为。

(4)执行有关银行间同业拆借市场、银行间债券市场管理规定的行为。

(5)执行有关外汇管理规定的行为。

(6)执行有关黄金管理规定的行为。

(7)代理中国人民银行经理国库的行为。

(8)执行有关清算管理规定的行为。

(9)执行有关反洗钱规定的行为。

2. 建议检查监督权

中国人民银行根据执行货币政策和维护金融稳定的需要，可以建议国务院银行业监督管理机构对银行业金融机构进行检查监督。国务院银行业监督管理机构应当自收到建议之日起30日内予以回复。

此外，《中华人民共和国中国人民银行法》规定，国务院建立金融监督管理协调机制，具体办法由国务院规定。

3. 特定情况下的检查监督权

《中华人民共和国中国人民银行法》规定，当银行业金融机构出现支付困难，可能引发金融风险时，为了维护金融稳定，中国人民银行经国务院批准，有权对银行业金融机构进行检查监督。

应当注意的是，中国人民银行和国务院银行业监督管理机构同时拥有对银行业金融机构的检查监督权，并不会导致对银行业金融机构的双重检查和双重处罚。

真题精练

【例1·单项选择题】中国人民银行制定和执行货币政策的目标是（　　）。

A. 保持货币币值稳定，并以此促进经济增长

B. 提高就业率

C. 增加收入

D. 促进国际收支平衡

A　中国人民银行制定和执行货币政策的目标是保持货币币值稳定，并以此促进经济增长。

第二节　《中华人民共和国银行业监督管理法》

一、监管目标 ★★★

《中华人民共和国银行业监督管理法》确定，**国务院银行业监督管理机构负责对全国银行业金融机构及其业务活动监督管理的工作**，其法定监管目标为：

（1）促进银行业的合法、稳健运行，维护公众对银行业的信心。

（2）保护银行业公平竞争，提高银行业竞争能力。

二、《中华人民共和国银行业监督管理法》的适用范围 ★★★

根据《中华人民共和国银行业监督管理法》的规定，在中华人民共和国境内设立的商业银行、城市信用合作社、农村信用合作社等吸收公众存款的金融机构以及政策性银行；在中华人民共和国境内设立的金融资产管理公司、信托投资公司、财务公司、金融租赁公司以及经国务院银行业监督管理机构批准设立的其他金融机构的监督管理，适用本法对银行业金融机构监督管理的规定。

三、银行业监督管理机构的监督管理职责 ★★★

国务院银行业监督管理机构的具体职责

（1）制定并发布监管制度的职责。

（2）准入职责。具体包括机构准入、业务范围准入、人员准入和股东变更审查。

（3）非现场监管职责。

（4）现场检查职责。

（5）报告职责。

（6）指导、监督自律职责。

（7）国际交流合作职责。

四、银行业监督管理机构的监督管理措施 ★★★

1. 非现场监管措施

国务院银行业监督管理机构及其派出机构根据履行职责的需要，有权要求银行业金融机构按照规定报送资产负债表、利润表和其他财务会计、统计报表、经营管理资料以及注册会计师出具的审计报告，并通过持续完善监管信息系统，不断提升数据质量，充实非现场监管工具箱。

要点点拨

《中华人民共和国银行业监督管理法》规定，银行业金融机构不按照规定提供报表、报告等文件、资料的，由国务院银行业监督管理机构及其派出机构责令改正，逾期不改正的，处10万元以上30万元以下罚款。

2. 现场检查措施

国务院银行业监督管理机构及其派出机构根据审慎监管的要求，可以采取下列措施进行现场检查：

(1)进入银行业金融机构进行检查。

(2)询问银行业金融机构的工作人员，要求其对有关检查事项做出说明。

(3)查阅、复制银行业金融机构与检查事项有关的文件、资料，对可能被转移、隐匿或者毁损的文件、资料予以封存。

(4)检查银行业金融机构运用电子计算机管理业务数据的系统。

进行现场检查，应当经国务院银行业监督管理机构及其派出机构的负责人批准。**现场检查时，检查人员不得少于2人，并应当出示合法证件和检查通知书。**

知识加油站

银行业监管机构规范的现场检查包括检查准备、检查实施、检查报告、检查处理和检查档案整理五个阶段。

3. 对违反审慎经营规则的监管措施

(1)责令暂停部分业务、停止批准开办新业务。

(2)限制分配红利和其他收入。

(3)限制资产转让。

(4)责令控股股东转让股权或者限制有关股东的权利。

(5)责令调整董事、高级管理人员或者限制其权利。

(6)停止批准增设分支机构。

银行业金融机构整改后，应当向国务院银行业监督管理机构或者其省一级派出机构提交报告。国务院银行业监督管理机构或者其省一级派出机构经验收，符合有关审慎经营规则的，应当自验收完毕之日起3日内解除对其采取的上述规定的有关措施。

4. 对问题银行业金融机构的接管、促成重组、撤销等监管措施

对问题银行业金融机构进行处置的方式主要有接管、促成重组和撤销。

在接管、机构重组或者撤销清算期间，经国务院银行业监督管理机构负责人批准，对直接负责的董事、高级管理人员和其他直接责任人员，可以采取下列措施：

(1)直接负责的董事、高级管理人员和其他直接责任人员出境将对国家利益造成重大损失的，通知出境管理机关依法阻止其出境。

(2)申请司法机关禁止其转移、转让财产或者对其财产设定其他权利。

此外，当商业银行不能支付到期债务时，根据《中华人民共和国商业银行法》《中华人民共和国企业破产法》的有关规定，国务院银行业监督管理机构可以向人民法院提出对该金融机构进行重整或者破产清算的申请。由人民法院依法宣告其破产。

5. 其他监督管理措施

(1)延伸调查。

(2)审慎性监督管理谈话。

(3)强制披露。

(4)查询涉嫌违法账户和申请冻结涉嫌违法资金。

真题精练

【例2·判断题】银行业金融机构被责令整改后，国务院银行业监督管理机构或者其省一级派出机构经验收，符合有关审慎经营规则的，应当自验收完毕之日起5日内解除对其采取的有关措施。(　　)

A.正确　　　　B.错误

B　银行业金融机构被责令整改后，国务院银行业监督管理机构或者其省一级派出机构经验收，符合有关审慎经营规则的，应当自验收完毕之日起3日内解除对其采取的有关措施。

第三节　《中华人民共和国商业银行法》

一、商业银行法律地位与经营原则 ★★★

1.法律地位

商业银行是指依照《中华人民共和国商业银行法》和《中华人民共和国公司法》设立的吸收公众存款、发放贷款、办理结算等业务的企业法人。根据《中华人民共和国商业银行法》，商业银行可以经营下列部分或者全部业务：

(1)吸收公众存款。

(2)发放短期、中期和长期贷款。

(3)办理国内外结算。

(4)办理票据承兑与贴现。

(5)发行金融债券。

(6)代理发行、代理兑付、承销政府债券。

(7)买卖政府债券、金融债券。

(8)从事同业拆借。

(9)买卖、代理买卖外汇。

(10)从事银行卡业务。

(11)提供信用证服务及担保。

(12)代理收付款项及代理保险业务。

(13)提供保管箱服务。

(14)经国务院银行业监督管理机构批准的其他业务。

2.经营原则

《中华人民共和国商业银行法》规定了商业银行“三性四自”经营原则，即商业银行以安全性、流动性、效益性为经营原则，实行自主经营、自担风险、自负盈亏、自我约束。

在商业银行“三性”中，效益性劣后于安全性、流动性，而安全性又优先于流动性。

二、商业银行组织机构 ★★★

1.全国性商业银行和区域性商业银行

根据《中华人民共和国商业银行法》，按照商业银行的业务活动范围不同，我国境内商业银行分为全国性商业银行和区域性商业银行两类。

全国性商业银行包括国有控股大型商业银行、全国性股份制商业银行等。区域性商业银行，如城市商业银行、农村商业银行、村镇银行、农村信用社等。

设立全国性商业银行的注册资本最低限额为10亿元人民币。设立城市商业银行的注册资本最低限额为1亿元人民币，设立农村商业银行的注册资本最低限额为5 000万元人民币。注册资本应当是实缴资本。

2. 总行和分支机构

商业银行分支机构不具有法人资格，在总行授权范围内依法开展业务，其民事责任由总行承担。经批准设立的商业银行分支机构，由国务院银行业监督管理机构颁发经营许可证，并凭该许可证向工商行政管理部门办理登记，领取营业执照。商业银行对其分支机构实行全行统一核算，统一调度资金，分级管理的财务制度。

三、商业银行业务规则 ★★★

1. 存款业务规则

规则	内容
存款及其办理原则	《中华人民共和国商业银行法》规定，商业银行办理个人储蓄存款业务，应当遵循存款自愿、取款自由、存款有息、为存款人保密的原则
存款业务基本法律规则	(1)经营存款业务特许制。 (2)以合法正当方式吸收存款。 (3)依法保护存款人合法权益
对单位和个人存款查询、冻结、扣划的条件和程序	个人存款的查询、冻结、扣划只能由法律予以规定，单位存款查询可由法律、行政法规规定，而冻结、扣划只能由法律予以规定。 商业银行非法查询、冻结、扣划个人储蓄存款或者单位存款，对存款人或者其他客户造成财产损害的，应当承担支付迟延履行的利息以及其他民事责任。并由国务院银行业监督管理机构责令改正，有违法所得的，没收违法所得，违法所得5万元以上的，并处违法所得1倍以上5倍以下罚款；没有违法所得或者违法所得不足5万元的，处5万元以上50万元以下罚款
存款利率和存款准备金管理规则	商业银行应当按照中国人民银行规定的存款利率的上下限，确定存款利率，并予以公告；商业银行应当按照中国人民银行的规定，向中国人民银行交存存款准备金，留足备付金

知识加油站

《中华人民共和国商业银行法》规定，未经国务院银行业监督管理机构批准，任何单位和个人不得从事吸收公众存款等商业银行业务，任何单位不得在名称中使用“银行”字样。商业银行不得违反规定提高或者降低利率以及采用其他不正当手段吸收存款。

2. 贷款业务规则

规则	内容
贷款业务指标	商业银行开展贷款业务应当按照中国人民银行规定的贷款利率的上下限，确定贷款利率。商业银行开展贷款业务应当遵守下列资产负债比例管理的规定： (1)资本充足率不得低于8%。 (2)流动性资产余额与流动性负债余额的比例不得低于25%。 (3)对同一借款人的贷款余额与商业银行资本余额的比例不得超过10%。 (4)国务院银行业监督管理机构对资产负债比例管理的其他规定
贷款业务风控规则	(1)商业银行贷款，应当对借款人的借款用途、偿还能力、还款方式等情况进行严格审查，实行审贷分离、分级审批的制度。 (2)商业银行贷款，借款人应当提供担保。 (3)商业银行贷款，应当与借款人订立书面合同。 (4)商业银行不得向关系人发放信用贷款；向关系人发放担保贷款的条件不得优于其他借款人同类贷款的条件。 (5)同业拆借，应当遵守中国人民银行的规定。 (6)商业银行办理票据承兑、汇兑、委托收款等结算业务，应当按照规定的期限兑现，收付入账，不得压单、压票或者违反规定退票。 (7)商业银行在中华人民共和国境内不得从事信托投资和证券经营业务，不得向非自用不动产投资或者向非银行金融机构和企业投资，但国家另有规定的除外
贷款业务保障规则	(1)任何单位和个人不得强令商业银行发放贷款或者提供担保。 (2)借款人应当按期归还贷款的本金和利息

3. 银行业务管理规定

要点	内容
营业时间和服务收费	商业银行应当在公告的营业时间内营业，不得擅自停止营业或者缩短营业时间。商业银行办理业务，提供服务，按照规定收取手续费
财务管理制度	商业银行应当按照国家有关规定，提取呆账准备金，冲销呆账。商业银行的会计年度自公历1月1日起至12月31日止。**商业银行应当于每一会计年度终了3个月内，按照国务院银行业监督管理机构的规定，公布其上一年度的经营业绩和审计报告**
管理监督制度	商业银行应当按照有关规定，制定本行的业务规则，建立、健全本行的风险管理和内部控制制度。商业银行应当建立、健全本行对存款、贷款、结算、呆账等各项情况的稽核、检查制度。商业银行对分支机构应当进行经常性的稽核和检查监督

四、商业银行的接管和终止（中级考试内容）★

1. 商业银行的接管

(1)接管目标。接管的目的是对被接管的商业银行采取必要措施，以保护存款人的利益,恢复商业银行的正常经营能力。

(2)接管程序。接管由国务院银行业监督管理机构决定,并组织实施。接管决定由国务院银行业监督管理机构予以公告。接管自接管决定实施之日起开始。接管期限届满,国务院银行业监督管理机构可以决定延期,但接管期限最长不得超过2年。

(3)接管法律效力。自接管开始之日起,由接管组织行使商业银行的经营管理权力,但被接管的商业银行的债权债务关系不因接管而变化。

(4)接管终止。依照《中华人民共和国商业银行法》,有下列情形之一的,接管终止:

①接管决定规定的期限届满或者国务院银行业监督管理机构决定的接管延期届满。

②接管期限届满前,该商业银行已恢复正常经营能力。

③接管期限届满前,该商业银行被合并或者被依法宣告破产。

2. 商业银行的终止

《中华人民共和国商业银行法》规定,商业银行因解散、被撤销和被宣告破产而终止。

知识加油站

清算是法人终止的必经程序。

真题精练

【例3 · 判断题】设立全国性商业银行的注册资本最低限额为1亿元人民币。(　　)

A. 正确　　　　B. 错误

B　设立全国性商业银行的注册资本最低限额为10亿元人民币。设立城市商业银行的注册资本最低限额为1亿元人民币,设立农村商业银行的注册资本最低限额为5 000万元人民币。

第四节　《中华人民共和国反洗钱法》

一、洗钱的过程及方式 ★★★

1. 洗钱的过程

洗钱的过程包括:

(1)**处置阶段**。处置阶段指将犯罪收益投入到清洗系统的过程,是最容易被侦查到的阶段。

(2)**培植阶段**。培植阶段即通过复杂的多种、多层的金融交易,将犯罪收益与其来源分开,并进行最大限度的分散,以掩饰线索和隐藏身份。

(3)**融合阶段**。融合阶段被形象地描述为"甩干",即使非法变为合法,为犯罪得来的财富提供表面的合法掩盖,在犯罪收益披上了合法外衣后,犯罪收益人就能够自由地享用这些肮脏的犯罪收益,将清洗后的钱集中起来使用。

2. 洗钱的常见方式

洗钱的常见方式包括:

(1)借用金融机构。

(2)藏身于保密天堂。

(3)使用空壳公司。

(4)利用现金密集行业。

(5)伪造商业票据。

(6)走私。

(7)利用犯罪所得直接购置不动产和动产。

(8)通过证券和保险业洗钱。

二、反洗钱的监管机构及职责 ★★★

国务院反洗钱行政主管部门负责全国的反洗钱监督管理工作。

1. 中国人民银行的反洗钱职责

(1)指导、部署金融业反洗钱工作，负责反洗钱的资金监测。

(2)制定或者会同国务院有关金融监督管理机构制定金融机构反洗钱规章。

(3)监督、检查金融机构履行反洗钱义务的情况。

(4)在职责范围内调查可疑交易活动。

(5)接受单位和个人对洗钱活动的举报。

(6)向侦查机关报告涉嫌洗钱犯罪的交易活动。

(7)向国务院有关部门、机构定期通报反洗钱工作情况。

(8)根据国务院授权，代表中国政府与外国政府和有关国际组织开展反洗钱合作。

(9)法律和国务院规定的有关反洗钱的其他职责。

2. 国务院银行业监督管理机构的反洗钱职责

(1)参与制定银行业金融机构反洗钱规章。

(2)对银行业金融机构提出按照规定建立健全反洗钱内部控制制度的要求。

(3)发现涉嫌洗钱犯罪的交易活动及时向公安机关报告。

(4)审查新设银行业金融机构或者银行业金融机构增设分支机构的反洗钱内部控制制度方案，对于不符合《中华人民共和国反洗钱法》规定的设立申请，不予批准。

(5)法律和国务院规定的有关反洗钱的其他职责。

知识加油站

建立国家反洗钱数据库，妥善保存金融机构提交的大额交易和可疑交易报告信息，这是中国反洗钱监测分析中心的职责之一。

三、商业银行的反洗钱义务 ★★★

金融机构在反洗钱方面的义务

(1)健全反洗钱内控制度。

(2)建立客户身份识别制度。

(3)按照规定建立客户身份资料和交易记录保存制度。

(4)按照规定执行大额交易和可疑交易报告制度。

(5)按照反洗钱预防、监控制度的要求，开展反洗钱培训和宣传工作。

↓码上看总结↓

章节自测

一、单项选择题(在以下各小题所给出的四个选项中,只有一个选项符合题目要求,请将正确选项的代码填入括号内)

1. 中国人民银行的职能不包括(　　)。

A. 制定和执行货币政策　　B. 吸收存款和发放贷款

C. 防范和化解金融风险　　D. 维护金融稳定

2. 中国人民银行应当向(　　)提出有关货币政策情况和金融业运行情况的工作报告。

A. 全国人民代表大会　　B. 全国人民代表大会常务委员会

C. 国务院　　D. 财政部

3. 印制、发售代币票券,以代替人民币在市场上流通的,中国人民银行应当责令停止违法行为,并处(　　)万元以下罚款。

A. 5　　B. 10

C. 15　　D. 20

4. 中国人民银行根据执行货币政策和维护金融稳定的需要,可以建议国务院银行业监督管理机构对银行业金融机构进行检查监督。国务院银行业监督管理机构应当自收到建议之日起(　　)日内予以回复。

A. 3　　B. 7

C. 15　　D. 30

5. 根据《中华人民共和国银行业监督管理法》,对问题银行业金融机构进行处置的方式不包括(　　)。

A. 接管　　B. 促成重组

C. 撤销　　D. 直接宣告破产

二、多项选择题(在以下各小题所给出的选项中,至少有两个选项符合题目要求,请将正确选项的代码填入括号内)

1. 国务院银行业监督管理机构的法定监管目标包括(　　)。

A. 促进银行业的合法、稳健运行,维护公众对银行业的信心

B. 保护银行业公平竞争

C. 保证银行业利润最大化

D. 提高银行业竞争能力

E. 鼓励我国银行业在境外投资

2. 国务院银行业监督管理机构的具体职责主要包括(　　)。

A. 制定并发布监管制度的职责　　B. 准入职责

C. 非现场监管职责　　D. 报告职责

E. 国际交流合作职责

3. 商业银行办理个人储蓄存款业务,应当遵循的原则有(　　)。

A. 存款自愿　　B. 取款自由

C. 存款有息　　D. 为存款人保密

E. 取款方便

三、判断题(请判断以下各小题的正误,正确的选A,错误的选B)

1. 伪造、变造人民币属于违法行为,但故意毁损人民币不属于违法行为。　　(　　)

A. 正确　　B. 错误

2. 中国人民银行和国务院银行业监督管理机构同时拥有对银行业金融机构的检查监督权，会导致对银行业金融机构的双重检查和双重处罚。（　　）

A. 正确　　B. 错误

3. 商业银行经营的“三性”原则中，流动性劣后于安全性、效益性。（　　）

A. 正确　　B. 错误

4. 商业银行的会计年度自公历 1 月 1 日起至 12 月 31 日止。（　　）

A. 正确　　B. 错误

答案详解

一、单项选择题

1. B。【解析】根据《中华人民共和国中国人民银行法》，中国人民银行的职能为：在国务院领导下，制定和执行货币政策，防范和化解金融风险，维护金融稳定。

2. B。【解析】中国人民银行应当向全国人民代表大会常务委员会提出有关货币政策情况和金融业运行情况的工作报告。

3. D。【解析】印制、发售代币票券，以代替人民币在市场上流通的，中国人民银行应当责令停止违法行为，并处 20 万元以下罚款。

4. D。【解析】中国人民银行根据执行货币政策和维护金融稳定的需要，可以建议国务院银行业监督管理机构对银行业金融机构进行检查监督。国务院银行业监督管理机构应当自收到建议之日起 30 日内予以回复。

5. D。【解析】根据《中华人民共和国银行业监督管理法》，对问题银行业金融机构进行处置的方式主要有接管、促成重组和撤销。

二、多项选择题

1. ABD。【解析】《中华人民共和国银行业监督管理法》规定，国务院银行业监督管理机构负责对全国银行业金融机构及其业务活动监督管理的工作，其法定监管目标为：(1)促进银行业的合法、稳健运行，维护公众对银行业的信心。(2)保护银行业公平竞争，提高银行业竞争能力。

2. ABCDE。【解析】根据《中华人民共和国银行业监督管理法》的规定以及国务院关于金融监管的分工，国务院银行业监督管理机构的具体职责主要可分为以下七类：(1)制定并发布监管制度的职责。(2)准入职责。(3)非现场监管职责。(4)现场检查职责。(5)报告职责。(6)指导、监督自律职责。(7)国际交流合作职责。

3. ABCD。【解析】《中华人民共和国商业银行法》规定，商业银行办理个人储蓄存款业务，应当遵循存款自愿、取款自由、存款有息、为存款人保密的原则。

三、判断题

1. B。【解析】伪造、变造人民币，或是出售、购买、运输、持有、使用伪造、变造的人民币，或是故意毁损人民币、非法使用人民币图样等，均为违法行为。

2. B。【解析】中国人民银行和国务院银行业监督管理机构同时拥有对银行业金融机构的检查监督权，并不会导致对银行业金融机构的双重检查和双重处罚。这是由于两者的监管侧重点各有不同，并且两者的划分在现实操作中非常清晰。

3. B。【解析】商业银行经营的“三性”原则紧密关联，相互依存，但商业银行作为吸收存款的金融机构，因其负债经营的性质，所以商业银行“三性”中，效益性劣后于安全性、流动性，而安全性又优先于流动性。

4. A。【解析】商业银行的会计年度自公历 1 月 1 日起至 12 月 31 日止。

第十八章
民事法律制度

考情直击

本章的主要内容是与民事有关的法律制度，第二节、第三节、第四节分别从物权、合同、婚姻家庭和继承三个角度来阐述相关知识。分析近几年的考试情况，本章的常考点有民事主体、法人的分类、民事法律行为、代理终止、担保方式、合同的订立、合同的权利义务终止、夫妻财产制度、法定继承的顺序等，在考试中约占3.5~6.5分。

考纲要求

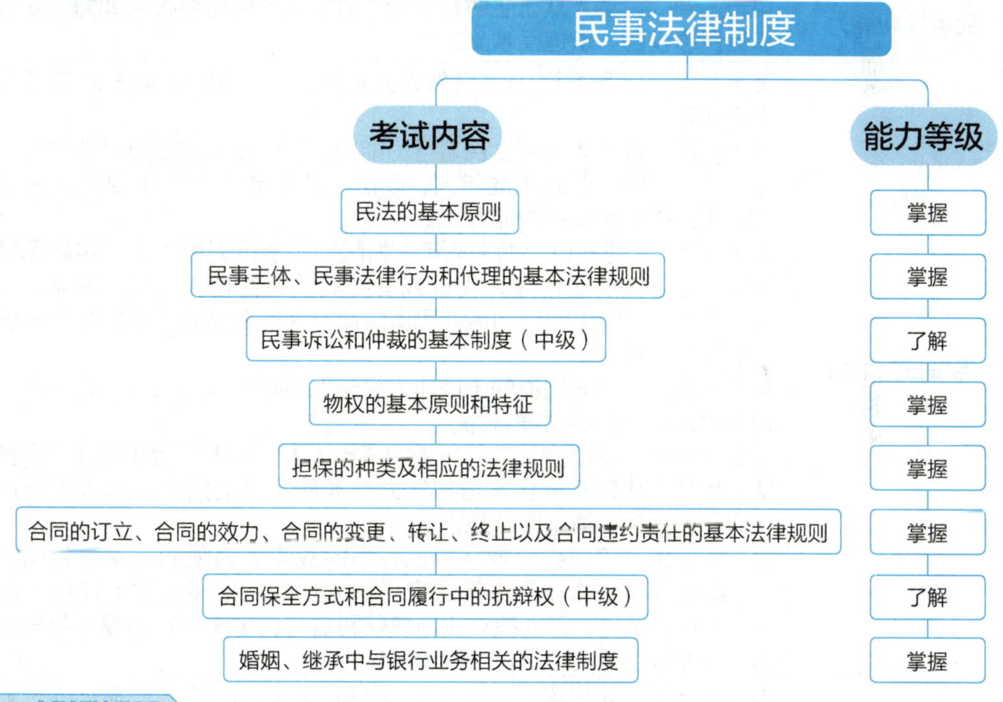

知识解读

第一节 民法典概述

一、民法的调整范围 ★★★

《中华人民共和国民法典》的规定如下：

第二条 民法调整平等主体的自然人、法人和非法人组织之间的人身关系和财产关系。

第三条 民事主体的人身权利、财产权利以及其他合法权益受法律保护，任何组织或者个人不得侵犯。

二、民法的基本原则 ★★★

民法的基本原则

民事主体在民事活动中的法律地位一律平等。

民事主体从事民事活动，应当遵循自愿原则，按照自己的意思设立、变更、终止民事法律关系。

民事主体从事民事活动，应当遵循公平原则，合理确定各方的权利和义务。

民事主体从事民事活动，应当遵循诚信原则，秉持诚实，恪守承诺。

民事主体从事民事活动，不得违反法律，不得违背公序良俗。

民事主体从事民事活动，应当有利于节约资源、保护生态环境。

三、民事主体 ★★★

民事主体包括自然人、法人和非法人组织。在特殊情况下，国家也可以作为民事主体。《中华人民共和国民法典》的规定如下：

1. 自然人

要点	内容
民事权利能力	第十三条　自然人从出生时起到死亡时止，具有民事权利能力，依法享有民事权利，承担民事义务
民事行为能力	第十七条　18 周岁以上的自然人为成年人。不满 18 周岁的自然人为未成年人。 第十八条　成年人为完全民事行为能力人，可以独立实施民事法律行为。16 周岁以上的未成年人，以自己的劳动收入为主要生活来源的，视为完全民事行为能力人。 第十九条　8 周岁以上的未成年人为限制民事行为能力人，实施民事法律行为由其法定代理人代理或者经其法定代理人同意、追认；但是，可以独立实施纯获利益的民事法律行为或者与其年龄、智力相适应的民事法律行为。 第二十条　不满 8 周岁的未成年人为无民事行为能力人，由其法定代理人代理实施民事法律行为。 第二十一条　不能辨认自己行为的成年人为无民事行为能力人，由其法定代理人代理实施民事法律行为。8 周岁以上的未成年人不能辨认自己行为的，适用前款规定。 第二十二条　不能完全辨认自己行为的成年人为限制民事行为能力人，实施民事法律行为由其法定代理人代理或者经其法定代理人同意、追认；但是，可以独立实施纯获利益的民事法律行为或者与其智力、精神健康状况相适应的民事法律行为
监护	第二十三条　无民事行为能力人、限制民事行为能力人的监护人是其法定代理人。 第二十七条　父母是未成年子女的监护人。 第二十九条　被监护人的父母担任监护人的，可以通过遗嘱指定监护人。 第三十条　依法具有监护资格的人之间可以协议确定监护人。协议确定监护人应当尊重被监护人的真实意愿。 第三十四条　**监护人的职责是代理被监护人实施民事法律行为，保护被监护人的人身权利、财产权利以及其他合法权益等**。监护人依法履行监护职责产生的权利，受法律保护。监护人不履行监护职责或者侵害被监护人合法权益的，应当承担法律责任。 第三十五条　监护人应当按照最有利于被监护人的原则履行监护职责。监护人除为维护被监护人利益外，不得处分被监护人的财产

（续表）

要点	内容
宣告失踪和宣告死亡	第四十条 **自然人下落不明满2年的，利害关系人可以向人民法院申请宣告该自然人为失踪人。** 第四十二条 失踪人的财产由其配偶、成年子女、父母或者其他愿意担任财产代管人的人代管。 代管有争议，没有前款规定的人，或者前款规定的人无代管能力的，由人民法院指定的人代管。 第四十三条 财产代管人应当妥善管理失踪人的财产，维护其财产权益。失踪人所欠税款、债务和应付的其他费用，由财产代管人从失踪人的财产中支付。 财产代管人因故意或者重大过失造成失踪人财产损失的，应当承担赔偿责任。 第四十六条 **自然人有下列情形之一的，利害关系人可以向人民法院申请宣告该自然人死亡：下落不明满4年；因意外事件，下落不明满2年。** 因意外事件下落不明，经有关机关证明该自然人不可能生存的，申请宣告死亡不受2年时间的限制
个体工商户和农村承包经营户	第五十四条 自然人从事工商业经营，经依法登记，为个体工商户。个体工商户可以起字号。 第五十五条 农村集体经济组织的成员，依法取得农村土地承包经营权，从事家庭承包经营的，为农村承包经营户

2. 法人

要点	内容
法人的概念	第五十七条 法人是具有民事权利能力和民事行为能力，依法独立享有民事权利和承担民事义务的组织
法人的成立	第五十八条 法人应当依法成立。 法人应当有自己的名称、组织机构、住所、财产或者经费。法人成立的具体条件和程序，依照法律、行政法规的规定
法人的分类	第七十六条 以取得利润并分配给股东等出资人为目的成立的法人，为营利法人。 **营利法人包括有限责任公司、股份有限公司和其他企业法人等。** 第八十七条 为公益目的或者其他非营利目的成立，不向出资人、设立人或者会员分配所取得利润的法人，为非营利法人。**非营利法人包括事业单位、社会团体、基金会、社会服务机构等。** 第九十六条 本节规定的**机关法人、农村集体经济组织法人、城镇农村的合作经济组织法人、基层群众性自治组织法人，为特别法人**

3. 非法人组织

第一百零二条 非法人组织是不具有法人资格，但是能够依法以自己的名义从事民事活动的组织。**非法人组织包括个人独资企业、合伙企业、不具有法人资格的专业服务机构等。**

真题精练

【例1·判断题】汪某今年17岁，北京人，以自己的劳动收入为主要生活来源，汪某属于限制民事行为能力人。（ ）

A. 正确　　　　B. 错误

B 16周岁以上的未成年人，以自己的劳动收入为主要生活来源的，视为完全民事行为能力人。

四、民事法律行为 ★★★

《中华人民共和国民法典》的规定如下：

1. 民事法律行为的概念

第一百三十三条　民事法律行为是民事主体通过意思表示设立、变更、终止民事法律关系的行为。

2. 民事法律行为的形式

第一百三十五条　民事法律行为可以采用书面形式、口头形式或者其他形式（推定形式和沉默形式）；法律、行政法规规定或者当事人约定采用特定形式的，应当采用特定形式。

3. 有效民事法律行为的条件

第一百四十三条　具备下列条件的民事法律行为有效：

（1）行为人具有相应的民事行为能力。

（2）意思表示真实。

（3）不违反法律、行政法规的强制性规定，不违背公序良俗。

4. 可撤销的民事法律行为

第一百四十五条第二款　相对人可以催告法定代理人自收到通知之日起30日内予以追认。法定代理人未作表示的，视为拒绝追认。民事法律行为被追认前，善意相对人有撤销的权利。撤销应当以通知的方式作出。

第一百四十七条　基于重大误解实施的民事法律行为，行为人有权请求人民法院或者仲裁机构予以撤销。

第一百四十八条　一方以欺诈手段，使对方在违背真实意思的情况下实施的民事法律行为，受欺诈方有权请求人民法院或者仲裁机构予以撤销。

第一百四十九条　第三人实施欺诈行为，使一方在违背真实意思的情况下实施的民事法律行为，对方知道或者应当知道该欺诈行为的，受欺诈方有权请求人民法院或者仲裁机构予以撤销。

第一百五十条　一方或者第三人以胁迫手段，使对方在违背真实意思的情况下实施的民事法律行为，受胁迫方有权请求人民法院或者仲裁机构予以撤销。

第一百五十一条　一方利用对方处于危困状态、缺乏判断能力等情形，致使民事法律行为成立时显失公平的，受损害方有权请求人民法院或者仲裁机构予以撤销。

要点点拨

《中华人民共和国民法典》第一百五十二条规定，有下列情形之一的，撤销权消灭：（1）当事人自知道或者应当知道撤销事由之日起1年内、重大误解的当事人自知道或者应当知道撤销事由之日起90日内没有行使撤销权。（2）当事人受胁迫，自胁迫行为终止之日起1年内没有行使撤销权。（3）当事人知道撤销事由后明确表示或者以自己的行为表明放弃撤销权。当事人自民事法律行为发生之日起5年内没有行使撤销权的，撤销权消灭。

5. 民事法律行为的附条件和附期限

第一百五十八条　民事法律行为可以附条件，但是根据其性质不得附条件的除外。

附生效条件的民事法律行为，自条件成就时生效。附解除条件的民事法律行为，自条件成就时失效。

第一百五十九条　附条件的民事法律行为，当事人为自己的利益不正当地阻止条件成就的，视为条件已经成就；不正当地促成条件成就的，视为条件不成就。

第一百六十条　民事法律行为可以附期限，但是根据其性质不得附期限的除外。附生效期限的民事法律行为，自期限届至时生效。附终止期限的民事法律行为，自期限届满时失效。

五、代理 ★★★

《中华人民共和国民法典》的规定如下：

1. 代理的种类

第一百六十三条　**代理包括委托代理和法定代理。**

委托代理人按照被代理人的委托行使代理权。法定代理人依照法律的规定行使代理权。

2. 无权代理

第一百七十一条　行为人没有代理权、超越代理权或者代理权终止后，仍然实施代理行为，未经被代理人追认的，对被代理人不发生效力。

相对人可以催告被代理人自收到通知之日起30日内予以追认。被代理人未作表示的，视为拒绝追认。行为人实施的行为被追认前，善意相对人有撤销的权利。撤销应当以通知的方式作出。

行为人实施的行为未被追认的，善意相对人有权请求行为人履行债务或者就其受到的损害请求行为人赔偿。但是，赔偿的范围不得超过被代理人追认时相对人所能获得的利益。

相对人知道或者应当知道行为人无权代理的，相对人和行为人按照各自的过错承担责任。

教你一招

无权代理经被代理人追认，产生与有权代理相同的法律后果。

3. 表见代理

第一百七十二条　行为人没有代理权、超越代理权或者代理权终止后，仍然实施代理行为，相对人有理由相信行为人有代理权的，代理行为有效。

4. 代理的特征

（1）代理行为是指能够引起民事法律后果的民事法律行为。就是说通过代理人所为的代理行为，能够在被代理人与第三人之间产生、变更或消灭某种民事法律关系。

（2）代理人一般应以被代理人的名义从事代理活动。

（3）代理人在代理权限范围内独立意思表示。

（4）代理行为的法律后果直接归属于被代理人。

5. 代理终止

第一百七十三条　有下列情形之一的，**委托代理终止**：

(1)代理期限届满或者代理事务完成。

(2)被代理人取消委托或者代理人辞去委托。

(3)代理人丧失民事行为能力。

(4)代理人或者被代理人死亡。

(5)作为代理人或者被代理人的法人、非法人组织终止。

第一百七十五条　有下列情形之一的，**法定代理终止**：

(1)被代理人取得或者恢复完全民事行为能力。

(2)代理人丧失民事行为能力。

(3)代理人或者被代理人死亡。

(4)法律规定的其他情形。

六、诉讼时效 ★★★

《中华人民共和国民法典》的规定如下：

1. 诉讼时效期间

第一百八十八条　**向人民法院请求保护民事权利的诉讼时效期间为3年**。法律另有规定的，依照其规定。

诉讼时效期间自权利人知道或者应当知道权利受到损害以及义务人之日起计算。法律另有规定的，依照其规定。但是，自权利受到损害之日起超过20年的，人民法院不予保护，有特殊情况的，人民法院可以根据权利人的申请决定延长。

2. 诉讼时效中止

第一百九十四条　在诉讼时效期间的最后6个月内，因下列障碍，不能行使请求权的，诉讼时效中止：

(1)不可抗力。

(2)无民事行为能力人或者限制民事行为能力人没有法定代理人，或者法定代理人死亡、丧失民事行为能力、丧失代理权。

(3)继承开始后未确定继承人或者遗产管理人。

(4)权利人被义务人或者其他人控制。

(5)其他导致权利人不能行使请求权的障碍。

自中止时效的原因消除之日起满6个月，诉讼时效期间届满。

3. 诉讼时效中断

第一百九十五条　有下列情形之一的，诉讼时效中断，从中断、有关程序终结时起，诉讼时效期间重新计算：

(1)权利人向义务人提出履行请求。

(2)义务人同意履行义务。

(3)权利人提起诉讼或者申请仲裁。

(4)与提起诉讼或者申请仲裁具有同等效力的其他情形。

教你一招

诉讼时效中止与中断的区别：(1)发生的时间不同。(2)法定事由不同。(3)法律后果不同。

4. 不适用诉讼时效的规定

第一百九十六条　下列请求权不适用诉讼时效的规定：

(1)请求停止侵害、排除妨碍、消除危险。

(2)不动产物权和登记的动产物权的权利人请求返还财产。

(3)请求支付抚养费、赡养费或者扶养费。

(4)依法不适用诉讼时效的其他请求权。

5. 诉讼时效约定无效

第一百九十七条　诉讼时效的期间、计算方法以及中止、中断的事由由法律规定，当事人约定无效。

当事人对诉讼时效利益的预先放弃无效。

七、民事诉讼与仲裁（中级考试内容）★

1. 民事诉讼

要点	内容
民事诉讼的概念	民事诉讼是指公民之间、法人之间、其他组织之间以及他们相互之间因财产关系和人身关系提起的诉讼
当事人	(1)当事人的范围。民事诉讼当事人包括原告、被告、第三人和共同诉讼人。 (2)当事人的权力。《中华人民共和国民事诉讼法》规定，民事诉讼当事人有平等的诉讼权利，且有权进行辩论
涉外民事诉讼	涉外民事诉讼是指具有涉外因素的民事诉讼。涉外因素是指具有以下三种情况之一： (1)诉讼主体涉外。 (2)作为诉讼标的的法律事实涉外。 (3)诉讼标的物涉外

2. 仲裁

仲裁是指当事人根据他们之间订立的仲裁协议，自愿将其争议提交仲裁机构进行裁判，并受该裁判约束的一种制度。仲裁是解决民事争议的方式之一。

在我国，平等主体的公民、法人和其他组织之间发生的合同纠纷和其他财产权益纠纷，可以仲裁。但是，下列纠纷不能仲裁：

(1)婚姻、收养、监护、扶养、继承纠纷。

(2)依法应当由行政机关处理的行政争议。

第二节　物　权

一、物权基本规定 ★★★

1. 物权概述

《中华人民共和国民法典》的规定如下：

第一百一十四条　民事主体依法享有物权。物权是权利人依法对特定的物享有直接支配和排他的权利，包括**所有权、用益物权和担保物权**。

第二百四十条　所有权人对自己的不动产或者动产，依法享有占有、使用、收益和处分的权利。

第三百二十三条　用益物权人对他人所有的不动产或者动产，依法享有占有、使用和收益的权利。

第三百八十六条　担保物权人在债务人不履行到期债务或者发生当事人约定的实现担保物权的情形，依法享有就担保财产优先受偿的权利，但是法律另有规定的除外。

2. 物的种类

按照不同的标准，可对物进行如下分类：流通物、限制流通物与禁止流通物；种类物与特定物；可分物与不可分物；动产与不动产；主物与从物；原物与孳息。

3. 物权的特征

与债权相比，物权具有以下法律特征：物权是绝对权（对世权）；物权是支配权；物权的标的是物；物权具有排他性；物权具有追及力。

4. 物权的基本原则

物权的基本原则有：**平等保护原则；物权法定原则；一物一权原则；公示、公信原则**。

二、担保基本规定 ★★★

担保是指按照法律规定或者当事人约定，由债务人或第三人向债权人提供一定的财产或资信，以确保债务的清偿。担保的种类包括人的担保、物的担保和定金担保。**五种担保方式：保证、抵押、质押、留置和定金**。《中华人民共和国民法典》的规定如下。

1. 抵押

要点	内容
抵押的概念	第三百九十四条　为担保债务的履行，债务人或者第三人不转移财产的占有，将该财产抵押给债权人的，债务人不履行到期债务或者发生当事人约定的实现抵押权的情形，债权人有权就该财产优先受偿。 前款规定的债务人或者第三人为抵押人，债权人为抵押权人，提供担保的财产为抵押财产
可以抵押的财产	第三百九十五条　债务人或者第三人有权处分的下列财产可以抵押： (1)建筑物和其他土地附着物。 (2)建设用地使用权。 (3)海域使用权。 (4)生产设备、原材料、半成品、产品。 (5)正在建造的建筑物、船舶、航空器。 (6)交通运输工具。 (7)法律、行政法规未禁止抵押的其他财产

（续表）

要点	内容
禁止抵押的财产	第三百九十九条　下列财产不得抵押： (1)土地所有权。 (2)宅基地、自留地、自留山等集体所有土地的使用权，但是法律规定可以抵押的除外。 (3)学校、幼儿园、医疗机构等为公益目的成立的非营利法人的教育设施、医疗卫生设施和其他公益设施。 (4)所有权、使用权不明或者有争议的财产。 (5)依法被查封、扣押、监管的财产。 (6)法律、行政法规规定不得抵押的其他财产
抵押权的设立	第四百条　**设立抵押权，当事人应当采用书面形式订立抵押合同。** 抵押合同一般包括下列条款：被担保债权的种类和数额；债务人履行债务的期限；抵押财产的名称、数量等情况；担保的范围。 第四百零二条　以本法第三百九十五条第一款第一项至第三项规定的财产或者第五项规定的正在建造的建筑物抵押的，应当办理抵押登记。抵押权自登记时设立。 第四百零三条　以动产抵押的，抵押权自抵押合同生效时设立；未经登记，不得对抗善意第三人。 第四百零四条　以动产抵押的，不得对抗正常经营活动中已经支付合理价款并取得抵押财产的买受人
抵押权的实现	第四百一十三条　抵押财产折价或者拍卖、变卖后，其价款超过债权数额的部分归抵押人所有，不足部分由债务人清偿。 第四百一十四条　**同一财产向两个以上债权人抵押的，拍卖、变卖抵押财产所得的价款依照下列规定清偿**： (1)**抵押权已经登记的，按照登记的时间先后确定清偿顺序。** (2)**抵押权已经登记的先于未登记的受偿。** (3)**抵押权未登记的，按照债权比例清偿**
最高额抵押权	第四百二十条　为担保债务的履行，债务人或者第三人对一定期间内将要连续发生的债权提供担保财产的，债务人不履行到期债务或者发生当事人约定的实现抵押权的情形，抵押权人有权在最高债权额限度内就该担保财产优先受偿。 最高额抵押权设立前已经存在的债权，经当事人同意，可以转入最高额抵押担保的债权范围。 第四百二十一条　最高额抵押担保的债权确定前，部分债权转让的，最高额抵押权不得转让，但是当事人另有约定的除外。 第四百二十二条　最高额抵押担保的债权确定前，抵押权人与抵押人可以通过协议变更债权确定的期间、债权范围以及最高债权额。但是，变更的内容不得对其他抵押权人产生不利影响

2. 质权（动产质权和权利质权）

要点	内容
动产质权	第四百二十五条　为担保债务的履行，债务人或者第三人将其动产出质给债权人占有的，债务人不履行到期债务或者发生当事人约定的实现质权的情形，债权人有权就该动产优先受偿。 前款规定的债务人或者第三人为出质人，债权人为质权人，交付的动产为质押财产。 第四百二十六条　法律、行政法规禁止转让的动产不得出质。 第四百二十七条　设立质权，当事人应当采用书面形式订立质押合同。质押合同一般包括下列条款：被担保债权的种类和数额；债务人履行债务的期限；质押财产的名称、数量等情况；担保的范围；质押财产交付的时间、方式。 第四百二十八条　质权人在债务履行期限届满前，与出质人约定债务人不履行到期债务时质押财产归债权人所有的，只能依法就质押财产优先受偿。 第四百二十九条　质权自出质人交付质押财产时设立。 第四百三十条　质权人有权收取质押财产的孳息，但是合同另有约定的除外。前款规定的孳息应当先充抵收取孳息的费用。 第四百三十一条　质权人在质权存续期间，未经出质人同意，擅自使用、处分质押财产，造成出质人损害的，应当承担赔偿责任。 第四百三十二条　质权人负有妥善保管质押财产的义务；因保管不善致使质押财产毁损、灭失的，应当承担赔偿责任。 质权人的行为可能使质押财产毁损、灭失的，出质人可以请求质权人将质押财产提存，或者请求提前清偿债务并返还质押财产
权利质权	第四百四十条　**债务人或者第三人有权处分的下列权利可以出质**： （1）**汇票、本票、支票**。 （2）**债券、存款单**。 （3）**仓单、提单**。 （4）**可以转让的基金份额、股权**。 （5）**可以转让的注册商标专用权、专利权、著作权等知识产权中的财产权**。 （6）**现有的以及将有的应收账款**。 （7）**法律、行政法规规定可以出质的其他财产权利**。 第四百四十一条　以汇票、本票、支票、债券、存款单、仓单、提单出质的，质权自权利凭证交付质权人时设立；没有权利凭证的，质权自办理出质登记时设立。法律另有规定的，依照其规定。 第四百四十二条　汇票、本票、支票、债券、存款单、仓单、提单的兑现日期或者提货日期先于主债权到期的，质权人可以兑现或者提货，并与出质人协议将兑现的价款或者提取的货物提前清偿债务或者提存。 第四百四十三条　以基金份额、股权出质的，质权自办理出质登记时设立。基金份额、股权出质后，不得转让，但是出质人与质权人协商同意的除外。出质人转让基金份额、股权所得的价款，应当向质权人提前清偿债务或者提存。

（续表）

要点	内容
权利质权	第四百四十四条　以注册商标专用权、专利权、著作权等知识产权中的财产权出质的，质权自办理出质登记时设立。 知识产权中的财产权出质后，出质人不得转让或者许可他人使用，但是出质人与质权人协商同意的除外。出质人转让或者许可他人使用出质的知识产权中的财产权所得的价款，应当向质权人提前清偿债务或者提存。 第四百四十五条　以应收账款出质的，质权自办理出质登记时设立。 应收账款出质后，不得转让，但是出质人与质权人协商同意的除外。 出质人转让应收账款所得的价款，应当向质权人提前清偿债务或者提存

3. 保证

要点	内容
保证合同	第六百八十一条　保证合同是为保障债权的实现，保证人和债权人约定，当债务人不履行到期债务或者发生当事人约定的情形时，保证人履行债务或者承担责任的合同
保证人资格	第六百八十三条　机关法人不得为保证人，但是经国务院批准为使用外国政府或者国际经济组织贷款进行转贷的除外。 以公益为目的的非营利法人、非法人组织不得为保证人
保证合同的内容	第六百八十四条　保证合同的内容一般包括被保证的主债权的种类、数额，债务人履行债务的期限，保证的方式、范围和期间等条款
保证的方式	第六百八十六条　**保证的方式包括一般保证和连带责任保证**。 当事人在保证合同中对保证方式没有约定或者约定不明确的，按照一般保证承担保证责任。 第六百八十七条　当事人在保证合同中约定，债务人不能履行债务时，由保证人承担保证责任的，为一般保证。 第六百八十八条　当事人在保证合同中约定保证人和债务人对债务承担连带责任的，为连带责任保证
保证的范围	第六百九十一条　**保证的范围包括主债权及其利息、违约金、损害赔偿金和实现债权的费用**。当事人另有约定的，按照其约定
保证期间	第六百九十二条　保证期间是确定保证人承担保证责任的期间，不发生中止、中断和延长。 债权人与保证人可以约定保证期间，但是约定的保证期间早于主债务履行期限或者与主债务履行期限同时届满的，视为没有约定；没有约定或者约定不明确的，保证期间为主债务履行期限届满之日起6个月。 债权人与债务人对主债务履行期限没有约定或者约定不明确的，保证期间自债权人请求债务人履行债务的宽限期届满之日起计算

（续表）

要点	内容
主债权转让或变更对保证责任的影响	第六百九十五条　债权人和债务人未经保证人书面同意，协商变更主债权债务合同内容，减轻债务的，保证人仍对变更后的债务承担保证责任；加重债务的，保证人对加重的部分不承担保证责任。 债权人和债务人变更主债权债务合同的履行期限，未经保证人书面同意的，保证期间不受影响。 第六百九十六条　债权人转让全部或者部分债权，未通知保证人的，该转让对保证人不发生效力。 保证人与债权人约定禁止债权转让，债权人未经保证人书面同意转让债权的，保证人对受让人不再承担保证责任。 第六百九十七条　债权人未经保证人书面同意，允许债务人转移全部或者部分债务，保证人对未经其同意转移的债务不再承担保证责任，但是债权人和保证人另有约定的除外。 第三人加入债务的，保证人的保证责任不受影响

4. 留置

要点	内容
留置权概述	第四百四十七条　债务人不履行到期债务，债权人可以留置已经合法占有的债务人的动产，并有权就该动产优先受偿。 前款规定的债权人为留置权人，占有的动产为留置财产。 第四百五十一条　留置权人负有妥善保管留置财产的义务；因保管不善致使留置财产毁损、灭失的，应当承担赔偿责任。 第四百五十二条　留置权人有权收取留置财产的孳息。 前款规定的孳息应当先充抵收取孳息的费用。 第四百五十三条　留置权人与债务人应当约定留置财产后的债务履行期限；没有约定或者约定不明确的，留置权人应当给债务人 60 日以上履行债务的期限，但是鲜活易腐等不易保管的动产除外。债务人逾期未履行的，留置权人可以与债务人协议以留置财产折价，也可以就拍卖、变卖留置财产所得的价款优先受偿。 留置财产折价或者变卖的，应当参照市场价格
留置权与抵押权、质权的关系	第四百五十六条　同一动产上已经设立抵押权或者质权，该动产又被留置的，留置权人优先受偿

5. 定金

要点	内容
定金合同	第五百八十六条　当事人可以约定一方向对方给付定金作为债权的担保。定金合同自实际交付定金时成立。 **定金的数额由当事人约定；但是，不得超过主合同标的额的 20%，超过部分不产生定金的效力。**实际交付的定金数额多于或者少于约定数额的，视为变更约定的定金数额。 第五百八十七条　债务人履行债务的，定金应当抵作价款或者收回。给付定金的一方不履行债务或者履行债务不符合约定，致使不能实现合同目的的，无权请求返还定金；收受定金的一方不履行债务或者履行债务不符合约定，致使不能实现合同目的的，应当双倍返还定金

（续表）

要点	内容
定金和订金的区别	(1)性质不同。定金是一种担保方式，而订金一般认为具有预付款性质，不具有担保功能。 (2)效力不同。收受定金的一方不履行约定的债务的，应当双倍返还定金；而收受订金的当事人一方不履行合同债务时，退还订金即可，无须双倍返还。 (3)数额限制不同。《中华人民共和国民法典》就规定定金数额不超过主合同标的额的20%；而订金的数额依当事人之间自由约定，法律未作限制

教你一招

定金（担保性质），订金（预付款性质）。

真题精练

【例2·单项选择题】保证合同对保证期间没有约定或者约定不明确的，保证期间为主债务履行期限届满之日起（　　）。

A.1年　　B.2个月

C.3个月　　D.6个月

D　债权人与保证人可以约定保证期间，但是约定的保证期间早于主债务履行期限或者与主债务履行期限同时届满的，视为没有约定；没有约定或者约定不明确的，保证期间为主债务履行期限届满之日起6个月。

第三节　合　同

一、合同的含义 ★★★

《中华人民共和国民法典》第四百六十四条规定，合同是民事主体之间设立、变更、终止民事法律关系的协议。

二、合同的订立 ★★★

《中华人民共和国民法典》的规定如下：

1. 合同的形式

第四百六十九条　**当事人订立合同，可以采用书面形式、口头形式或者其他形式。**

书面形式是合同书、信件、电报、电传、传真等可以有形地表现所载内容的形式。

以电子数据交换、电子邮件等方式能够有形地表现所载内容，并可以随时调取查用的数据电文，视为书面形式。

2. 合同的内容

第四百七十条　**合同的内容由当事人约定，一般包括下列条款：当事人的姓名或者名称和住所；标的；数量；质量；价款或者报酬；履行期限、地点和方式；违约责任；**

解决争议的方法。

3. 订立合同应遵守的规定

第四百七十一条　当事人订立合同，可以采取要约、承诺方式或者其他方式。

第四百七十二条　要约是希望与他人订立合同的意思表示，该意思表示应当符合下列条件：内容具体确定；表明经受要约人承诺，要约人即受该意思表示约束。

第四百七十五条　要约可以撤回。要约的撤回适用本法第一百四十一条的规定。

第四百七十六条　要约可以撤销，但是有下列情形之一的除外：

（1）要约人以确定承诺期限或者其他形式明示要约不可撤销。

（2）受要约人有理由认为要约是不可撤销的，并已经为履行合同做了合理准备工作。

第四百七十八条　有下列情形之一的，要约失效：要约被拒绝；要约被依法撤销；承诺期限届满，受要约人未作出承诺；受要约人对要约的内容作出实质性变更。

第四百七十九条　承诺是受要约人同意要约的意思表示。

第四百八十条　承诺应当以通知的方式作出；但是，根据交易习惯或者要约表明可以通过行为作出承诺的除外。

知识加油站

承诺应当在要约确定的期限内到达要约人。

4. 合同成立的时间与地点

第四百九十条　当事人采用合同书形式订立合同的，自当事人均签名、盖章或者按指印时合同成立。

第四百九十一条　当事人采用信件、数据电文等形式订立合同要求签订确认书的，签订确认书时合同成立。

第四百九十二条　**承诺生效的地点为合同成立的地点**。

采用数据电文形式订立合同的，收件人的主营业地为合同成立的地点；没有主营业地的，其住所地为合同成立的地点。当事人另有约定的，按照其约定。

第四百九十三条　当事人采用合同书形式订立合同的，最后签名、盖章或者按指印的地点为合同成立的地点，但是当事人另有约定的除外。

三、合同的效力 ★★★

《中华人民共和国民法典》的规定如下：

第五百零二条　依法成立的合同，自成立时生效，但是法律另有规定或者当事人另有约定的除外。

依照法律、行政法规的规定，合同应当办理批准等手续的，依照其规定。未办理批准等手续影响合同生效的，不影响合同中履行报批等义务条款以及相关条款的效力。应当办理申请批准等手续的当事人未履行义务的，对方可以请求其承担违反该义务的责任。

依照法律、行政法规的规定，合同的变更、转让、解除等情形应当办理批准等手续的，适用前款规定。

第五百零三条　无权代理人以被代理人的名义订立合同，被代理人已经开始履行合同义务或者接受相对人履行的，视为对合同的追认。

第五百零四条　法人的法定代表人或者非法人组织的负责人超越权限订立的合同，除相对人知道或者应当知道其超越权限外，该代表行为有效，订立的合同对法人或者非法人组织发生效力。

第五百零五条　当事人超越经营范围订立的合同的效力，应当依照本法第一编第六章第三节和本编的有关规定确定，不得仅以超越经营范围确认合同无效。

第五百零六条 合同中的下列免责条款无效：

(1)造成对方人身损害的。

(2)因故意或者重大过失造成对方财产损失的。

第五百零七条 合同不生效、无效、被撤销或者终止的，不影响合同中有关解决争议方法的条款的效力。

真题精练

【例3·判断题】订立合同必须采取书面形式。( )

A. 正确 B. 错误

B 当事人订立合同，可以采用书面形式、口头形式或者其他形式。

【例4·判断题】无权代理人以被代理人的名义订立合同，被代理人已经开始履行合同义务或者接受相对人履行的，视为对合同的追认。( )

A. 正确 B. 错误

A 无权代理人以被代理人的名义订立合同，被代理人已经开始履行合同义务或者接受相对人履行的，视为对合同的追认。

四、合同的履行 ★

1. 合同履行的原则

合同履行的原则包括：**实际履行原则、全面履行原则、协作履行原则、诚实信用原则、情势变更原则和绿色原则**。

2. 合同履行中的抗辩权(中级考试内容)

《中华人民共和国民法典》的规定如下：

第五百二十五条 当事人互负债务，没有先后履行顺序的，应当同时履行。一方在对方履行之前有权拒绝其履行请求。一方在对方履行债务不符合约定时，有权拒绝其相应的履行请求。(**同时履行抗辩权**)

第五百二十六条 当事人互负债务，有先后履行顺序，应当先履行债务一方未履行的，后履行一方有权拒绝其履行请求。先履行一方履行债务不符合约定的，后履行一方有权拒绝其相应的履行请求。(**先履行抗辩权**)

第五百二十七条 应当先履行债务的当事人，有确切证据证明对方有下列情形之一的，可以中止履行(**不安抗辩权**)：

(1)经营状况严重恶化。

(2)转移财产、抽逃资金，以逃避债务。

(3)丧失商业信誉。

(4)有丧失或者可能丧失履行债务能力的其他情形。

当事人没有确切证据中止履行的，应当承担违约责任。

五、合同的保全(中级考试内容) ★

合同的保全是指法律为防止因债务人的财产不当减少或不增加而给债权人的债权带来损害，允许债权人行使撤销权或代位权，以保护其债权。

《中华人民共和国民法典》对代位权和撤销权的规定如下：

第五百三十五条　因债务人怠于行使其债权或者与该债权有关的从权利，影响债权人的到期债权实现的，债权人可以向人民法院请求以自己的名义代位行使债务人对相对人的权利，但是该权利专属于债务人自身的除外。

代位权的行使范围以债权人的到期债权为限。债权人行使代位权的必要费用，由债务人负担。

相对人对债务人的抗辩，可以向债权人主张。

第五百三十九条　债务人以明显不合理的低价转让财产、以明显不合理的高价受让他人财产或者为他人的债务提供担保，影响债权人的债权实现，债务人的相对人知道或者应当知道该情形的，债权人可以请求人民法院撤销债务人的行为。

第五百四十条　撤销权的行使范围以债权人的债权为限。债权人行使撤销权的必要费用，由债务人负担。

第五百四十一条　**撤销权自债权人知道或者应当知道撤销事由之日起1年内行使。自债务人的行为发生之日起5年内没有行使撤销权的，该撤销权消灭。**

六、合同的变更和转让 ★★★

《中华人民共和国民法典》对合同的变更和转让的规定如下：

第五百四十三条　当事人协商一致，可以变更合同。

第五百四十四条　当事人对合同变更的内容约定不明确的，推定为未变更。

第五百四十五条　债权人可以将债权的全部或者部分转让给第三人，但是有下列情形之一的除外：根据债权性质不得转让；按照当事人约定不得转让；依照法律规定不得转让。

当事人约定非金钱债权不得转让的，不得对抗善意第三人。当事人约定金钱债权不得转让的，不得对抗第三人。

第五百四十六条　**债权人转让债权，未通知债务人的，该转让对债务人不发生效力**。债权转让的通知不得撤销，但是经受让人同意的除外。

第五百五十一条　**债务人将债务的全部或者部分转移给第三人的，应当经债权人同意。**

债务人或者第三人可以催告债权人在合理期限内予以同意，债权人未作表示的，视为不同意。

第五百五十五条　当事人一方经对方同意，可以将自己在合同中的权利和义务一并转让给第三人。

七、合同的权利义务终止 ★★★

1. 合同的终止

合同的终止是指因发生法律规定或当事人约定的情况，使当事人之间的权利义务关系消灭，而使合同终止法律效力。《中华人民共和国民法典》第五百五十七条规定，有下列情形之一的，债权债务终止：

(1)债务已经履行。

(2)债务相互抵销。

(3)债务人依法将标的物提存。

(4)债权人免除债务。

(5)债权债务同归于一人。

(6)法律规定或者当事人约定终止的其他情形。

合同解除的，该合同的权利义务关系终止。

2. 合同的解除

《中华人民共和国民法典》的规定如下：

第五百六十二条 当事人协商一致，可以解除合同。

当事人可以约定一方解除合同的事由。解除合同的事由发生时，解除权人可以解除合同。

第五百六十三条 有下列情形之一的，当事人可以解除合同：

(1)因不可抗力致使不能实现合同目的。

(2)在履行期限届满前，当事人一方明确表示或者以自己的行为表明不履行主要债务。

(3)当事人一方迟延履行主要债务，经催告后在合理期限内仍未履行。

(4)当事人一方迟延履行债务或者有其他违约行为致使不能实现合同目的。

(5)法律规定的其他情形。

3. 抵销

《中华人民共和国民法典》的规定如下：

第五百六十八条 当事人互负债务，该债务的标的物种类、品质相同的，任何一方可以将自己的债务与对方的到期债务抵销；但是，根据债务性质、按照当事人约定或者依照法律规定不得抵销的除外。

当事人主张抵销的，应当通知对方。通知自到达对方时生效。抵销不得附条件或者附期限。

第五百六十九条 当事人互负债务，标的物种类、品质不相同的，经协商一致，也可以抵销。

4. 提存

《中华人民共和国民法典》的规定如下：

第五百七十条 有下列情形之一，难以履行债务的，债务人可以将标的物提存：

(1)债权人无正当理由拒绝受领。

(2)债权人下落不明。

(3)债权人死亡未确定继承人、遗产管理人，或者丧失民事行为能力未确定监护人。

(4)法律规定的其他情形。

5. 免除与混同

《中华人民共和国民法典》的规定如下：

第五百七十五条 债权人免除债务人部分或者全部债务的，债权债务部分或者全部终止，但是债务人在合理期限内拒绝的除外。

第五百七十六条 债权和债务同归于一人的，债权债务终止，但是损害第三人利益的除外。

八、违约责任 ★★★

《中华人民共和国民法典》的规定如下：

第五百七十七条 当事人一方不履行合同义务或者履行合同义务不符合约定的，应当**承担继续履行、采取补救措施或者赔偿损失等违约责任**。

第五百七十八条 当事人一方明确表示或者以自己的行为表明不履行合同义务的，对方可以在履行期限届满前请求其承担违约责任。

第五百九十条 当事人一方因不可抗力不能履行合同的，根据不可抗力的影响，部分或者全部免除责任，但是法律另有规定的除外。因不可抗力不能履行合同的，应当及时通知对方，以减轻可能给对方造成的损失，并应当在合理期限内提供证明。

当事人迟延履行后发生不可抗力的，不免除其违约责任。

要点点拨

不可抗力是指不能预见、不能避免并不能克服的客观情况。不可抗力主要包括以下几种情形：自然灾害；政府行为；社会异常事件。

第四节　婚姻家庭和继承产生的民事关系

一、婚姻家庭产生的民事关系 ★★★

《中华人民共和国民法典》的规定如下：

1. 夫妻财产制度

第一千零六十二条　夫妻在婚姻关系存续期间所得的下列财产，为夫妻的共同财产，归夫妻共同所有：

（1）工资、奖金、劳务报酬。

（2）生产、经营、投资的收益。

（3）知识产权的收益。

（4）继承或者受赠的财产，但是本法第一千零六十三条第三项规定的除外。

（5）其他应当归共同所有的财产。

夫妻对共同财产，有平等的处理权。

第一千零六十三条　下列财产为夫妻一方的个人财产：

（1）一方的婚前财产。

（2）一方因受到人身损害获得的赔偿或者补偿。

（3）遗嘱或者赠与合同中确定只归一方的财产。

（4）一方专用的生活用品。

（5）其他应当归一方的财产。

第一千零六十五条　男女双方可以约定婚姻关系存续期间所得的财产以及婚前财产归各自所有、共同所有或者部分各自所有、部分共同所有。约定应当采用书面形式。

2. 夫妻共同债务

第一千零六十四条　夫妻双方共同签名或者夫妻一方事后追认等共同意思表示所负的债务，以及夫妻一方在婚姻关系存续期间以个人名义为家庭日常生活需要所负的债务，属于夫妻共同债务。

夫妻一方在婚姻关系存续期间以个人名义超出家庭日常生活需要所负的债务，不属于夫妻共同债务；但是，债权人能够证明该债务用于夫妻共同生活、共同生产经营或者基于夫妻双方共同意思表示的除外。

二、继承产生的民事关系 ★★★

《中华人民共和国民法典》的规定如下：

1. 遗产

第一千一百二十二条　遗产是自然人死亡时遗留的个人合法财产。

依照法律规定或者根据其性质不得继承的遗产，不得继承。

2. 继承的种类

第一千一百二十三条　继承开始后，按照法定继承办理；有遗嘱的，按照遗嘱继承或者遗赠办理；有遗赠扶养协议的，按照协议办理。

3. 法定继承的顺序

第一千一百二十七条　遗产按照下列顺序继承：

(1) **第一顺序：配偶、子女、父母**。

(2) **第二顺序：兄弟姐妹、祖父母、外祖父母**。

继承开始后，由第一顺序继承人继承，第二顺序继承人不继承；没有第一顺序继承人继承的，由第二顺序继承人继承。

本编所称子女，包括婚生子女、非婚生子女、养子女和有扶养关系的继子女。

本编所称父母，包括生父母、养父母和有扶养关系的继父母。

本编所称兄弟姐妹，包括同父母的兄弟姐妹、同父异母或者同母异父的兄弟姐妹、养兄弟姐妹、有扶养关系的继兄弟姐妹。

4. 遗嘱的种类

第一千一百三十四条　**自书遗嘱**由遗嘱人亲笔书写，签名，注明年、月、日。

第一千一百三十五条　**代书遗嘱**应当有两个以上见证人在场见证，由其中一人代书，并由遗嘱人、代书人和其他见证人签名，注明年、月、日。

第一千一百三十六条　**打印遗嘱**应当有两个以上见证人在场见证。遗嘱人和见证人应当在遗嘱每一页签名，注明年、月、日。

第一千一百三十七条　**以录音录像形式立的遗嘱**，应当有两个以上见证人在场见证。遗嘱人和见证人应当在录音录像中记录其姓名或者肖像，以及年、月、日。

第一千一百三十八条　遗嘱人在危急情况下，可以立**口头遗嘱**。口头遗嘱应当有两个以上见证人在场见证。危急情况消除后，遗嘱人能够以书面或者录音录像形式立遗嘱的，所立的口头遗嘱无效。

第一千一百三十九条　**公证遗嘱**由遗嘱人经公证机构办理。

5. 遗嘱的撤回、变更

第一千一百四十二条　遗嘱人可以撤回、变更自己所立的遗嘱。

立遗嘱后，遗嘱人实施与遗嘱内容相反的民事法律行为的，视为对遗嘱相关内容的撤回。

立有数份遗嘱，内容相抵触的，以最后的遗嘱为准。

知识加油站

无民事行为能力人或者限制民事行为能力人所立的遗嘱无效。

真题精练

【例5·多项选择题】遗嘱的种类一般包括(　　)。

A. 自书遗嘱　　B. 代书遗嘱

C. 录音遗嘱　　D. 口头遗嘱

E. 公证遗嘱

ABCDE　根据《中华人民共和国民法典》的规定，遗嘱的种类一般包括自书遗嘱、代书遗嘱、打印遗嘱、以录音录像形式立的遗嘱、口头遗嘱、公证遗嘱。

章节自测

一、单项选择题(在以下各小题所给出的四个选项中,只有一个选项符合题目要求,请将正确选项的代码填入括号内)

1. (　　)是民事主体之间设立、变更、终止民事法律关系的协议。

A. 遗嘱　　B. 邮件
C. 数据电文　　D. 合同

2. (　　)周岁以上的未成年人为限制民事行为能力人。

A. 8　　B. 20
C. 16　　D. 18

3. 向人民法院请求保护民事权利的诉讼时效期间为(　　)年。

A. 1　　B. 2
C. 3　　D. 5

4. 甲商业银行向乙企业发放设备贷款300万元,期限5年,由丙公司作保证担保。3年后,甲商业银行将上述贷款转让给了丁商业银行,丁商业银行另外还对乙企业追加了20万元流动资金贷款。丙公司对丁商业银行的担保责任是(　　)。

A. 丙公司不再承担保证责任,因为甲与乙变更债权主体未得到丙的同意
B. 丙公司对3年前的保证承担责任,对3年后的保证不承担责任
C. 丙公司继续对设备贷款300万元承担保证责任,对追加的20万元不承担保证责任
D. 丙公司对全部320万元贷款承担保证责任

5. 定金的数额不得超过主合同标的额的(　　)。

A. 10%　　B. 15%
C. 20%　　D. 30%

6. 当事人订立合同,可以采取(　　)方式。

A. 要约、承诺　　B. 约定
C. 协议　　D. 商定

二、多项选择题(在以下各小题所给出的选项中,至少有两个选项符合题目要求,请将正确选项的代码填入括号内)

1. 民法调整对象包括(　　)。

A. 平等主体之间的人身关系
B. 行政机关对公民从事特定活动的管理
C. 法人向行政机关提出的行政复议
D. 平等主体之间的财产关系
E. 平等主体之间的商事关系

2. 法定代理终止的情形有(　　)。

A. 代理人丧失民事行为能力
B. 代理人或者被代理人死亡
C. 被代理人的继承人予以承认
D. 被代理人取得或者恢复完全民事行为能力
E. 被代理人取消委托或者代理人辞去委托

3. 我国民事法律行为的形式包括(　　)。

A. 口头形式　　B. 推定形式
C. 传达形式　　D. 书面形式
E. 沉默形式

三、判断题(请判断以下各小题的正误,正确的选 A,错误的选 B)

1. 自然人下落不明满 1 年,可以宣告失踪。（　　）
   A. 正确　　B. 错误
2. 同一动产上已经设立抵押权或者质权,该动产又被留置的,留置权人优先受偿。（　　）
   A. 正确　　B. 错误
3. 保证的范围包括主债权及其利息、违约金、损害赔偿金和实现债权的费用。（　　）
   A. 正确　　B. 错误
4. 自债务人的行为发生之日起 3 年内没有行使撤销权的,该撤销权消灭。（　　）
   A. 正确　　B. 错误

答案详解

一、单项选择题

1. D。【解析】合同是民事主体之间设立、变更、终止民事法律关系的协议。

2. A。【解析】《中华人民共和国民法典》第十九条规定,8 周岁以上的未成年人为限制民事行为能力人。

3. C。【解析】《中华人民共和国民法典》规定,向人民法院请求保护民事权利的诉讼时效期间为 3 年。

4. C。【解析】债权人和债务人未经保证人书面同意,协商变更主债权债务合同内容,减轻债务的,保证人仍对变更后的债务承担保证责任;加重债务的,保证人对加重的部分不承担保证责任。因此,丙公司继续对设备贷款 300 万元承担保证责任,对追加的 20 万元不承担保证责任。

5. C。【解析】定金的数额由当事人约定;但是,不得超过主合同标的额的 20%,超过部分不产生定金的效力。

6. A。【解析】当事人订立合同,可以采取要约、承诺方式或者其他方式。

二、多项选择题

1. AD。【解析】民法调整平等主体的自然人、法人和非法人组织之间的人身关系和财产关系。

2. ABD。【解析】有下列情形之一的,法定代理终止:(1)被代理人取得或者恢复完全民事行为能力。(2)代理人丧失民事行为能力。(3)代理人或者被代理人死亡。(4)法律规定的其他情形。

3. ABDE。【解析】民事法律行为可以采用书面形式、口头形式或者其他形式(推定形式和沉默形式)。

三、判断题

1. B。【解析】《中华人民共和国民法典》第四十条规定,自然人下落不明满 2 年的,利害关系人可以向人民法院申请宣告该自然人为失踪人。

2. A。【解析】《中华人民共和国民法典》第四百五十六条规定,同一动产上已经设立抵押权或者质权,该动产又被留置的,留置权人优先受偿。

3. A。【解析】《中华人民共和国民法典》第六百九十一条规定,保证的范围包括主债权及其利息、违约金、损害赔偿金和实现债权的费用。当事人另有约定的,按照其约定。

4. B。【解析】《中华人民共和国民法典》第五百四十一条规定,撤销权自债权人知道或者应当知道撤销事由之日起 1 年内行使。自债务人的行为发生之日起 5 年内没有行使撤销权的,该撤销权消灭。

第十九章 商事法律制度

考情直击

本章的主要内容是与公司、证券、基金、保险、信托、票据等相关的商事法律制度。分析近几年的考试情况，本章的常考点有公司的分类和组织机构、证券交易的规则、基金的分类、票据行为、票据权利的消灭等，在考试中约占4~6分。

考纲要求

商事法律制度

考试内容	能力等级
公司分类、公司设立、公司组织机构和公司终止的基本法律规则	熟悉
公司资本制度的主要内容（中级）	掌握
证券发行、证券交易、证券上市的基本法律规则	熟悉
基金分类、特点和银行代理基金业务的基本法律规则	熟悉
保险分类、保险合同、保险代理和保险经济的基本法律规则	熟悉
信托的特征、信托财产的性质、信托的变更与终止的基本法律规则	熟悉
信托的形式与效力、信托法律关系的主要内容（中级）	掌握
票据的特征和功能、票据行为、票据权利以及票据丧失补救的基本法律规则	熟悉
破产的法律效果和破产财产范围的基本法律规则（中级）	掌握
破产债权申报、破产程序、破产重整与和解的基本法律规则（中级）	掌握

知识解读

第一节　公司法律制度

一、公司的概念和种类 ★★

1. 公司的概念

公司是指股东依照《中华人民共和国公司法》的规定出资设立，**股东以其出资额或认购的股份对公司承担责任，公司以其全部资产对公司债务承担责任的企业法人**。

2. 公司的特征

(1) **以营利为目的的企业组织**。

(2) **具有独立法人地位**。

(3) **以股东投资为基础组成社团法人**。

(4) **依法定条件和程序成立的企业法人**。

3. 公司的种类

(1)以公司股东承担责任的范围和形式为标准，可以将公司分为无限公司、有限责任公司、股份有限公司和两合公司。

(2)以公司的股份是否公开发行及股份是否允许自由转让为标准，可以将公司分为封闭式公司和开放式公司。

(3)以公司信用基础为标准，可以将公司分为人合公司、资合公司和人合兼资合公司。

(4)以公司的外部控制或附属关系为标准，可以将公司分为母公司和子公司。

(5)以公司的内部管辖关系为标准，可以将公司分为总公司和分公司。

(6)以公司的国籍为标准，可以将公司分为本国公司、外国公司。

《中华人民共和国公司法》主要以股东承担责任的范围和形式、股东人数的多少将公司分为有限责任公司和股份有限公司两类。一人公司和国有独资公司是一类特殊的有限责任公司。

知识加油站

子公司是一个独立的主体，拥有法人资格，依法独立承担民事责任。分公司不具有企业法人资格，不具有独立的法律地位，其民事责任由总公司承担。

二、公司设立 ★★

公司设立是指公司发起人为促成公司成立并取得法人资格，依照法律规定的条件和程序所必须完成的一系列法律行为的总称。

根据《中华人民共和国公司法》的规定，**设立公司应在公司登记机关即工商行政管理机关进行设立登记**。工商行政管理机关对符合《中华人民共和国公司法》规定条件的，予以登记，发给公司营业执照。公司营业执照签发日期，即为公司成立日期。同时，也即为公司取得法人资格的日期。

三、公司资本制度（中级考试内容） ★★★

公司资本是股东为达到公司目的所实施的财产出资的总额。我国公司资本制度的特点是：

(1)资本法定。

(2)强调公司必须有相当的财产与其资本总额相维持。

(3)强调公司资本不得任意变更。公司增加或减少注册资本,须由公司股东会(或股东大会)作出决议,并由代表2/3以上表决权的股东通过,并须进行相应的变更登记。

四、公司的组织机构 ★★

组织机构	内容
股东大会	股东大会（或股东会）作为公司的权力机构，决定公司战略性的重大问题，选举和更换董事，选举和更换由股东代表出任的监事，决定公司组织变更、解散、清算，修改公司章程等。股东大会还有监督董事会和监事会的职责
董事会	董事会（不设董事会的公司为执行董事）是公司的经营决策机构，负责召集股东会，并向股东会报告工作；执行股东大会决议，负责公司日常经营决策；聘任或者解聘公司经理（总经理），制定公司基本管理制度。**董事会必须对股东会负责，接受股东会监督**。董事长由董事会选举产生。董事长主持股东会，召集并主持董事会，在诉讼事务和非诉讼事务上对外均代表公司
监事会	监事会（不设监事会的公司为监事）是公司的法定监督机构，负责检查公司财务，并对董事、经理行为的合法性及是否损害公司利益进行监督
公司经理	公司经理是由董事会聘任的、对公司日常经营管理负有总责的高级管理人员，**公司经理对董事会负责**,是公司的代理人,但不必然是公司的法定代表人

知识加油站

股东大会作出决议,必须经出席会议的股东所持表决权过半数通过。但是,股东大会作出修改公司章程、增加或减少注册资本的决议,以及公司合并、分立、解散或者变更公司形式的决议,必须经出席会议的股东所持表决权的三分之二以上通过。

教你一招

公司的组织机构:股东大会(最高权力机构),董事会(日常决策机构),监事会(监督机构)。

五、公司终止制度 ★★

公司因破产或解散而导致终止,丧失其企业法人资格。公司终止主要有两种情形:

(1)公司破产。根据《中华人民共和国公司法》的规定,不能清偿到期债务是公司破产的原因(或破产界限)。这里的不能是指持续的不能。

(2)公司解散。《中华人民共和国公司法》规定,公司有下列情形之一,可以解散:

①公司章程规定的营业期限届满或者公司章程规定的其他解散事由出现。

②股东会或股东大会决议解散。

③因公司合并或者分立需要解散。

④被依法吊销营业执照、责令关闭或者被撤销。

⑤人民法院按照本法第一百八十二条的规定予以解散。

《中华人民共和国公司法》第一百八十二条规定,公司经营管理发生严重困难,继续存续会使股东利益受到重大损失,通过其他途径不能解决的,**持有公司全部股东表决权10%以上的股东,可以请求人民法院解散公司**。

真题精练

【例1·判断题】公司的设立程序以订立公司章程开始,以设立登记结束。( )

A. 正确 B. 错误

A 公司的设立程序以订立公司章程开始,以设立登记结束。

第二节 证券、基金与保险法律制度

一、证券法 ★★

1. 证券法的原则

《中华人民共和国证券法》贯彻**公开、公平、公正原则**。此外,《中华人民共和国证券法》还规定了平等、自愿、有偿、诚实信用原则,分业经营、分业管理原则以及合法原则等。其中,三公原则是《中华人民共和国证券法》的最基本原则,而**公开原则是证券发行和交易制度的核心**。

2. 证券发行

证券发行分为公开发行和非公开发行。《中华人民共和国证券法》第九条第二款规定,有下列情形之一的,为公开发行:

(1)向不特定对象发行证券的。

(2)向特定对象发行证券累计超过200人的,但依法实施员工持股计划的员工人数不计算在内。

(3)法律、行政法规规定的其他发行行为。

非公开发行,也称私募发行,是指采用非公开的方式,向特定的对象发行的行为。

证券发行管理制度主要有审批制、核准制和注册制三种。**我国证券公开发行实行的是注册制**。

3. 证券承销

证券承销是指证券公司根据发行人的委托,为了发行人的利益向投资者销售、促成销售或者代为销售拟发行证券的行为。《中华人民共和国证券法》规定的证券承销业务有代销和包销两种。证券公司承销证券,应当同发行人签订代销或者包销协议。

要点点拨

证券的代销、包销期限最长不得超过90日。

4. 证券交易

要点	内容
证券交易方式	(1)证券在证券交易所上市交易，应当采用公开的集中交易方式或者国务院证券监督管理机构批准的其他方式。 (2)证券交易当事人买卖的证券可以采用纸面形式或者国务院证券监督管理机构规定的其他形式
证券交易的一般规则	(1)为证券发行出具审计报告或者法律意见书等文件的证券服务机构和人员，在该证券承销期内和期满后6个月内，不得买卖该证券。除前述规定外，为发行人及其控股股东、实际控制人，或者收购人、重大资产交易方出具审计报告或者法律意见书等文件的证券服务机构和人员，自接受委托之日起至上述文件公开后5日内，不得买卖该证券。实际开展上述有关工作之日早于接受委托之日的，**自实际开展上述有关工作之日起至上述文件公开后5日内，不得买卖该证券**。 (2)上市公司、股票在国务院批准的其他全国性证券交易场所交易的公司持有5%以上股份的股东、董事、监事、高级管理人员，将其持有的该公司的股票或者其他具有股权性质的证券在买入后6个月内卖出，或者在卖出后6个月内又买入，由此所得收益归该公司所有，公司董事会应当收回其所得收益。但是，证券公司因购入包销售后剩余股票而持有5%以上股份，以及有国务院证券监督管理机构规定的其他情形的除外
禁止的证券交易行为	(1)禁止证券交易内幕信息的知情人和非法获取内幕信息的人利用内幕信息从事证券交易活动。 (2)证券交易活动中，涉及发行人的经营、财务或者对该发行人证券的市场价格有重大影响的尚未公开的信息，为内幕信息。 (3)禁止证券交易场所、证券公司、证券登记结算机构、证券服务机构和其他金融机构的从业人员、有关监管部门或者行业协会的工作人员，利用因职务便利获取的内幕信息以外的其他未公开的信息，违反规定，从事与该信息相关的证券交易活动，或者明示、暗示他人从事相关交易活动。利用未公开信息进行交易给投资者造成损失的，应当依法承担赔偿责任。 (4)禁止任何人操纵证券市场，影响或者意图影响证券交易价格或者证券交易量。 (5)禁止任何单位和个人编造、传播虚假信息或者误导性信息，扰乱证券市场。禁止证券交易场所、证券公司、证券登记结算机构、证券服务机构及其从业人员，证券业协会、证券监督管理机构及其工作人员，在证券交易活动中作出虚假陈述或者信息误导

知识加油站

《中华人民共和国证券法》规定，证券交易内幕信息的知情人包括：(1)发行人及其董事、监事、高级管理人员。(2)持有公司百分之五以上股份的股东及其董事、监事、高级管理人员，公司的实际控制人及其董事、监事、高级管理人员。(3)发行人控股或者实际控制的公司及其董事、监事、高级管理人员。(4)由于所任公司职务或者因与公司业务往来可以获取公司有关内幕信息的人员。(5)上市公司收购人或者重大资产交易方及其控股股东、实际控制人、董事、监事和高级管理人员。(6)因职务、工作可以获取内幕信息的证券交易场所、证券公司、证券登记结算机构、证券服务机构的有关人员。(7)因职责、工作可以获取内幕信息的证券监督管理机构工作人员。(8)因法定职责对证券的发行、交易或者对上市公司及其收购、重大资产交易进行管理可以获取内幕信息的有关主管部门、监管机构的工作人员。(9)国务院证券监督管理机构规定的可以获取内幕信息的其他人员。

二、基金法 ★★

1. 基金的概念和分类

狭义的基金一般是指投资基金，它是一种**组合投资、专业管理、利益共享、风险共担**的集合投资方式，主要通过向投资者发行受益凭证（基金份额），将社会上的资金集中起来，交由专业的基金管理机构进行投资，实现基金资产的保值增值。

基金的分类包括：

(1)**按照资金募集方式的不同可以分为公募基金和私募基金**。

(2)**按照基金组织形式的不同可以分为契约型基金、公司型基金和合伙型基金等**。

(3)**按照基金运作方式的不同可以分为开放式基金和封闭式基金等**。

(4)按照基金投资对象的不同可以分为：

①证券投资基金，是指通过发售基金份额募集资金形成独立的基金财产，由基金管理人进行专业管理，以资产组合方式进行有价证券投资，基金份额持有人共享收益和承担风险的投资工具。证券投资基金既可以是公募基金，也可以是私募基金。

②私募股权基金，是指通过私募形式募集资金，对非上市企业进行的权益性投资的基金。

③风险投资基金，又叫创业基金，是指以一定的方式吸收机构和个人的资金，投向于那些不具备上市资格的中小企业和新兴企业，帮助所投资的企业尽快成熟，取得上市资格，从而使资本增值的基金。风险投资基金一般也采用私募方式。

④对冲基金，意为风险对冲过的基金，是指采用对冲、套期等复杂金融交易手段，充分利用金融期货、金融期权等金融衍生产品的杠杆效用，承担高风险、追求高收益的投资基金。对冲基金一般也采用私募方式。

⑤另类投资基金，是指投资于传统的股票、债券之外的金融和实物资产的基金，如房地产、证券化资产、对冲基金、大宗商品、黄金、艺术品等。另类投资基金一般也采用私募方式，种类非常广泛，外延也很不确定，有人将私募股权基金、风险投资基金、对冲基金也列入另类投资基金范围。

2. 证券投资基金的特点、类型和监管

要点	内容
特点	(1)集合理财，专业管理。 (2)组合投资，分散风险。 (3)利益共享，风险共担。 (4)严格监管，信息透明。 (5)独立托管，保障安全
类型	(1)**股票基金，80%以上的基金资产投资于股票**。 (2)**债券基金，80%以上的基金资产投资于债券**。 (3)**货币市场基金，仅投资于货币市场工具**。 (4)**基金中基金，80%以上的基金资产投资于其他基金份额**。 (5)混合基金，投资于股票、债券、货币市场工具或其他基金份额，并且股票投资、债券投资、基金投资的比例不符合上述规定
监管	(1)**中国证监会是我国基金市场的监管主体**，依法对基金市场主体及其活动实施监督管理。 (2)中国证券投资基金业协会作为行业自律性组织，对基金业实施行业自律管理。 (3)证券交易所负责组织和监督基金的上市交易，并对上市交易基金的信息披露进行监督

3. 私募股权基金的特点和监管

要点	内容
特点	(1)投资期限长。 (2)流动性较差。 (3)投后管理投入资源多。 (4)专业性较强。 (5)投资收益波动性较大
监管	(1)**中国证监会是我国私募股权基金的监管机构**。 (2)**基金业协会是我国私募股权基金行业的自律机构**，对私募股权基金开展行业自律，协调行业关系，提供行业服务，促进行业发展

4. 商业银行代理基金销售业务

商业银行从事基金销售业务的，应向住所地的中国证监会派出机构申请注册基金销售业务资格。

商业银行申请注册基金销售业务资格，除应具备《公开募集证券投资基金销售机构监督管理办法》对于基金销售机构所规定的基本条件外，还应具备以下特别条件：

(1)有负责基金销售业务的部门。

(2)财务风险监控等监管指标符合国家金融监督管理部门的规定。

(3)负责基金销售业务的部门取得基金从业资格的人员不低于该部门员工人数的1/2，

部门负责人取得基金从业资格，并具备从事基金业务2年以上或者在金融机构5年以上的工作经历；分支机构基金销售业务负责人取得基金从业资格。

(4)中国证监会规定的其他条件。

知识加油站

基金销售由基金管理人负责办理；基金管理人可以委托取得基金代销业务资格的其他机构代为办理，未取得基金代销业务资格的机构，不得接受基金管理人委托，代为办理基金的销售。

三、保险法 ★★

1. 保险的分类

(1)按照保险的实施方式，保险可以分为自愿保险和强制保险。

(2)按照保险对象的不同，保险可以分为财产保险和人身保险。

(3)按照保险实施范围的不同，保险可以分为社会保险和普通保险。

(4)按照保险承担的责任次序，保险可以分为原保险和再保险。

2. 保险合同

保险合同是投保人和保险人约定保险权利义务关系的协议。保险合同的内容是保险双方的权利义务关系。保险合同的主体分为当事人和关系人。签订保险合同的双方是保险合同的当事人，即保险人和投保人；与保险合同发生间接关系的是保险合同的关系人，包括被保险人和受益人。投保人提出保险要求，经保险人同意承保，保险合同成立。**依法成立的保险合同，自成立时生效**。

3. 保险代理人

保险代理人是根据保险人的委托，向保险人收取佣金，并在保险人授权的范围内代为办理保险业务的机构或者个人。保险代理机构包括专门从事保险代理业务的保险专业代理机构和兼营保险代理业务的保险兼业代理机构。**个人保险代理人在代为办理人寿保险业务时，不得同时接受两个以上保险人的委托**。

要点点拨

商业银行属于保险兼业代理机构。商业银行从事代理保险业务的销售人员，应当符合保险销售从业资格条件，取得《保险销售从业人员资格证书》。其中，投资连结保险销售人员还应至少有**1年以上**保险销售经验，接受过不少于**40小时**的专项培训，并无不良记录。

4. 保险经纪人

保险经纪人是基于投保人的利益，为投保人与保险人订立保险合同提供中介服务，并依法收取佣金的机构。

真题精练

【例2·单项选择题】货币市场基金是指(　　)投资于货币市场工具的基金。

A. 20%　　　　B. 60%

C. 80%　　　　D. 100%

D　货币市场基金为仅投资于货币市场工具的基金。

第三节　信托法律制度

一、信托的概念与特征 ★★

信托是指委托人基于对受托人的信任，将其财产权委托给受托人，由受托人按委托人的意愿以自己的名义，为受益人的利益或者特定目的，进行管理或者处分的行为。信托的基本特征包括：

(1)信托是以信任为基础，受托人应具有良好的信誉。

(2)信托成立的前提是委托人要将自有财产委托给受托人。

(3)信托财产具有独立性。

(4)受托人要为受益人的最大利益管理信托事务。

(5)信托不因委托人或者受托人的死亡、丧失民事行为能力、依法解散、被依法撤销或者被宣告破产而终止，也不因受托人的辞任而终止，具有一定的连续性和稳定性。

二、信托的设立（中级考试内容） ★★★

设立信托，应当采取书面形式。根据《中华人民共和国信托法》的规定，书面形式包括信托合同、遗嘱或者法律、行政法规规定的其他书面文件等。采取信托合同形式设立信托的，信托合同签订时，信托成立。采取其他书面形式设立信托的，受托人承诺信托时，信托成立。

三、信托法律关系的主体（中级考试内容） ★★★

1. 委托人

委托人是信托关系的创设者，应当是具有完全民事行为能力的自然人、法人或依法成立的其他组织。委托人提供信托财产，确定谁是受益人以及受益人享有的受益权。指定受托人、并有权监督受托人实施信托。委托人的权利主要有：知情权；管理方法变更权；撤销权；解任权。

2. 受托人

受托人承担着管理信托财产的责任，应当是具有完全民事行为能力的自然人或法人。受托人应当遵守信托文件的规定，为受益人的最大利益处理信托事务。受托人管理信托财产，必须恪尽职守，履行诚实、信用、谨慎、有效管理的义务。

3. 受益人

受益人是在信托中享有信托受益权的人。受益人可以是自然人、法人或者依法成立的其他组织。受益人没有行为能力限制。受益人有权获取信托所产生的收益。

四、信托法律关系的客体（中级考试内容） ★★★

信托法律关系的客体，即信托财产，是指受托人承诺信托而取得的财产。**信托财产必**

须是委托人自有的、可转让的合法财产。信托财产具有如下性质：

(1)信托财产与委托人未建立信托的其他财产相区别。

(2)信托财产与受托人固有财产相区别。

(3)受托人因管理、运用、处分该财产而取得的信托利益，也属于信托财产。

(4)除法律规定的情况外，对信托财产不得强制执行。

五、信托的变更与终止 ★★

设立信托后，有下列情形之一的，委托人可以变更受益人或者处分受益人的信托受益权：

(1)受益人对委托人有重大侵权行为。

(2)受益人对其他共同受益人有重大侵权行为。

(3)经受益人同意。

(4)信托文件规定的其他情形。

有上述第(1)项、第(3)项、第(4)项所列情形之一的，委托人可以解除信托。

有下列情形之一的，信托终止：信托文件规定的终止事由发生；信托的存续违反信托目的；信托目的已经实现或者不能实现；信托当事人协商同意；信托被撤销；信托被解除。

真题精练

【例3·多项选择题】信托终止的情形包括(　　)。

A. 信托文件规定的终止事由发生　　B. 信托目的不能实现

C. 信托当事人协商同意　　D. 信托被撤销

E. 信托被解除

ABCDE　有下列情形之一的，信托终止：(1)信托文件规定的终止事由发生。(2)信托的存续违反信托目的。(3)信托目的已经实现或者不能实现。(4)信托当事人协商同意。(5)信托被撤销。(6)信托被解除。

第四节　票据法律制度

一、票据的特点和功能 ★★

票据是指出票人依法签发，由自己无条件支付或委托他人无条件支付一定金额的有价证券。按照《中华人民共和国票据法》的规定，**票据包括汇票、本票和支票**。票据的特点包括：

(1)票据是完全有价证券。

(2)票据是要式证券。

(3)票据是一种无因证券。

(4)票据是流通证券。

(5)票据是文义证券。

(6)票据是设权证券。

(7)票据是债权证券。

票据的功能包括：

(1)汇兑作用。

(2)支付与结算作用。

(3)融资作用。

(4)替代货币作用。

(5)信用作用。

二、票据行为 ★★

(1)出票。出票是指出票人依照法定款式做成票据并交付于受款人的行为。它包括“做成”和“交付”两种行为。

(2)背书。背书是指持票人转让票据权利予他人。票据的特点在于其流通，票据转让的主要方法是背书，当然除此之外还有单纯交付。

(3)承兑。承兑是指汇票的付款人承诺负担票据债务的行为。承兑为汇票所独有。

(4)保证。保证是指除票据债务人以外的人为担保票据债务的履行、以承担同一内容的票据债务为目的的一种附属票据行为。票据保证的目的是担保其他票据债务的履行，适用于汇票和本票，不适用于支票。

知识加油站

背书不得附有条件。背书时附有条件的，所附条件不具有汇票上的效力。将汇票金额的一部分转让的背书或者将汇票金额分别转让给二人以上的背书无效。背书由背书人签章并记载背书日期。背书未记载日期的，视为在汇票到期日前背书。以背书转让的汇票，后手应当对其直接前手背书的真实性负责。

没有代理权而以代理人名义在票据上签章的，应当由签章人承担票据责任。

三、票据权利 ★★

要点	内容
概念	票据权利是持票人因合法拥有票据而向票据债务人请求支付票据金额的权利
种类	票据权利包括付款请求权和追索权。 (1)付款请求权是指持票人向票据主债务人请求支付票据金额的权利，票据主债务人包括汇票的付款人或承兑人、本票的付款人以及支票的付款人。 (2)追索权是指持票人被拒绝承兑或得不到付款时，向其他票据债务人请求支付票据金额的权利。付款请求权是第一顺序请求权，追索权是在付款请求权得不到实现后才能行使的权利，是第二顺序请求权
取得	从票据权利的取得方式看，分为原始取得和继受取得。从票据取得的主观状态看，分为善意取得和恶意取得
行使	票据权利的行使是指票据债权人请求票据债务人履行其票据债务行为。票据权利的行使，应当在票据债务人的营业场所和营业时间内进行

（续表）

要点	内容
保全	票据权利的保全是指票据债权人为防止其票据权利的丧失，依《中华人民共和国票据法》规定而采取的行为
消灭	票据权利在下列期限内不行使而消灭： (1)**持票人对票据的出票人和承兑人的权利，自票据到期日起2年，见票即付的汇票、本票，自出票日起2年**。 (2)持票人对支票出票人的权利，自出票日起6个月。 (3)持票人对前手的追索权，自被拒绝承兑或者被拒绝付款之日起6个月。 (4)持票人对前手的再追索权，自清偿日或者被提起诉讼之日起3个月

知识加油站

除了法律规定的税收、继承、赠与这三种情况之外，票据的取得必须支付对价和有真实的交易关系，否则即不能取得票据权利。

四、票据丧失的补救措施 ★★

(1)挂失止付。挂失止付是指持票人丢失票据后，依照《中华人民共和国票据法》规定的程序通知票据上记载的付款人停止支付的行为。

(2)公示催告。公示催告是指人民法院根据票据权利人的申请，以向社会公示的方法，将丧失的票据加以公示，催促不明利害关系的有关当事人在一定的期间向法院申报票据权利，如不在规定的期间内申报，就不能以有关的票据权利请求法律保护。公示催告应当向票据支付地的基层人民法院申请。

失票人应当在通知挂失止付后3日内，也可以在票据丧失后，依法向人民法院申请公示催告，或向人民法院提起诉讼。

法院受理公示催告后，应当立即通知支付人停止支付，并在通知后的3日内发出公告，催促利害关系人在60日内申报权利，公告期间，票据权利被冻结，不能承兑、不能付款、不能贴现、不能转让，有关当事人对票据的任何处分均没有法律效力。

(3)提起诉讼。票据丧失后，也可以提起民事诉讼，请求法院确认其票据权利。在起诉的同时，失票人可以向法院申请诉讼保全措施，由法院通知付款人或代理付款人暂停支付。

真题精练

【例4·判断题】票据是一种有因证券。(　　)

A. 正确　　　　B. 错误

B　票据是一种无因证券。

第五节 破产法律制度（中级考试内容）

一、破产法概述 ★★★

破产是指当债务人不能清偿到期债务时，法院对债务人的财产进行强制执行，以使全体债权人获得公平清偿的法律程序。《中华人民共和国企业破产法》在破产程序启动上采取申请主义原则。人民法院根据破产申请人的申请而启动破产程序。

要点点拨

破产案件由债务人住所地人民法院管辖。

二、破产申请人 ★★★

债务人

债务人可以向人民法院提出"重整、和解或者破产清算"的申请。

债权人

债权人可以向人民法院提出"重整或者破产清算"的申请。

清算人

企业法人已解散但未清算或者未清算完毕，资产不足以清偿债务的，依法负有清算责任的人应当向人民法院申请破产清算。

人民法院受理破产申请前，申请人可以请求撤回申请。

三、破产开始的法律效果 ★★★

(1)对债务人的约束。人民法院受理破产申请的裁定送达债务人之日起至破产程序终结之日，债务人的有关人员承担下列义务：

①妥善保管其占有和管理的财产、印章和账簿、文书等资料。

②根据人民法院、管理人的要求进行工作，并如实回答询问。

③列席债权人会议并如实回答债权人的询问。

④未经人民法院许可，不得离开住所地。

⑤不得新任其他企业的董事、监事、高级管理人员。

(2)禁止个别清偿。人民法院受理破产申请后，债务人对个别债权人的债务清偿无效。

(3)对债务人的债务人或者财产持有人的约束。人民法院受理破产申请后，债务人的债务人或者财产持有人应当向管理人清偿债务或者交付财产。债务人的债务人或者财产持有人故意违反前述规定向债务人清偿债务或者交付财产，使债权人受到损失的，不免除其清偿债务或者交付财产的义务。

(4)关于破产申请受理前成立而债务人和对方当事人均未履行完毕的合同的处理。人民法院受理破产申请后，应当同时指定管理人。管理人对破产申请受理前成立而债务人和对方当事人均未履行完毕的合同有权决定解除或者继续履行，并通知对方当事人。管理人自破产申请受理之日起两个月内未通知对方当事人，或者自收到对方当事人催告之日起30日内未答复的，视为解除合同。管理人决定继续履行合同的，对方当事人应当履行;但是,对方当事人有权要求管理人提供担保。管理人不提供担保的,视为解除合同。

(5)解除保全,中止执行。人民法院受理破产申请后,有关债务人财产的保全措施应当解除,执行程序应当中止。

(6)对其他民事程序的影响。人民法院受理破产申请后,已经开始而尚未终结的有关债务人的民事诉讼或者仲裁应当中止。在管理人接管债务人的财产后,该诉讼或者仲裁继续进行;有关债务人的民事诉讼,只能向受理破产申请的人民法院提起。

四、债务人财产 ★★★

1. 债务人财产的范围

债务人财产,即为破产申请受理时属于债务人的全部财产,以及破产申请受理后至破产程序终结前债务人取得的财产。

债务人财产范围包括:

(1)破产申请受理时属于债务人的全部财产。

(2)破产申请受理后至破产程序终结前债务人取得的财产。

(3)他人应对债务人的出资。

(4)债务人的董事、监事和高级管理人员利用职权从企业获取的非正常收入和侵占的企业财产,管理人应当追回。

(5)取回的质物、留置物。

(6)对不当行为行使追回权而取得的财产。

人民法院受理破产申请前一年内,涉及债务人财产的下列行为,管理人有权请求人民法院予以撤销:无偿转让财产的;以明显不合理的价格进行交易的;对没有财产担保的债务提供财产担保的;对未到期的债务提前清偿的;放弃债权的。

人民法院受理破产申请前6个月内,债务人有不能清偿到期债务,并且资产不足以清偿全部债务或者明显缺乏清偿能力的,仍对个别债权人进行清偿的,管理人有权请求人民法院予以撤销。但是,个别清偿使债务人财产受益的除外。

涉及债务人财产的下列行为无效:为逃避债务而隐匿、转移财产的;虚构债务或者承认不真实的债务的。

2. 债务人财产的除外

(1)取回权。人民法院受理破产申请后,债务人占有的不属于债务人的财产,该财产的权利人可以通过管理人取回。

(2)别除权。对破产人的特定财产享有担保权的权利人,对该特定财产享有优先受偿的权利。

(3)抵销权。债权人在破产申请受理前对债务人负有债务的,可以向管理人主张抵销。

五、破产债权及申报 ★★★

破产债权是指在人民法院受理破产申请时对债务人享有的债权。

人民法院受理破产申请后,应当确定债权人申报债权的期限。**债权申报期限自人民法院发布受理破产申请公告之日起计算,最短不得少于30日,最长不得超过3个月。**

六、重整与和解 ★★★

1. 重整

重整,经由利害关系人申请,在法院主持下由债务人与债权人达成协议,制订整顿计划,对债务人进行生产经营上的重整和债权债务关系上的清理,以期摆脱财务困境,重获经营能力的法律程序。债务人或者债权人可以依法直接向人民法院申请对债务人进行重整。债权人申请对债务人进行破产清算的，在人民法院受理破产申请后、宣告债务人破产前，债务人或者出资额占债务人注册资本1/10以上的出资人，可以向人民法院申请重整。

自人民法院裁定债务人重整之日起至重整程序终止，为重整期间。重整期间产生如下法律效果：

(1)在重整期间，经债务人申请，人民法院批准，债务人可以在管理人的监督下自行管理财产和营业事务。

(2)在重整期间，对债务人的特定财产享有的担保权暂停行使。

(3)债务人合法占有的他人财产，该财产的权利人在重整期间要求取回的，应当符合事先约定的条件。

(4)在重整期间，债务人的出资人不得请求投资收益分配。

(5)在重整期间，债务人的董事、监事、高级管理人员不得向第三人转让其持有的债务人的股权。但是，经人民法院同意的除外。

要点点拨

在重整期间，有下列情形之一的，经管理人或者利害关系人请求，人民法院应当裁定终止重整程序，并宣告债务人破产：

(1)债务人的经营状况和财产状况继续恶化，缺乏挽救的可能性。

(2)债务人有欺诈、恶意减少债务人财产或者其他显著不利于债权人的行为。

(3)由于债务人的行为致使管理人无法执行职务。

2. 和解

和解是指丧失偿债能力的债务人与其债权人之间就延期、分期清偿债务，或者免除债务达成协议，以中止破产程序，防止债务人破产的法律制度。和解的程序包括：

(1)申请和解。债务人可以依照《中华人民共和国企业破产法》规定，直接向人民法院申请和解；也可以在人民法院受理破产申请后、宣告债务人破产前，向人民法院申请和解。

(2)法院裁定和解。人民法院经审查认为和解申请符合法律规定的，应当裁定和解，予以公告，并召集债权人会议讨论和解协议草案。

(3)通过和解协议。**债权人会议通过和解协议的决议，由出席会议的有表决权的债权人过半数同意，并且其所代表的债权额占无财产担保债权总额的2/3以上**。债权人会议通过和解协议的，由人民法院裁定认可，终止和解程序，并予以公告。

(4)和解协议的效力。经人民法院裁定认可的和解协议，对债务人和全体和解债权人均有约束力。

(5)执行和解协议。债务人应当按照和解协议规定的条件清偿债务。

(6)和解协议的无效。因债务人的欺诈或者其他违法行为而成立的和解协议，人民法院应当裁定无效，并宣告债务人破产。

(7)不能执行或者不执行和解协议。债务人不能执行或者不执行和解协议的，人民法院经和解债权人请求，应当裁定终止和解协议的执行，并宣告债务人破产。

(8)执行完毕。按照和解协议减免的债务，自和解协议执行完毕时起，债务人不再承担清偿责任。

七、破产清算 ★★★

破产清算包括**破产宣告、破产财产的变价和分配、破产程序的终结**三个阶段。

1. 破产宣告

破产宣告是指人民法院经依法宣布债务人破产并予以公告的审判行为。

2. 破产财产的变价和分配

(1)破产财产变价。管理人应当按照债权人会议通过的或者人民法院裁定的破产财产变价方案,适时变价出售破产财产。变价出售破产财产应当通过拍卖进行,但是,债权人会议另有决议的除外。破产企业可以全部或者部分变价出售。企业变价出售时,可以将其中的无形资产和其他财产单独变价出售。

(2)破产财产分配。破产财产在优先清偿破产费用和共益债务后,依照下列顺序清偿:

①破产人所欠职工的工资和医疗、伤残补助、抚恤费用,所欠的应当划入职工个人账户的基本养老保险、基本医疗保险费用,以及法律、行政法规规定应当支付给职工的补偿金。

②破产人欠缴的除前项规定以外的社会保险费用和破产人所欠税款。

③普通破产债权。**破产财产不足以清偿同一顺序的清偿要求的,按照比例分配**。

破产财产的分配应当以货币分配方式进行。但是,债权人会议另有决议的除外。管理人应当及时拟订破产财产分配方案,提交债权人会议讨论。债权人会议通过破产财产分配方案后,由管理人将该方案提请人民法院裁定认可。破产财产分配方案经人民法院裁定认可后,由管理人执行。

3. 破产程序的终结

(1)破产人无财产可供分配的,管理人应当请求人民法院裁定终结破产程序。管理人在最后分配完结后,应当及时向人民法院提交破产财产分配报告,并提请人民法院裁定终结破产程序。

(2)**人民法院应当自收到管理人终结破产程序的请求之日起15日内作出是否终结破产程序的裁定**。裁定终结的,应当予以公告。管理人应当自破产程序终结之日起10日内,持人民法院终结破产程序的裁定,向破产人的原登记机关办理注销登记。

(3)破产人的保证人和其他连带债务人,在破产程序终结后,对债权人依照破产清算程序未受清偿的债权,依法继续承担清偿责任。

↓码上看总结↓

章节自测

一、单项选择题(在以下各小题所给出的四个选项中,只有一个选项符合题目要求,请将正确选项的代码填入括号内)

1. 以公司信用基础为标准将公司划分的种类不包括(　　)。

A. 封闭式公司　　B. 人合公司

C. 资合公司　　D. 人合兼资合公司

2. 公司增加或减少注册资本,须由公司股东会(或股东大会)作出决议,并由代表(　　)以上表决权的股东通过。

A. 1/3　　B. 1/2

C. 2/3　　D. 3/5

3. 证券发行和交易制度的核心是(　　)。

A. 公正原则　　B. 公开原则

C. 公平原则　　D. 诚实信用原则

4. 目前成熟股票市场普遍采用的发行制度是(　　)。

A. 核准制　　B. 登记制

C. 注册制　　D. 审批制

5. 证券的代销、包销期限最长不得超过(　　)日。

A. 30　　B. 60

C. 90　　D. 120

6. 商业银行申请注册基金销售业务资格,应当具备的条件不包括(　　)。

A. 有负责基金销售业务的部门

B. 最近 2 年内没有受到重大行政处罚或者刑事处罚

C. 具备健全高效的业务管理和风险管理制度

D. 负责基金销售业务的部门取得基金从业资格的人员不低于该部门员工人数的 1/2

二、多项选择题(在以下各小题所给出的选项中,至少有两个选项符合题目要求,请将正确选项的代码填入括号内)

1. 我国公司资本制度的特点包括(　　)。

A. 具有追及力

B. 资本法定

C. 强调公司必须有相当的财产与其资本总额相维持

D. 强调公司资本可以任意变更

E. 强调公司资本不得任意变更

2. 证券发行管理制度主要有(　　)。

A. 登记制　　B. 审批制

C. 保密制　　D. 核准制

E. 注册制

3. 下列属于私募股权基金特点的有(　　)。

A. 投资期限长　　B. 流动性较好

C. 专业性较强　　D. 投后管理投入资源多

E. 投资收益波动性较大

三、判断题(请判断以下各小题的正误,正确的选 A,错误的选 B)

1. 监事会负责检查公司财务,并对董事、经理行为的合法性及是否损害公司利益进行监督。(　　)

A. 正确　　B. 错误

2. 设立信托必须要有确定的信托财产,委托人没有用于信托的合法财产,信托关系就无从确定。(　　)

A. 正确　　B. 错误

答案详解

一、单项选择题

1. A。【解析】以公司信用基础为标准,可以将公司分为人合公司、资合公司和人合兼资合公司。

2. C。【解析】公司增加或减少注册资本,须由公司股东会(或股东大会)作出决议,并由代表 2/3 以上表决权的股东通过,并须进行相应的变更登记。

3. B。【解析】公开原则是证券发行和交易制度的核心。

4. C。【解析】在市场逐渐发育成熟的过程中,股票发行制度也应该逐渐地改变,以适应市场发展需求,其中审批制是完全计划发行的模式,核准制是从审批制向注册制过渡的中间形式,注册制则是目前成熟股票市场普遍采用的发行制度。

5. C。【解析】证券的代销、包销期限最长不得超过90日。

6. B。【解析】B项正确的说法应为:最近3年内没有受到重大行政处罚或者刑事处罚。

二、多项选择题

1. BCE。【解析】我国公司资本制度的特点包括:(1)资本法定。(2)强调公司必须有相当的财产与其资本总额相维持。(3)强调公司资本不得任意变更。

2. BDE。【解析】证券发行管理制度主要有三种,即审批制、核准制和注册制。

3. ACDE。【解析】私募股权基金的特点包括:(1)投资期限长。(2)流动性较差。(3)投后管理投入资源多。(4)专业性较强。(5)投资收益波动性较大。

三、判断题

1. A。【解析】监事会是公司的法定监督机构,负责检查公司财务,并对董事、经理行为的合法性及是否损害公司利益进行监督。

2. A。【解析】设立信托必须有确定的信托财产,委托人没有用于信托的合法财产,信托关系就无从确定。而委托代理则不一定以存在财产为前提,没有确定的财产,委托代理关系也可以成立。

第二十章 刑事法律制度

考情直击

本章的主要内容是刑法基本理论、金融犯罪及刑事责任、刑事诉讼等。分析近几年的考试情况，本章主要围绕各项金融犯罪的构成要件及其刑事责任进行考查，考生在学习的时候要着重学习相关内容。本章知识点在考试中约占2～3分。

考纲要求

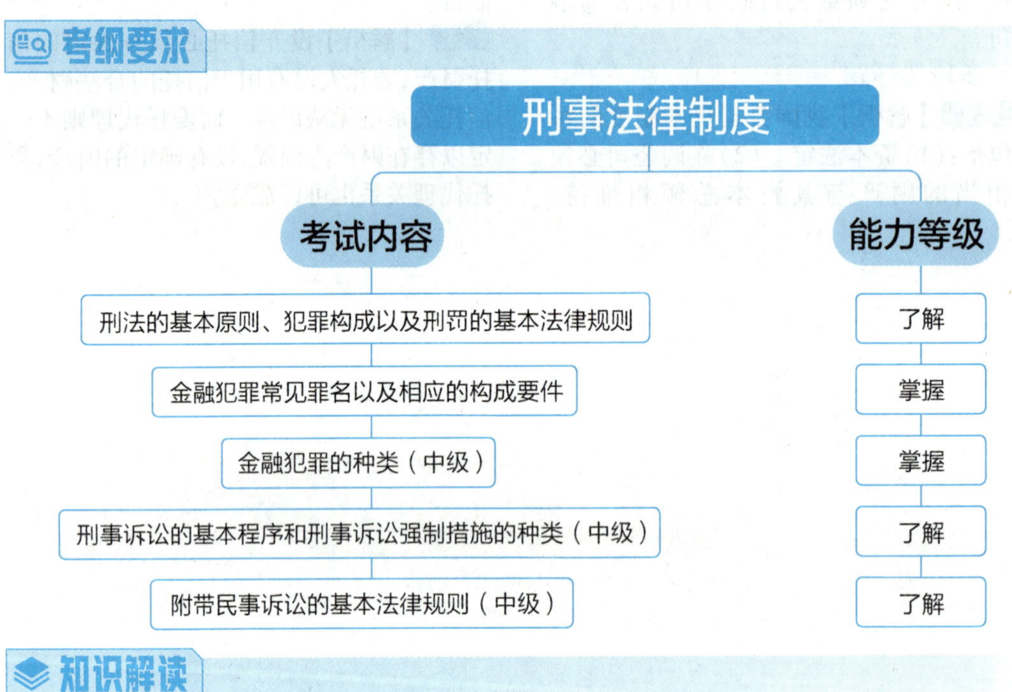

知识解读

第一节　刑法基本理论

一、刑法的基本原则 ★

刑法是规定犯罪、刑事责任和刑罚的法律，是掌握政权的统治阶级为了维护本阶级政治上的统治和经济上的利益，根据自己的意志，规定哪些行为是犯罪并应当负何种刑事责任，给予犯罪人何种刑事处罚的法律规范的总称。刑法的基本原则包括：

(1)罪刑法定原则。罪刑法定是指什么行为构成犯罪、构成什么罪及处何种刑罚，均须由法律明文规定。

(2)刑法面前人人平等原则。刑法面前人人平等原则，是指任何人犯罪，不论犯罪的人的家庭出身、社会地位、职业性质、财产状况、政治面貌、才能业绩如何，都应平等地适用刑法追究刑事责任,不允许任何人有凌驾于法律之上的特权。

(3)罪责刑相适应原则。罪责刑相适应原则是指在立法与司法实践中,行为人的所犯罪行与应当承担的刑事责任和接受的刑事处罚应当统一的原则。

真题精练

【例1·单项选择题】(　　)是指法无明文规定不为罪、法无明文规定不处罚。

A. 罪刑法定原则　　B. 刑法面前人人平等原则

C. 罪责刑相适应原则　　D. 依法原则

A　罪刑法定原则是指法无明文规定不为罪、法无明文规定不处罚。

二、犯罪 ★

要点	内容
特征	犯罪具有社会危害性和刑事违法性两个特征。社会危害性是犯罪的基本特征,刑事违法性是犯罪的法律特征
犯罪构成	(1)犯罪主体。犯罪主体是指实施危害社会的行为,依法应当负刑事责任的自然人或单位。只有达到一定年龄并具有责任能力的自然人,才能成为犯罪主体,责任年龄和责任能力是构成犯罪主体的必要条件。《中华人民共和国刑法》第十七条有关刑事责任年龄的规定: ①已满16周岁的人犯罪,应当负刑事责任(完全刑事责任)。 ②已满14周岁不满16周岁的人,犯故意杀人、故意伤害致人重伤或者死亡、强奸、抢劫、贩卖毒品、放火、爆炸、投放危险物质罪的,应当负刑事责任(相对刑事责任)。 ③已满12周岁不满14周岁的人,犯故意杀人、故意伤害罪,致人死亡或者以特别残忍手段致人重伤造成严重残疾,情节恶劣,经最高人民检察院核准追诉的,应当负刑事责任。 ④已满75周岁的人故意犯罪的,可以从轻或减轻处罚,过失犯罪的,应当从轻或减轻处罚。 (2)犯罪主观方面。犯罪主观方面是指犯罪主体对自己危害行为及其危害结果所持的心理态度。行为人的罪过(包括故意和过失)是一切犯罪构成都必须具备的主观方面要件,有些犯罪的构成还要求行为人主观上具有特定的犯罪目的。 (3)犯罪客体。犯罪客体是指刑法所保护而为犯罪所侵犯的社会主义社会关系。 (4)犯罪客观方面。犯罪客观方面是指犯罪活动的客观外在表现,包括危害行为、危害结果。某些特定犯罪的构成还要求行为人的行为发生在特定的时间、地点或者损害特定的对象等

（续表）

要点	内容
犯罪预备	为了犯罪，准备工具、制造条件的，是犯罪预备。对于预备犯，可以比照既遂犯从轻、减轻处罚或者免除处罚
犯罪未遂	已经着手实行犯罪，由于犯罪分子意志以外的原因而未得逞的，是犯罪未遂。对于未遂犯，可以比照既遂犯从轻或者减轻处罚
犯罪中止	在犯罪过程中，自动放弃犯罪或者自动有效地防止犯罪结果发生的，是犯罪中止。对于中止犯，没有造成损害的，应当免除处罚；造成损害的，应当减轻处罚
共同犯罪	共同犯罪是指二人以上共同故意犯罪。共同犯罪分为一般共犯和特殊共犯即犯罪集团两种。一般共犯是指二人以上共同故意犯罪，而三人以上为共同实施犯罪而组成的较为固定的犯罪组织，是犯罪集团。组织、领导犯罪集团进行犯罪活动的，或者在共同犯罪中起主要作用的，是主犯。共同犯罪的成立条件是：**必须二人以上；必须有共同犯罪故意；必须有共同犯罪行为**
单位犯罪	公司、企业、事业单位、机关、团体实施的危害社会的行为，法律规定为单位犯罪的，应当负刑事责任。根据这一规定，公司、企业、事业单位、机关、团体实施危害社会的行为，法律规定为单位犯罪的，是单位犯罪。 关于单位犯罪的处罚，在刑法理论上存在单罚制与双罚制之分。单罚制，又称为代罚制或者转嫁制，指在单位犯罪中只处罚单位中的个人或者只处罚单位本身。双罚制，又称为两罚制，指在单位犯罪中，既处罚单位又处罚单位中的个人

教你一招

犯罪预备（未实施）、犯罪未遂（已实施、意志以外的原因未得逞的）、犯罪中止（已实施、出于自身意志中止的）。

真题精练

【例2·单项选择题】犯罪的基本特征是（　　）。

A. 人身危害性　　B. 财产危害性
C. 社会危害性　　D. 刑事违法性

C　犯罪具有社会危害性和刑事违法性两个特征。社会危害性是犯罪的基本特征，刑事违法性是犯罪的法律特征。

三、刑罚 ★

刑罚分为主刑和附加刑。

（1）主刑的种类如下：

①管制，是指对犯罪分子不实行关押，交由公安机关管束和人民群众监督，限制其一

定自由的刑罚方法。管制适用的对象主要是罪行较轻、不需关押的犯罪分子。

②拘役，是指短期剥夺犯罪分子人身自由，就近强制实行劳动改造的刑罚方法。

③有期徒刑，是指在一定期限内剥夺犯罪分子的人身自由，实行强制劳动改造的一种刑罚方法。

④无期徒刑，是指终身剥夺犯罪分子的人身自由，实行强制劳动改造的一种刑罚方法。

⑤死刑，是指剥夺犯罪分子生命的一种刑罚方法。

(2)附加刑的种类如下：

①罚金，是指强制犯罪分子向国家缴纳一定数额金钱的刑罚方法。

②剥夺政治权利，是指剥夺犯罪分子参加国家管理政治活动权利的刑罚方法。

③没收财产，是指犯罪分子个人所有财产的一部分或者全部。

附加刑也可以独立适用。对于犯罪的外国人，可以独立适用或附加适用驱逐出境。

第二节　金融犯罪及刑事责任

一、金融犯罪概述 ★★★

1. 概念

金融犯罪是指行为人违反国家金融管理法规，破坏国家金融管理秩序，使公私财产权利遭受严重损失，根据《中华人民共和国刑法》规定应受惩罚的行为。

2. 分类

(1)根据金融犯罪的行为方式的不同，金融犯罪可分为诈骗型金融犯罪、伪造型金融犯罪、利用便利型金融犯罪和规避型金融犯罪。

(2)根据金融犯罪侵犯的客体不同，金融犯罪可分为危害货币管理制度的犯罪、危害金融机构管理制度的犯罪、危害金融业务管理制度的犯罪。

(3)根据金融犯罪实施主体的不同，金融犯罪可分为针对银行的犯罪和银行人员职务犯罪。针对银行的犯罪又称为外部犯罪，主要包括破坏金融管理秩序罪、金融诈骗罪等。银行人员职务犯罪又称为内部犯罪，包括贪污、受贿、挪用公款、签订合同失职罪等。

3. 金融犯罪的构成

犯罪客体

金融犯罪侵犯的客体是金融管理秩序。

犯罪客观方面

金融犯罪的客观方面表现为违反金融管理法规，非法从事货币资金融通活动，危害国家金融管理秩序，情节严重的行为。

犯罪主体

金融犯罪的主体可以是自然人，也可以是单位。

犯罪主观方面

金融犯罪是一种图利犯罪，其主观方面只能是故意，有的还要求具有非法占有目的。

金融犯罪的对象，可以是人，也可以是各种金融工具。就作为金融犯罪对象的人而言，不仅包括自然人，也包括遭受金融诈骗的单位、非法吸收公众存款所涉及的“公众”等。就作为金融犯罪对象的金融工具而言，具体包括货币、各种金融票证（如汇票、本票、支票等）、有价证券、信用证、信用卡等。

自然人作为金融犯罪主体，有的是一般主体，有的是特殊主体。单位作为金融犯罪的主体，也有一般主体和特殊主体两种，特殊主体为银行或者其他金融机构。

真题精练

【例 3 · 单项选择题】金融犯罪侵犯的客体是（　　）。

A. 自然人　　B. 法人

C. 金融管理秩序　　D. 单位

C　金融犯罪侵犯的客体是金融管理秩序。

二、破坏金融管理秩序罪 ★★★

破坏金融管理秩序罪是指违反国家对金融市场监督、管理的法律法规，从事危害国家对货币管理、金融机构组织管理、银行管理的活动，破坏金融市场秩序，金额较大或情节严重的行为。

1. 伪造货币的刑事责任

伪造货币的，处 3 年以上 10 年以下有期徒刑，并处罚金；有下列情形之一的，处 10 年以上有期徒刑或者无期徒刑，并处罚金或者没收财产：伪造货币集团的首要分子；伪造货币数额特别巨大的；有其他特别严重情节的。

2. 危害货币管理罪

（1）金融机构工作人员购买假币、以假币换取货币罪。金融机构工作人员购买假币、以假币换取货币罪是指银行或者其他金融机构的工作人员购买伪造的货币，或者利用职务上的便利，以伪造的货币换取货币的行为。

①本罪侵犯的客体均为国家的货币管理制度。

②本罪客观方面表现为两种情况：一是购买假币；二是利用职务上的便利，以假币换取货币，即利用职务上管理金库、出纳现金、吸收付出存款等便利条件，将假币调换成真币。

③**本罪主体是特殊主体，为年满 16 周岁，具有辨认控制能力的银行或者其他金融机构的工作人员**。

④本罪主观方面是故意，即明知是假币而购买，或者明知是假币而将其调换为真币。

《中华人民共和国刑法》第一百七十一条第二款规定，犯本罪的，处 3 年以上 10 年以下有期徒刑，并处 2 万元以上 20 万元以下罚金；数额巨大或者有其他严重情节的，处 10 年以上有期徒刑或者无期徒刑，并处 2 万元以上 20 万元以下罚金或者没收财产；情节较轻的，处 3 年以下有期徒刑或者拘役，并处或者单处 1 万元以上 10 万元以下罚金。

（2）持有、使用假币罪。持有、使用假币罪是指违反货币管理法规，明知是伪造的货币而持有、使用，数额较大的行为。

①本罪侵犯的客体均为国家的货币管理制度。

②本罪客观方面表现为持有、使用伪造的货币，数额较大的行为。

③本罪主体是一般主体，为年满 16 周岁，具有辨认控制能力的自然人。

④本罪主观方面是故意,即明知是假币而持有和使用,而且持有假币罪不以使用目的为必要。

《中华人民共和国刑法》第一百七十二条规定,犯本罪的,数额较大的,处3年以下有期徒刑或者拘役,并处或者单处1万元以上10万元以下罚金;数额巨大的,处3年以上10年以下有期徒刑,并处2万元以上20万元以下罚金;数额特别巨大的,处10年以上有期徒刑,并处5万元以上50万元以下罚金或者没收财产。

3. 破坏银行和其他金融机构管理类犯罪

(1)**非法吸收公众存款罪**。非法吸收公众存款罪是指非法吸收公众存款或者变相吸收公众存款,扰乱金融秩序的行为。

①本罪侵犯的客体是国家的银行管理制度。

②本罪客观方面主要表现为非法吸收和变相吸收公众存款,扰乱金融秩序的行为。

③本罪主体是一般主体,包括自然人和单位。

④本罪主观方面是故意,并且不具有非法占有不特定对象资金的目的,否则可能构成集资诈骗罪。

《中华人民共和国刑法》第一百七十六条规定,犯本罪的,扰乱金融秩序的,处3年以下有期徒刑或者拘役,并处或者单处罚金;数额巨大或者有其他严重情节的,处3年以上10年以下有期徒刑,并处罚金;数额特别巨大或者有其他特别严重情节的,处10年以上有期徒刑,并处罚金。单位犯前款罪的,对单位判处罚金,并对其直接负责的主管人员和其他直接责任人员,依照前款的规定处罚。

(2)**高利转贷罪**。高利转贷罪是以转贷牟利为目的,套取金融机构信贷资金高利转贷他人,违法所得数额较大的行为。

①本罪侵犯的客体是国家对贷款的管理制度。**行为对象是金融机构的信贷资金**。

②本罪客观方面表现为套取金融机构信贷资金,并将该资金高利转贷他人,违法所得数额较大的行为。

③**本罪主体是一般主体,包括自然人和单位**。具有贷款业务经营权的金融机构除外。

④本罪主观方面是故意。行为人在套取信贷资金时还必须具有转贷牟利的目的。

《中华人民共和国刑法》第一百七十五条规定,犯本罪的,数额较大的,处3年以下有期徒刑或者拘役,并处违法所得1倍以上5倍以下罚金;数额巨大的,处3年以上7年以下有期徒刑,并处违法所得1倍以上5倍以下罚金。单位犯本罪的,对单位判处罚金,并对其直接负责的主管人员和其他直接责任人员,处3年以下有期徒刑或者拘役。

(3)**违法发放贷款罪**。违法发放贷款罪是指银行或者其他金融机构的工作人员,违反国家规定发放贷款,造成重大损失的行为。

①本罪侵犯的客体是国家对贷款的管理制度。

②本罪客观方面表现为违反国家规定发放贷款的行为。

③本罪主体是特殊主体,即银行或者其他金融机构及其工作人员。

④本罪主观方面是故意,并且违法向关系人发放贷款罪中还要求明知是关系人而违法向其发放贷款。

(4)**吸收客户资金不入账罪**。吸收客户资金不入账罪是指银行或者其他金融机构的工作人员,吸收客户资金不入账,数额巨大或者造成重大损失的行为。

①本罪侵犯的客体是国家对存款的管理制度。

②本罪客观方面表现为吸收客户资金不入账的方式,数额巨大或者造成重大损失的行为。

③本罪主体是特殊主体，为银行或者其他金融机构及其工作人员。

④本罪主观方面是故意，并且根据《中华人民共和国刑法修正案（六）》，不以非法牟利目的为必要。

《中华人民共和国刑法》第一百八十七条规定，犯本罪的，数额巨大或者造成重大损失的，处5年以下有期徒刑或者拘役，并处2万元以上20万元以下罚金；数额特别巨大或者造成特别重大损失的，处5年以上有期徒刑，并处5万元以上50万元以下罚金。单位犯前述罪的，对单位判处罚金，并对其直接负责的主管人员和其他直接责任人员，依照前述的规定处罚。

（5）**伪造、变造金融票证罪**。伪造、变造金融票证罪是指伪造、变造汇票、本票、支票，伪造、变造委托收款凭证、汇款凭证、银行存单等其他银行结算凭证，伪造、变造信用证或者附随的单据、文件或者伪造信用卡的行为。

①本罪侵犯的客体是国家对金融票证的管理制度。

②本罪客观方面表现为伪造、变造金融票证的行为。

③本罪主体是一般主体，包括自然人和单位。

④本罪主观方面是故意，即明知伪造、变造金融票证的行为会发生破坏金融秩序的结果，并且希望或者放任这种结果的发生。

（6）**违规出具金融票证罪**。违规出具金融票证罪是指银行或者其他金融机构的工作人员违反规定，为他人出具信用证或者其他保函、票据、存单、资信证明，情节严重的行为。

①本罪侵犯的客体是国家对金融票证的管理制度。

②本罪客观方面表现为，违反规定，为他人出具信用证或者其他保函、票据、存单、资信证明，情节严重的行为。

③**本罪主体是特殊主体，为银行或者其他金融机构及其工作人员**。

④本罪主观方面是故意，即明知违反规定而出具金融票据的行为。

《中华人民共和国刑法》第一百八十八条规定，犯本罪的，情节严重的，处5年以下有期徒刑或者拘役；情节特别严重的，处5年以上有期徒刑。单位犯前述罪的，对单位判处罚金，并对其直接负责的主管人员和其他直接责任人员，按照前述规定处罚。

（7）**对违法票据承兑、付款、保证罪**。对违法票据承兑、付款、保证罪是指银行或其他金融机构的工作人员在票据业务中，对违反《中华人民共和国票据法》规定的票据予以承兑、付款或者保证，造成重大损失的行为。

①本罪侵犯的客体是国家对票据的管理制度。

②本罪客观方面表现为在票据业务中，对违反《中华人民共和国票据法》规定的票据予以承兑、付款或保证，造成重大损失的行为。

③本罪主体是特殊主体，为银行或其他金融机构及其工作人员。

④本罪主观方面一般是故意，也可能是过失。对造成重大损失，行为人不需要明确认识到。

《中华人民共和国刑法》第一百八十九条规定，犯本罪的，造成重大损失的，处5年以下有期徒刑或者拘役；造成特别重大损失的，处5年以上有期徒刑。单位犯前述罪的，对单位判处罚金，并对其直接负责的主管人员和其他直接责任人员，按照前述规定处罚。

（8）**骗取贷款、票据承兑、金融票证罪**。骗取贷款、票据承兑、金融票证罪是指以欺骗手段取得银行或者其他金融机构贷款、票据承兑、信用证、保函等，给银行或者其他金融机构造成重大损失或者有其他严重情节的行为。

①本罪客观方面表现为以欺骗手段取得银行或者其他金融机构贷款、票据承兑、信用证、保函等。

②本罪的犯罪主体是一般主体，自然人和单位都可成为犯罪主体。

(9)**背信运用受托财产罪**。背信运用受托财产罪是指银行或者其他金融机构违背受托义务，擅自运用客户资金或者其他委托、信托的财产，情节严重的行为。

①本罪客观上表现为行为主体实施了“违背受托义务，擅自运用客户资金或者其他委托、信托的财产”的行为。

②**本罪的犯罪主体为特殊主体，即为“商业银行、证券交易所、期货交易所、证券公司、期货经纪公司、保险公司或者其他金融机构”，个人不能构成本罪的主体**。

(10)**洗钱罪**。洗钱罪是指明知是毒品犯罪、黑社会性质的组织犯罪、恐怖活动犯罪、走私犯罪、贪污贿赂犯罪、破坏金融管理秩序犯罪、金融诈骗犯罪的所得及其产生的收益，为掩饰、隐瞒其性质和来源而提供资金账户，协助将财产转换为现金、金融票据、有价证券，通过转账或者其他结算方式协助资金转移，协助将资金汇往境外，或者以其他方式掩饰、隐瞒犯罪所得及其收益的来源和性质的行为。

①本罪在客观方面，**《中华人民共和国刑法》中的洗钱罪明确规定其对象是毒品犯罪、黑社会性质的组织犯罪、恐怖活动犯罪、走私犯罪、贪污贿赂犯罪、破坏金融管理秩序犯罪、金融诈骗犯罪的所得，除这几种违法所得之外，其他犯罪所得都不能成为洗钱罪的对象，也就不能构成洗钱罪**。

②在主观方面，**洗钱罪是一种故意犯罪**。

教你一招

破坏银行和其他金融机构管理类犯罪的10种常见罪名中，非法吸收公众存款罪，高利转贷罪，伪造、变造金融票证罪，骗取贷款、票据承兑、金融票证罪，洗钱罪的犯罪主体是一般主体；违法发放贷款罪，吸收客户资金不入账罪，违规出具金融票证罪，对违法票据承兑、付款、保证罪，背信运用受托财产罪的犯罪主体是特殊主体。除对违法票据承兑、付款、保证罪的主观方面可能是过失外，其余罪名的主观方面均为故意。

三、金融诈骗罪 ★★★

1. 集资诈骗罪

集资诈骗罪是指以非法占有为目的，采用虚构事实、隐瞒真相的方法，非法向社会公开募集资金，数额较大的行为。

(1)本罪的客体是社会公众的财产与国家的金融秩序。

(2)本罪客观方面表现为非法集资的行为。

(3)本罪主体为一般主体，包括自然人和单位。

(4)本罪主观方面是故意，且要求是以非法占有为目的。

《中华人民共和国刑法》第一百九十二条规定，犯本罪的，数额较大的，处3年以上7年以下有期徒刑，并处罚金；数额巨大或者有其他严重情节的，处7年以上有期徒刑或者无期徒刑，并处罚金或者没收财产。单位犯前款罪的，对单位判处罚金，并对其直接负责的主管人员和其他直接责任人员，依照前款的规定处罚。

2. 贷款诈骗罪

贷款诈骗罪是指以非法占有为目的，采用虚构事实、隐瞒真相的方法，诈骗银行或者其他金融机构的贷款，数额较大的行为。

(1)本罪侵犯的客体是贷款。

(2)本罪客观方面表现为：编造引进资金、项目等虚假理由；使用虚假的经济合同；使用虚假的证明文件；使用虚假的产权证明作担保或超出抵押物价值重复担保；以其他方法诈骗贷款。

（3）本罪主体是一般主体，单位不能构成本罪。

（4）**本罪主观方面是故意，并且必须具有非法占有目的。**

《中华人民共和国刑法》第一百九十三条规定，犯贷款诈骗罪的，有下列情形之一，数额较大的，处5年以下有期徒刑或者拘役，并处2万元以上20万元以下罚金；数额巨大或者有其他严重情节的，处5年以上10年以下有期徒刑，并处5万元以上50万元以下罚金；数额特别巨大或者有其他特别严重情节的，处10年以上有期徒刑或者无期徒刑，并处5万元以上50万元以下罚金或者没收财产：编造引进资金、项目等虚假理由的；使用虚假的经济合同的；使用虚假的证明文件的；使用虚假的产权证明作担保或者超出抵押物价值重复担保的；以其他方法诈骗贷款的。

3. 信用证诈骗罪

信用证诈骗罪是指使用伪造、变造的信用证或者附随的单据、文件，或者使用作废的信用证，或者骗取信用证以及以其他方法进行信用证诈骗活动的行为。

（1）**本罪侵犯的客体既包括了信用证项下关系任何一方当事人的财产，也包括了国家的金融管理制度。**

（2）本罪客观方面表现为行为人实施了利用信用证进行诈骗的行为：使用伪造、变造的信用证或者附随的单据、文件；使用作废的信用证；骗取信用证的；其他方法。

（3）本罪主体是一般主体，包括自然人和单位。

（4）本罪主观方面是故意，并且要求具有非法占有的目的。

《中华人民共和国刑法》第一百九十五条规定，有下列情形之一，进行信用证诈骗活动的，处5年以下有期徒刑或者拘役，并处2万元以上20万元以下罚金；数额巨大或者有其他严重情节的，处5年以上10年以下有期徒刑，并处5万元以上50万元以下罚金；数额特别巨大或者有其他特别严重情节的，处10年以上有期徒刑或者无期徒刑，并处5万元以上50万元以下罚金或者没收财产：使用伪造、变造的信用证或者附随的单据、文件的；使用作废的信用证的；骗取信用证的；以其他方法进行信用证诈骗活动的。

4. 信用卡诈骗罪

信用卡诈骗罪是指使用伪造的信用卡，或者使用以虚假的身份证明骗领的信用卡，或者使用作废的信用卡，或者冒用他人的信用卡，或者利用信用卡恶意透支进行诈骗活动，数额较大的行为。

（1）本罪所侵害的客体是复杂客体，既侵犯了国家有关的信用卡管理制度，同时侵犯了银行以及信用卡的有关关系人的公私财产。

（2）本罪客观上表现为使用伪造、变造的信用卡，或者冒用他人信用卡，或者利用信用卡恶意透支，诈骗公私财物，数额较大的行为。

（3）本罪主体是一般主体，仅为自然人，单位不构成本罪。

（4）本罪主观方面是故意，并且必须具有非法占有目的。

《中华人民共和国刑法》第一百九十六条规定，有下列情形之一，进行信用卡诈骗活动，数额较大的，处5年以下有期徒刑或者拘役，并处2万元以上20万元以下罚金；数额巨大或者有其他严重情节的，处5年以上10年以下有期徒刑，并处5万元以上50万元以下罚金；数额特别巨大或者有其他特别严重情节的，处10年以上有期徒刑或者无期徒刑，并处5万元以上50万元以下罚金或者没收财产：使用伪造的信用卡，或者使用以虚假的身份证明骗领信用卡的;使用作废的信用卡的;冒用他人信用卡的;恶意透支的。盗窃信用卡并使用的,依照本法第二百六十四条的规定定罪处罚。

5. 票据诈骗罪、金融凭证诈骗罪

(1)票据诈骗罪。票据诈骗罪是指以非法占有为目的,采用虚构事实、隐瞒真相的方法,利用金融票据进行诈骗活动,数额较大的行为。

①票据诈骗罪侵犯的客体是指狭义的金融票据,即仅指汇票、本票和支票。

②本罪客观方面表现为:明知是伪造、变造的汇票、本票、支票而使用;明知是作废的汇票、本票、支票而使用;冒用他人的汇票、本票、支票;签发空头支票或者与其预留印鉴不符的支票,骗取财物;汇票、本票的出票人签发无资金保证的汇票、本票或者在出票时作虚假记载,骗取财物。

③本罪主体是一般主体,包括自然人和单位。

④本罪主观方面是故意,并且必须具有非法占有目的。

(2)金融凭证诈骗罪。金融凭证诈骗罪是指以非法占有为目的,采用虚构事实、隐瞒真相的方法,使用伪造、变造的委托收款凭证、汇款凭证、银行存单等其他银行结算凭证进行诈骗活动的行为。

要点点拨

从广义上说,汇票、本票、支票都属于银行的结算凭证,但作为本罪行为对象的金融凭证,则仅指委托收款凭证、汇款凭证及银行存单。如果使用伪造、变造的汇票、本票、支票进行诈骗,构成犯罪的,不构成本罪,而应构成票据诈骗罪。

教你一招

金融诈骗罪的犯罪主体均为一般主体,犯罪主观方面均为故意。

四、银行业相关职务犯罪 ★★★

1. 职务侵占罪

职务侵占罪是指非国有的公司、企业或者其他单位的非国家工作人员利用职务上的便利,将本单位财物非法占为已有,数额较大的行为。

(1)本罪在客观方面表现为,行为人利用职务上的便利,将本单位财物非法占为已有,数额较大的行为。

(2)本罪犯罪主体为特殊主体,即非国有的公司、企业或者其他单位的非国家工作人员才能构成,在这些单位工作的国家工作人员不能成为本罪的主体。

《中华人民共和国刑法》第二百七十一条规定,公司、企业或者其他单位的工作人员,利用职务上的便利,将本单位财物非法占为已有,数额较大的,处 3 年以下有期徒刑或者拘役,并处罚金;数额巨大的,处 3 年以上 10 年以下有期徒刑,并处罚金;数额特别巨大的,处 10 年以上有期徒刑或者无期徒刑,并处罚金。在司法实践中,公司、企业或者其他单位的人员,利用职务上的便利,将本单位财物非法占为已有,数额在5 000 元至1 万元以上的,应予追究刑事责任。侵占公司、企业财物 5 000 元至 2 万元以上的,属于"数额较大";侵占公司、企业财物 10 万元以上的,属于"数额巨大"。

2. 挪用资金罪

挪用资金罪是指非国有的公司、企业或者其他单位的工作人员,利用职务上的便利,挪用本单位资金归个人使用或者借贷给他人，**数额较大、超过 3 个月未还的，或者虽未超过 3 个月，但数额较大、进行营利活动的，或者进行非法活动的行为**。

(1)本罪客观方面表现为利用职务上的便利，擅自挪用本单位资金归个人使用或者借贷给他人使用的行为。

(2)本罪犯罪主体与职务侵占罪主体一样，为特殊主体，即非国有公司、企业或者其他单位的非国家工作人员。

《中华人民共和国刑法》第二百七十二条规定，公司、企业或者其他单位的工作人员，利用职务上的便利，挪用本单位资金归个人使用或者借贷给他人，数额较大、超过 3 个月未还的，或者虽未超过 3 个月，但数额较大、进行营利活动的，或者进行非法活动的，处 3 年以下有期徒刑或者拘役；挪用本单位资金数额巨大的，处 3 年以上 7 年以下有期徒刑；数额特别巨大的，处 7 年以上有期徒刑。司法实践中，对挪用资金行为追究刑事责任的数额起点是：挪用本单位资金数额在 1 万元至 3 万元以上，超过 3 个月未还的；挪用本单位资金数额在 1 万元至 3 万元以上，进行营利活动的；挪用本单位资金数额在 5 000 元至 2 万元以上，进行非法活动的。

3. 非国家工作人员受贿罪

非国家工作人员受贿罪是指非国有的公司、企业或者其他单位的非国家工作人员利用职务上的便利，索取他人财物或非法收受他人财物，为他人谋取利益，数额较大的行为。

(1)本罪在客观上表现为利用职务上的便利，索取或者收受贿赂的行为，或在经济往来中，违反国家规定收受各种名义的回扣、手续费，归个人所有的行为。

(2)本罪的犯罪主体为特殊主体，只能是非国有的公司、企业或者其他单位的非国家工作人员。

《中华人民共和国刑法》规定，索取他人财物或非法收受他人财物，必须达到数额较大，才构成犯罪。司法实践中，"数额较大"的标准是指索取或收受 5 000 元以上者。非国家工作人员受贿罪最高可判处 5 年以上有期徒刑，可以并处没收财产。国有公司、企业中从事公务的人员和国有公司、企业委派到非国有公司、企业从事公务的人员犯受贿罪的，最高处死刑，并处没收财产。

4. 签订、履行合同失职被骗罪

签订、履行合同失职被骗罪是指国有公司、企业、事业单位直接负责的主管人员在签订、履行合同过程中，因严重不负责任被诈骗，致使国家利益遭受重大损失的行为。

(1)本罪侵犯的客体是公司、企业的管理秩序与国家财产。本罪属于渎职犯罪。

(2)本罪客观表现为在签订、履行合同过程中，因严重不负责任被诈骗，致使国家利益遭受重大损失。

(3)本罪主体是特殊主体，为国有公司、企业、事业单位直接负责的主管人员。

(4)本罪主观方面是过失。

《中华人民共和国刑法》第四百零六条规定，犯本条所定之罪，处 3 年以下有期徒刑或者拘役；致使国家利益遭受特别重大损失的，处 3 年以上 7 年以下有期徒刑。

知识加油站

《中华人民共和国银行业监督管理法》规定，银行业监督管理机构从事监督管理工作的人员贪污受贿，泄露国家秘密、商业秘密和个人隐私，构成犯罪的，依法追究刑事责任；尚不构成犯罪的，依法给予行政处分。

真题精练

【例4·多项选择题】下列关于签订、履行合同失职被骗罪的说法中,正确的有( )。

A. 本罪侵犯的客体是公司、企业的管理秩序与国家财产

B. 本罪主观方面是过失

C. 本罪主体是特殊主体

D. 本罪主体是一般主体

E. 本罪属于渎职犯罪

ABCE 签订、履行合同失职被骗罪的主体是特殊主体,为国有公司、企业、事业单位直接负责的主管人员,选项D错误。

第三节 刑事诉讼(中级考试内容)

一、刑事诉讼概述 ★

刑事诉讼是指审判机关(人民法院)、检察机关(人民检察院)和侦查机关(公安机关等)在当事人以及诉讼参与人的参加下,依照法定程序解决被追诉者刑事责任问题的诉讼活动。

我国刑事诉讼实行"无罪推定"原则,未经人民法院依法判决,对任何人都不得确定有罪。

二、刑事诉讼基本程序 ★

刑事诉讼程序主要包括立案、侦查、起诉、审判和执行五个阶段。其中,审判程序又包括一审程序、二审程序、死刑复核程序和审判监督程序。

三、刑事诉讼强制措施 ★

刑事诉讼中的强制措施是指公安机关、人民检察院和人民法院为了保证刑事诉讼的顺利进行,而依法对刑事案件的犯罪嫌疑人、被告人的人身自由采取限制或者剥夺的各种强制性方法。

(1)拘传,是指公安机关、人民检察院或者人民法院对于没有拘留、逮捕的犯罪嫌疑人、被告人强制其到指定地点接受讯问的方法,是强制措施中最轻微的一种。

(2)取保候审,是指公安机关、人民检察院或者人民法院依法责令犯罪嫌疑人或者被告人提供保证人或者交纳保证金并出具保证书,保证其不逃避或者妨碍侦查、起诉、审判并随传随到的一种强制措施。

(3)监视居住,是指公安机关、人民检察院或者人民法院依法责令犯罪嫌疑人或者被告人不得擅自离开住所或指定的居所,并对其行动加以监视的一种强制措施。

(4)拘留,是指公安机关、人民检察院对于现行犯或者重大嫌疑分子,在遇有法定的紧急情况下依法采取的临时剥夺其人身自由的一种强制措施。

(5)逮捕,是指公安机关、人民检察院或者人民法院为防止犯罪嫌疑人、被告人逃避或者妨碍侦查、起诉、审判的进行,防止其发生社会危险性,依法采取的暂时剥夺其人身自由,予以羁押的强制措施。

四、附带民事诉讼 ★

附带民事诉讼是指司法机关在刑事诉讼过程中,在解决被告人刑事责任的同时,附带

解决被告人的犯罪行为所造成的物质损失的赔偿问题，而进行的民事诉讼活动。《中华人民共和国刑事诉讼法》第九十九条规定，被害人由于被告人的犯罪行为而遭受物质损失的，在刑事诉讼过程中，有权提起附带民事诉讼。被害人死亡或者丧失行为能力的，被害人的法定代理人、近亲属有权提起附带民事诉讼。如果是国家财产、集体财产遭受损失的，人民检察院在提起公诉的时候，可以提起附带民事诉讼。

人民法院在必要的时候，可以采取保全措施，查封、扣押或者冻结被告人的财产。附带民事诉讼原告人或者人民检察院可以申请人民法院采取保全措施。人民法院采取保全措施，适用《中华人民共和国民事诉讼法》的有关规定。

真题精练

【例5·单项选择题】附带民事诉讼原告人或者人民检察院可以申请（　　）采取保全措施。

A. 公安机关　　B. 被告人

C. 法定代理人　　D. 人民法院

D　附带民事诉讼原告人或者人民检察院可以申请人民法院采取保全措施。人民法院采取保全措施，适用《中华人民共和国民事诉讼法》的有关规定。

码上看总结

章节自测

一、单项选择题（在以下各小题所给出的四个选项中，只有一个选项符合题目要求，请将正确选项的代码填入括号内）

1. 犯罪的法律特征是（　　）。
A. 人身危害性　　B. 财产危害性
C. 社会危害性　　D. 刑事违法性

2. 完全负刑事责任年龄阶段是指（　　）的人犯罪。
A. 不满14周岁　　B. 已满14周岁不满16周岁
C. 已满16周岁　　D. 未满18周岁

3. 犯罪主体对自己危害行为及其危害结果所持的心理态度是指（　　）。
A. 犯罪主体　　B. 犯罪主观方面
C. 犯罪客体　　D. 犯罪客观方面

4. 已经着手实行犯罪，由于犯罪分子意志以外的原因而未得逞的，是（　　）。
A. 犯罪预备　　B. 犯罪未遂
C. 犯罪实施　　D. 犯罪中止

5. 在一定期限内剥夺犯罪分子的人身自由，实行强制劳动改造的一种刑罚方法是（　　）。
A. 有期徒刑　　B. 无期徒刑
C. 死刑　　D. 附加刑

6. 我国刑法中的附加刑不包括（　　）。
A. 罚金　　B. 拘役
C. 剥夺政治权利　　D. 没收财产

7. 张某原是某公司董事长兼总经理，明知其没有还款能力，但于 2018 年 4 月 4 日至 18 日，先后利用其个人持有的信用卡，共透支 50 万元。之后，张某于 2018 年 5 月 19 日至 2018 年 10 月 6 日，先后归还透支款 29 万余元，尚差 21 万余元没有归还。至发案时止，张某仍无法归还透支款。张某的行为（　　）。

A. 构成诈骗罪　　B. 构成恶意透支罪

C. 构成信用卡诈骗罪　　D. 不构成犯罪，属于借贷纠纷

8. 公安机关、人民检察院或者人民法院依法责令犯罪嫌疑人或者被告人不得擅自离开住所或指定的居所，并对其行动加以监视的强制措施是（　　）。

A. 拘传　　B. 监视居住

C. 取保候审　　D. 拘留

二、多项选择题（在以下各小题所给出的选项中，至少有两个选项符合题目要求，请将正确选项的代码填入括号内）

1. 我国刑法的基本原则包括（　　）。

A. 罪刑法定原则　　B. 依法处理原则

C. 公开原则　　D. 刑法面前人人平等原则

E. 罪责刑相适应原则

2. 任何一种犯罪的成立都必须具备的构成要件包括（　　）。

A. 犯罪动机　　B. 犯罪主体

C. 犯罪主观方面　　D. 犯罪客体

E. 犯罪客观方面

3. 构成犯罪主体的必要条件包括（　　）。

A. 犯罪动机　　B. 责任年龄

C. 危害社会　　D. 责任能力

E. 刑事违法

4. 根据金融犯罪实施主体的不同，金融犯罪可分为（　　）。

A. 针对银行的犯罪　　B. 危害货币管理制度的犯罪

C. 银行人员职务犯罪　　D. 危害金融机构管理制度的犯罪

E. 危害金融业务管理制度的犯罪

5. 根据《中华人民共和国刑法》的规定，下列行为中，属于行为人实施了利用信用证进行诈骗的有（　　）。

A. 使用伪造、变造的信用证或附随的单据、文件

B. 冒用他人的信用卡进行诈骗

C. 使用作废的信用证

D. 骗取信用证

E. 使用信用卡进行恶意透支

三、判断题（请判断以下各小题的正误，正确的选 A，错误的选 B）

1.《中华人民共和国刑法》对单位犯罪实行以单罚制为主，以两罚制为辅的处罚原则。（　　）

A. 正确　　B. 错误

2. 贷款诈骗罪是指以非法占有为目的，采用虚构事实、隐瞒真相的方法，诈骗银行或者其他金融机构的贷款，数额较大的行为。（　　）

A. 正确　　B. 错误

答案详解

一、单项选择题

1. D。【解析】犯罪具有社会危害性和刑事违法性两个特征。社会危害性是犯罪的基本特征,刑事违法性是犯罪的法律特征。

2. C。【解析】已满16周岁的人犯罪,应当负刑事责任,为完全负刑事责任年龄阶段。

3. B。【解析】犯罪主观方面是指犯罪主体对自己危害行为及其危害结果所持的心理态度。

4. B。【解析】已经着手实行犯罪,由于犯罪分子意志以外的原因而未得逞的,是犯罪未遂。

5. A。【解析】有期徒刑是指在一定期限内剥夺犯罪分子的人身自由,实行强制劳动改造的一种刑罚方法。

6. B。【解析】我国刑法中的附加刑包括罚金、剥夺政治权利、没收财产。拘役属于主刑。

7. C。【解析】信用卡诈骗罪是指使用伪造的信用卡,或者使用以虚假的身份证明骗领的信用卡,或者使用作废的信用卡,或者冒用他人的信用卡,或者利用信用卡恶意透支进行诈骗活动,数额较大的行为。

8. B。【解析】监视居住是指公安机关、人民检察院或者人民法院依法责令犯罪嫌疑人或者被告人不得擅自离开住所或指定的居所,并对其行动加以监视的一种强制措施。

二、多项选择题

1. ADE。【解析】我国刑法实行以下基本原则:(1)罪刑法定原则。(2)刑法面前人人平等原则。(3)罪责刑相适应原则。

2. BCDE。【解析】任何一种犯罪的成立都必须具备四个方面的构成要件,即犯罪主体、犯罪主观方面、犯罪客体和犯罪客观方面。

3. BD。【解析】只有达到一定年龄并具有责任能力的自然人,才能成为犯罪主体,责任年龄和责任能力是构成犯罪主体的必要条件。

4. AC。【解析】根据金融犯罪实施主体的不同,金融犯罪可分为针对银行的犯罪和银行人员职务犯罪。根据金融犯罪侵犯的客体不同,金融犯罪可分为危害货币管理制度的犯罪、危害金融机构管理制度的犯罪、危害金融业务管理制度的犯罪。

5. ACD。【解析】信用证诈骗罪客观方面表现为行为人实施了利用信用证进行诈骗的下列行为:(1)使用伪造、变造的信用证或附随的单据、文件。(2)使用作废的信用证。(3)骗取信用证。(4)其他方法。

三、判断题

1. B。【解析】《中华人民共和国刑法》对单位犯罪实行以两罚制为主,以单罚制为辅的处罚原则。

2. A。【解析】贷款诈骗罪是指以非法占有为目的,采用虚构事实、隐瞒真相的方法,诈骗银行或者其他金融机构的贷款,数额较大的行为。

第二十一章

行政法律制度（中级考试内容）

考情直击

本章知识点属于中级考试的内容，学习要求均为了解，考查频率较低。本章主要围绕行政处罚和行政复议的有关内容进行考查。

考纲要求

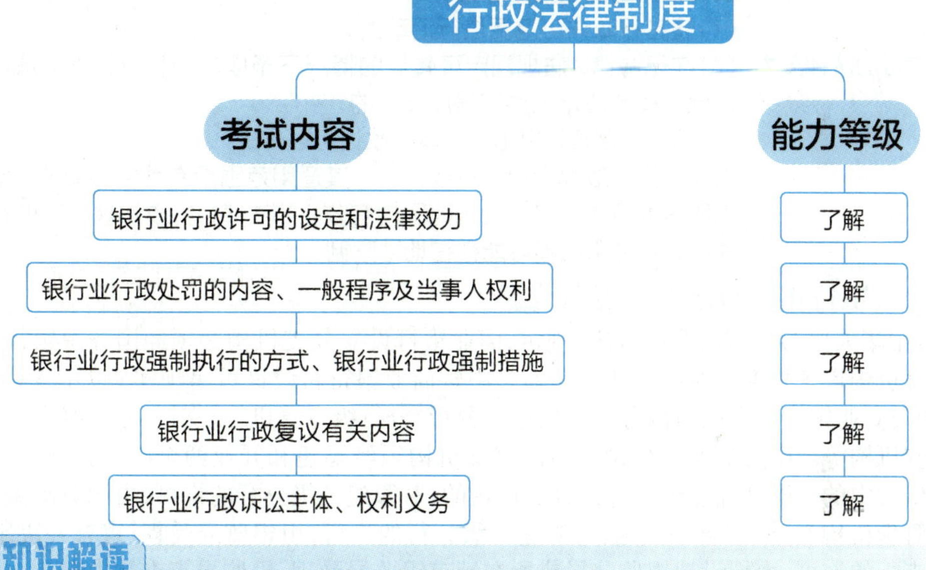

知识解读

第一节 行政许可

一、行政许可概述 ★

行政许可是指行政机关根据公民、法人或者其他组织的申请，经依法审查，准予其从事特定活动的行为。

行政许可的被许可人需要延续依法取得的行政许可的有效期的，**一般可以在行政许可有效期届满30日前向决定行政许可的行政机关提出延续行政许可的申请**。行政机关应当根据被许可人的申请，在该行政许可有效期届满前做出是否准予延续的决定；逾期未作决定的，视为准予延续。

要点点拨

行政许可的设定和实施，应当遵循公开、公平、公正的原则；实施行政许可，应当遵循便民的原则。

二、行政许可的设定及法律效力 ★

要点	内容
行政许可法定	行政许可法定是指行政许可的设定和实施，应当依照法定的权限、范围、条件和程序。 行政许可设定法定，表现为行政许可由法律、行政法规、国务院决定、地方性法规等规范性法律文件予以设定。省、自治区、直辖市人民政府规章可以设定临时性的行政许可。此外，其他规范性文件均不可设定行政许可
行政许可的法律效力	对于依法应当取得行政许可的活动，公民、法人或者其他组织未经行政许可而擅自从事的，行政机关应当依法给予行政处罚；构成犯罪的，依法追究刑事责任。 被许可人的违法活动包括： (1)超越行政许可范围进行活动的。 (2)在无法律、法规规定可转让的情况下予以转让，或是虽依法可转让但不按照法定条件和程序转让的。 (3)涂改、倒卖、出租、出借行政许可证件的。 法律、行政法规设定的行政许可，其适用范围没有地域限制的，申请人取得的行政许可在全国范围内有效；非法律、行政法规设定的行政许可，其适用范围可能存在地域限制

三、银行相关行政许可规则 ★

《中华人民共和国商业银行法》规定,商业银行设立分支机构必须经国务院银行业监督管理机构审查批准。对此,《中国银监会中资商业银行行政许可事项实施办法》具体规定,中资商业银行设立的境内分支机构包括分行、分行级专营机构、支行、分行级专营机构的分支机构等。中资商业银行设立境内分支机构须经筹建和开业两个阶段。其中,中资商业银行中的全国性商业银行筹建分支机构的,对筹建一级分行的许可,由国务院银行业监督管理机构受理、审查并决定;对筹建二级分行的许可,由银监局受理、审查并决定;对筹建支行的许可,由拟设地银监分局或所在城市银监局受理,银监局审查并决定。

真题精练

【例1·单项选择题】实施行政许可,应当遵循(　　)的原则。

A. 诚实信用　　B. 及时

C. 平等　　D. 便民

D　实施行政许可,应当遵循便民的原则。

第二节　行政处罚

一、行政处罚概述 ★

行政处罚是指行政机关依法对违反行政管理秩序的公民、法人或者其他组织,以减损权益或者增加义务的方式予以惩戒的行为。

行政处罚的种类：

(1)警告、通报批评。

(2)罚款、没收违法所得、没收非法财物。

(3)暂扣许可证件、降低资质等级、吊销许可证件。

(4)限制开展生产经营活动、责令停产停业、责令关闭、限制从业。

(5)行政拘留。

(6)法律、行政法规规定的其他行政处罚。

二、重要行政处罚法律规则 ★

1. 行政处罚的设定

法律可以设定各种行政处罚，限制人身自由的行政处罚，只能由法律设定；行政法规可以设定除限制人身自由以外的行政处罚；地方性法规可以设定除限制人身自由、吊销营业执照以外的行政处罚。国务院部门规章可以在法律、行政法规规定的给予行政处罚的行为、种类和幅度的范围内作出具体规定。

2. 行政处罚决定程序

根据《中华人民共和国行政处罚法》，我国行政处罚决定程序主要有简易程序、普通程序，此外还可以应行政处罚当事人的要求适用听证程序。

简易程序：违法事实确凿并有法定依据，对公民处以 200 元以下、对法人或者其他组织处以 3 000 元以下罚款或者警告的行政处罚的，可以当场作出行政处罚决定。法律另有规定的，从其规定。

行政机关拟作出下列行政处罚决定，应当告知当事人有要求听证的权利，当事人要求听证的，行政机关应当组织听证：较大数额罚款；没收较大数额违法所得、没收较大价值非法财物；降低资质等级、吊销许可证件；责令停产停业、责令关闭、限制从业；其他较重的行政处罚；法律、法规、规章规定的其他情形。当事人不承担行政机关组织听证的费用。当事人要求听证的，应当在行政机关告知后 5 日内提出。

3. 行政罚款的"裁执分离"

一般情况下，我国行政罚款实行"裁执分离"，即作出罚款决定的行政机关应当与收缴罚款的机构分离。但简易程序中的当场收缴罚款和不当场收缴事后难以执行的罚款除外。

4. 行政处罚当事人的权利

公民、法人或者其他组织对行政机关所给予的行政处罚，享有陈述权、申辩权；对行政处罚不服的，有权依法申请行政复议或者提起行政诉讼。

公民、法人或者其他组织因行政机关违法给予行政处罚受到损害的，有权依法提出赔偿要求。

三、银行相关行政处罚规则 ★

《中华人民共和国商业银行法》《中华人民共和国银行业监督管理法》中授权国务院银行业监督管理机构对公民、银行业金融机构或其他组织实施的行政处罚，可按种类区分为一般行政处罚和特殊行政处罚。**一般行政处罚有警告、罚款、没收违法所得、责令停业整顿、责令改正、吊销经营许可证等**。与国务院银行业监督管理机构监管职能相适应的特殊行政处罚有：对违法董事、高级管理人员，取消其一定期限直至终身的任职资格，禁止直接负责的董事、高级管理人员和其他直接责任人员一定期限直至终身从事银行业工作等；对擅自设立银行业金融机构或者非法从事银行业金融机构的业务活动的，予以取缔；对有违法经营、经营管理不善等情形，不予撤销将严重危害金融秩序、损害公众利益的银行业金融机构，予以撤销。

真题精练

【例2·多项选择题】国务院银行业监督管理机构对公民、银行业金融机构或其他组织实施的行政处罚,可按种类区分为(　　)。

A. 罚款行政处罚　　B. 一般行政处罚

C. 警告行政处罚　　D. 特殊行政处罚

E. 没收违法所得

BD 《中华人民共和国商业银行法》《中华人民共和国银行业监督管理法》中授权国务院银行业监督管理机构对公民、银行业金融机构或其他组织实施的行政处罚,可按种类区分为一般行政处罚和特殊行政处罚。

第三节　行政强制

一、行政强制概述 ★

1. 行政强制的内容

行政强制包括行政强制措施和行政强制执行。

(1)行政强制措施是指行政机关在行政管理过程中,为制止违法行为、防止证据损毁、避免危害发生、控制危险扩大等情形,依法对公民的人身自由实施暂时性限制,或者对公民、法人或者其他组织的财物实施暂时性控制的行为。

(2)行政强制执行是指行政机关或者行政机关申请人民法院,对不履行行政决定的公民、法人或者其他组织,依法强制履行义务的行为。

2. 行政强制措施的种类

(1)限制公民人身自由。

(2)查封场所、设施或者财物。

(3)扣押财物。

(4)冻结存款、汇款。

(5)其他行政强制措施。

3. 行政强制执行的方式

(1)加处罚款或者滞纳金。

(2)划拨存款、汇款。

(3)拍卖或者依法处理查封、扣押的场所、设施或者财物。

(4)排除妨碍、恢复原状。

(5)代履行。

(6)其他强制执行方式。

4. 行政强制的原则

行政强制的设定和实施应当遵循法定性、适当性、教育与强制相结合、禁止谋取私利等原则。

二、重要行政强制法律规则 ★

1. 行政强制的设定

行政强制的设定分为行政强制措施的设定和行政强制执行的设定。

(1)行政强制措施只能由法律、行政法规、地方性法规在各自权限范围内设定,法律、法规以外的其他规范性文件不得设定行政强制措施。

(2)行政强制执行只能由法律设定;法律没有规定行政机关可以强制执行的,作出行政决定的行政机关应当申请人民法院强制执行。

2. 行政强制措施的实施

行政强制措施由法律、法规规定的行政机关在法定职权范围内实施,且应当由行政机关具备资格的行政执法人员实施。行政强制措施不得委托,也不得由行政机关不具备资格的其他人员实施。

3. 行政强制执行的实施

当事人在法定期限内不申请行政复议或者提起行政诉讼,经依法催告仍不履行行政决定的,没有行政强制执行权的行政机关可以自履行期限届满之日起3个月内,依法向有管辖权的人民法院申请强制执行。**行政机关不得在夜间或者法定节假日实施行政强制执行**。

4. 行政强制当事人的权利

公民、法人或者其他组织对行政机关实施行政强制,享有陈述权、申辩权,还享有向行政强制的设定机关和实施机关提出意见和建议的权利;有权依法申请行政复议或者提起行政诉讼;因行政机关违法实施行政强制受到损害的,有权依法要求赔偿;因人民法院在强制执行中有违法行为或者扩大强制执行范围受到损害的,有权依法要求赔偿。

三、银行相关行政强制规则 ★

银行有法定行政强制配合义务;也有可能成为行政强制当事人。

《中华人民共和国行政强制法》规定,金融机构接到行政机关依法做出的冻结通知书后,应当立即予以冻结,不得拖延,不得在冻结前向当事人泄露信息。金融机构接到行政机关依法做出划拨存款、汇款的决定后,应当立即划拨。

《中华人民共和国银行业监督管理法》规定,银行业金融机构违反审慎经营规则的,国务院银行业监督管理机构或者其省一级派出机构应当责令限期改正;逾期未改正的,或者其行为严重危及该银行业金融机构的稳健运行、损害存款人和其他客户合法权益的,经国务院银行业监督管理机构或者其省一级派出机构负责人批准,可以区别情形对其采取相关措施。

《中华人民共和国商业银行法》规定,商业银行已经或者可能发生信用危机,严重影响存款人的利益时,国务院银行业监督管理机构可以对该银行实行接管。**自接管开始之日起,由接管组织行使商业银行的经营管理权力**。

真题精练

【例3·多项选择题】公民、法人或者其他组织对行政机关实施行政强制,享有(　　)。

A. 陈述权　　B. 申辩权

C. 申请行政复议的权利　　D. 提起行政诉讼的权利

E. 要求赔偿的权利

ABCDE　公民、法人或者其他组织对行政机关实施行政强制,享有陈述权、申辩权,还享有向行政强制的设定机关和实施机关提出意见和建议的权利;有权依法申请行政复议或者提起行政诉讼;因行政机关违法实施行政强制受到损害的,有权依法要求赔偿;因人民法院在强制执行中有违法行为或者扩大强制执行范围受到损害的,有权依法要求赔偿。

第四节 行政复议

一、行政复议概述 ★

行政复议是指公民、法人或者其他组织认为具体行政行为侵犯其合法权益，向行政机关提出行政复议申请，行政机关受理行政复议申请、作出行政复议决定的活动。

行政复议机关履行行政复议职责，应当遵循合法、公正、公开、及时、便民的原则，坚持有错必纠，保障法律、法规的正确实施。

二、重要行政复议法律规则 ★

1. 行政复议的法律效力

法律、法规规定公民、法人或者其他组织应当先向行政复议机关申请行政复议、对行政复议决定不服再向人民法院提起行政诉讼的，行政复议机关决定不予受理或者受理后超过行政复议期限不作答复的，公民、法人或者其他组织可以自收到不予受理决定书之日起或者行政复议期满之日起**15日**内，依法向人民法院提起行政诉讼。

行政复议期间具体行政行为一般不停止执行。但是，有特殊情形的，可以停止执行。特殊情形包括：

（1）被申请人认为需要停止执行的。

（2）行政复议机关认为需要停止执行的。

（3）申请人申请停止执行，行政复议机关认为其要求合理，决定停止执行的。

（4）法律规定停止执行的。

通常情况下，行政复议决定并非对具体行政行为的最终裁决，公民、法人或者其他组织对行政复议决定不服的，可以依照《中华人民共和国行政诉讼法》的规定向人民法院提起行政诉讼。

2. 行政复议当事人

行政复议当事人主要有申请人、被申请人和第三人。

（1）申请人，即依法申请行政复议的公民、法人或者其他组织。申请人可以委托代理人代为参加行政复议。

（2）被申请人，即公民、法人或者其他组织对行政机关的具体行政行为不服申请行政复议情况下，做出具体行政行为的行政机关。

（3）第三人，即同申请行政复议的具体行政行为有利害关系，但并非以申请人而是以第三人身份参加行政复议的其他公民、法人或者其他组织。第三人可以委托代理人代为参加行政复议。

3. 行政复议当事人的权利

（1）行政复议当事人有陈述权。行政复议原则上采取书面审查的办法。

（2）行政复议当事人有阅卷权。

（3）行政复议申请人有撤回权。

（4）行政复议当事人有救济权。

三、银行相关行政复议规则 ★

国务院银行业监督管理机构、中国人民银行都是垂直领导的中央行政机关，对国务院银行业监督管理机构、中国人民银行做出的具体行政行为不服的，向国务院银行业监督管理机构、中国人民银行申请复议。**对行政复议决定不服的，可以向人民法院提起行政诉讼；也可以向国务院申请裁决，国务院依法做出最终裁决**。

依据《中华人民共和国行政复议法》，行政复议事项由国务院银行业监督管理机构、中国人民银行负责法制工作的机构具体办理。

真题精练

【例4·判断题】行政复议事项只能由国务院银行业监督管理机构负责法制工作的机构具体办理。(　　)

A. 正确　　　　B. 错误

B　依据《中华人民共和国行政复议法》,行政复议事项由国务院银行业监督管理机构、中国人民银行负责法制工作的机构具体办理。

第五节　行政诉讼

一、行政诉讼概述 ★

行政诉讼是指公民、法人或者其他组织认为行政机关和行政机关工作人员的具体行政行为侵犯其合法权益,依法向法院提起诉讼的活动。

我国人民法院设行政审判庭,依法实行**合议、回避、公开审判和两审终审制度**,对具体行政行为是否合法进行审查。

人民法院审理行政案件以事实为根据,以法律为准绳,依法对行政案件独立行使审判权,不受行政机关、社会团体和个人的干涉。人民检察院有权对行政诉讼实行法律监督。

二、重要行政诉讼法律规则 ★

1. 行政诉讼当事人

行政诉讼的当事人有**原告、被告、第三人和共同诉讼人**。

(1)原告,即依法提起诉讼的公民、法人或者其他组织。

(2)被告,即做出被诉具体行政行为的行政机关。在诉讼过程中,被告不得自行向原告、第三人和证人收集证据。

(3)第三人,即同提起诉讼的具体行政行为有利害关系的其他公民、法人或者其他组织。第三人可以自行申请参加诉讼,或者由人民法院通知参加诉讼。

(4)共同诉讼人。当事人一方或双方为二人以上,因同一具体行政行为发生的行政案件,或者因同样的具体行政行为发生的行政案件、人民法院认为可以合并审理的,为共同诉讼。因共同诉讼成为同一方当事人的人们互为共同诉讼人。

2. 行政诉讼当事人的权利

《中华人民共和国行政诉讼法》规定,当事人在行政诉讼中的法律地位平等,且有权进行辩论。没有诉讼行为能力的公民,由其法定代理人代为诉讼。法定代理人互相推诿代理责任的,由人民法院指定其中一人代为诉讼。**当事人、法定代理人,可以委托一至二人代为诉讼**。经人民法院许可,当事人可以查阅本案庭审材料,但涉及国家秘密和个人隐私的除外。

三、银行相关行政诉讼规则 ★

根据《中华人民共和国商业银行法》和《中华人民共和国中国人民银行法》的规定,商业银行及其工作人员对国务院银行业监督管理机构、中国人民银行的处罚决定不服的,可以依照《中华人民共和国行政诉讼法》的规定向人民法院提起诉讼。

↓码上看总结↓

章节自测

一、单项选择题(在以下各小题所给出的四个选项中,只有一个选项符合题目要求,请将正确选项的代码填入括号内)

1. 行政许可的被许可人需要延续依法取得的行政许可的有效期的,一般可以在行政许可有效期届满(　　)日前向决定行政许可的行政机关提出延续行政许可的申请。

A. 10　　B. 20

C. 30　　D. 60

2. 商业银行设立分支机构必须经(　　)审查批准。

A. 行政机关　　B. 国务院银行业监督管理机构

C. 人民法院　　D. 证券业协会

3. 限制人身自由的行政处罚,只能由(　　)设定。

A. 地方性法规　　B. 法律

C. 行政法规　　D. 自律规则

4. 简易程序主要适用于违法事实确凿并有法定依据,对公民处以(　　)、对法人或者其他组织处以(　　)罚款或者警告的行政处罚。

A. 200 元以下;3 000 元以下　　B. 100 元以下;1 000 元以下

C. 50 元以下;2 000 元以下　　D. 100 元以下;2 000 元以下

5. 一般情况下,我国行政罚款实行(　　)。

A. 有据可查　　B. 依法可行

C. 公开、公正　　D. 裁执分离

6. 公民、法人或者其他组织对行政复议决定不服的,可以依照《中华人民共和国行政诉讼法》的规定向(　　)提起行政诉讼。

A. 人民法院　　B. 人民检察院

C. 行政机关　　D. 公安机关

二、多项选择题(在以下各小题所给出的选项中,至少有两个选项符合题目要求,请将正确选项的代码填入括号内)

1. 行政许可的被许可人的违法活动包括(　　)。

A. 超越行政许可范围进行活动的

B. 在无法律、法规规定可转让的情况下予以转让的

C. 虽依法可转让但不按照法定条件和程序转让的

D. 涂改、倒卖行政许可证件的

E. 出租、出借行政许可证件的

2. 行政处罚的适用应遵循的基本原则包括(　　)。

A. 行政处罚应有理可依

B. 行政处罚的设定和实施公正、公开

C. 行政处罚以事实为依据,与违法行为的事实、性质、情节以及社会危害程度相当

D. 坚持处罚与教育相结合

E. 坚持从严处理

3. 我国行政处罚决定程序主要有(　　)。

A. 简易程序　　B. 调查程序

C. 监督程序　　D. 普通程序

E. 听证程序

4. 我国行政强制措施的种类包括(　　)。
A. 限制公民人身自由　　B. 查封场所、设施或者财物
C. 扣押财物　　D. 冻结存款、汇款
E. 警告

三、判断题(请判断以下各小题的正误,正确的选 A,错误的选 B)

1. 对于依法应当取得行政许可的活动,公民、法人或者其他组织未经行政许可而擅自从事构成犯罪的,应给予行政处罚,不追究刑事责任。(　　)
A. 正确　　B. 错误
2. 行政强制措施只能由法律、行政法规、地方性法规在各自权限范围内设定。(　　)
A. 正确　　B. 错误

答案详解

一、单项选择题

1. C。【解析】行政许可的被许可人需要延续依法取得的行政许可的有效期的,一般可以在行政许可有效期届满30日前向决定行政许可的行政机关提出延续行政许可的申请。

2. B。【解析】《中华人民共和国商业银行法》规定,商业银行设立分支机构必须经国务院银行业监督管理机构审查批准。

3. B。【解析】限制人身自由的行政处罚,只能由法律设定。

4. A。【解析】简易程序为可以当面处罚的程序,主要适用于违法事实确凿并有法定依据,对公民处以200元以下、对法人或者其他组织处以3 000元以下罚款或者警告的行政处罚。

5. D。【解析】一般情况下,我国行政罚款实行"裁执分离",即作出罚款决定的行政机关应当与收缴罚款的机构分离。

6. A。【解析】通常情况下,行政复议决定并非对具体行政行为的最终裁决,公民、法人或者其他组织对行政复议决定不服的,可以依照《中华人民共和国行政诉讼法》的规定向人民法院提起行政诉讼。

二、多项选择题

1. ABCDE。【解析】行政许可的被许可人的违法活动包括:(1)超越行政许可范围进行活动的。(2)在无法律、法规规定可转让的情况下予以转让,或是虽依法可转让但不按照法定条件和程序转让的。(3)涂改、倒卖、出租、出借行政许可证件的。

2. BCD。【解析】行政处罚的适用应遵循三项基本原则:(1)行政处罚的设定和实施公正、公开。(2)行政处罚以事实为依据,与违法行为的事实、性质、情节以及社会危害程度相当。(3)坚持处罚与教育相结合等原则。

3. ADE。【解析】我国行政处罚决定程序主要有简易程序、普通程序,此外还可以应行政处罚当事人的要求适用听证程序。

4. ABCD。【解析】我国行政强制措施的种类有:(1)限制公民人身自由。(2)查封场所、设施或者财物。(3)扣押财物。(4)冻结存款、汇款。(5)其他行政强制措施。

三、判断题

1. B。【解析】对于依法应当取得行政许可的活动,公民、法人或者其他组织未经行政许可而擅自从事的,行政机关应当依法给予行政处罚;构成犯罪的,依法追究刑事责任。

2. A。【解析】根据《中华人民共和国行政强制法》,行政强制措施只能由法律、行政法规、地方性法规在各自权限范围内设定,法律、法规以外的其他规范性文件不得设定行政强制措施。

第二十二章 银行监管体制

考情直击

本章的主要内容是国际银行监管发展历史与主要监管体制、我国的银行监管框架。分析近几年的考试情况,本章的常考点有主要国家的银行监管体制、我国银行监管的历史和当前的监管框架等,在考试中约占2~4分。

考纲要求

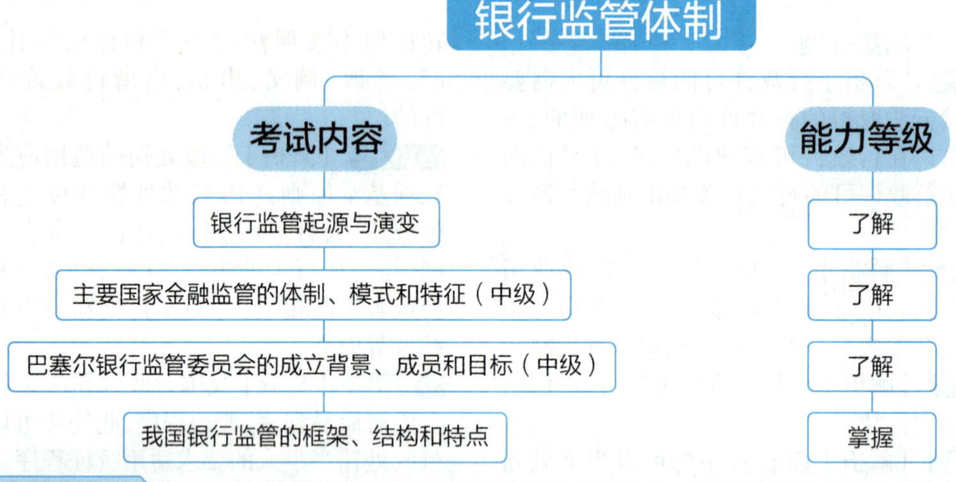

知识解读

第一节 国际银行监管发展历史与主要监管体制

一、银行监管起源与演变 ★

1. 银行监管制度的正式确立:法律制度

银行监管包含了银行监督和银行管理双重属性。

(1)银行监督是指监管部门对银行市场运行状况进行系统、及时地信息收集和信息处理,以维护市场秩序和防范市场风险;同时,对银行机构实施全面、经常性的检查和督促,以促进银行机构依法稳健经营,安全可靠和健康地发展。

(2)银行管理是指监管部门依法对辖内银行机构及市场进行管理(包括市场体系的构建、市场规则的制定和对市场违规行为的处罚等),对银行机构及其经营活动实行领导、组织、协调和控制等。

2. 银行监管制度的变迁

(1)20世纪30年代以前,银行监管的目标主要是提供稳定和弹性的货币供给,防止银行挤提带来的消极影响。

(2)20 世纪 30 年代,大危机的经验教训使各国银行监管目标普遍开始转变到维持安全稳定的银行体系上来,以防止银行体系的崩溃对宏观经济的严重冲击。

(3)20 世纪 70 年代末,严格的银行监管造成金融效率下降和发展困难,使银行监管的目标开始重新注重效率问题。

(4)近年来,银行监管的目标则发展到有效控制风险、注重安全和效率的平衡方面。

二、国际上主要金融监管的体制 ★

1. 统一监管型

按监管主体数量划分法又称为单一全能型,即对于不同的金融机构和金融业务,无论审慎监管,还是业务监管,都由一个机构负责监管。**目前有日本、韩国等 9 个国家实行这种模式**。

2. 多头监管型

多头监管型是指将金融机构和金融市场一般按照银行、证券、保险划分为三个领域,分别设置专业的监管机构负责包括审慎监管和业务监管在内的全面监管。

3. "双峰"监管型

"双峰"监管型是设置两类监管机构,一类负责对所有金融机构进行审慎监管,控制金融体系的系统性金融风险;另一类负责对不同金融业务监管,从而达到双重保险作用。**澳大利亚和荷兰是这种模式的代表**。

真题精练

【例 1·单项选择题】下列国家中,实行"双峰"金融监管型的国家是(　　)。

A. 美国　　B. 日本

C. 韩国　　D. 荷兰

D　目前有日本、韩国等 9 个国家实行统一监管型模式。澳大利亚和荷兰是"双峰"监管型模式的代表。

三、主要国家的银行监管体制及其变革(中级考试内容) ★

要点	内容
美国的银行监管体制	(1)**国际金融危机前美国银行业监管体制**。对银行业的监管实行**双重多头监管**,具有"**两级多元**"的特征。从横向来看,金融监管分为联邦一级和州一级的监管;从纵向来看,各级的监管机构多元化,由多个金融机构各司其职、分别监管。 美国对混业经营实行的**伞形监管和联合监管模式**,主要体现在对金融控股公司的监管上。伞形监管是指美联储对所有的金融控股公司进行监管,联合监管则是指对于拥有其他行业大型子公司的金融控股公司,相关的行业监管者作为联合监管者共同实施监管。 (2)**国际金融危机后美国银行监管改革**。主要改革内容包括: ①扩大监管范围,实行全面监管。 ②加强消费者和投资者保护。 ③对银行业务进行限制。 ④完善问题机构的救助机制

（续表）

要点	内容
英国的银行监管体制	(1)**国际金融危机前英国银行业监管体制**。英国银行业、保险业、证券业的监管职能由金融服务局统一行使，而金融稳定职责由英格兰银行、金融服务局和财政部分担。 (2)**国际金融危机后英国银行业监管改革**。英格兰银行直属的货币政策委员会、审慎监管委员会、金融政策委员会三个委员会分别负责货币政策、微观审慎监管和宏观审慎管理职能
德国的银行监管体制	(1)**国际金融危机前德国银行业监管体制**。2002 年 4 月，德国颁布《统一金融服务监管法》，授权将原来的联邦银行监管局、联邦证券监管局和联邦保险监管局三家机构进行合并，成立德国联邦金融监理署，**负责对银行业、证券业和保险业的统一监管**。 (2)**国际金融危机后德国银行业监管体制**。目前，欧盟已基本建立起支持银行业联盟的有效机制和法律框架。其机制分为三大支柱： ①2014 年开始运行的单一监管机制，由欧央行和各成员国监管当局共同负责欧元区银行业的有效监管。 ②2016 年开始正式运行的单一处置机制，建立了欧盟层面的银行处置机制，有效规范了欧盟成员国问题银行的恢复与处置。 ③单一存款保险机制（SDM），对各国现有的存款保险机制进行强化
日本的银行监管体制	(1)国际金融危机前日本银行业监管体制。2001 年，金融厅成为日本金融监管体系的最高行政部门，开始承担规划、检查、监督等全部与金融相关的监管职能，负责维系金融市场稳定，确保金融监管协调，保护储户、保险合同签约者、有价证券持有者的合法权益等。 (2)国际金融危机后日本银行业监管改革。 ①加强监管机构与中央银行在宏观审慎管理方面的配合。 ②通过加强对系统重要性金融机构的监管、提升金融机构证券化资产的信息披露增加市场透明度等措施强化对系统性风险的监管。 ③进一步完善金融监管制度体系

真题精练

【例 2 · 单项选择题】对银行业的监管实行双重多头监管的国家是(　　)。

A. 美国　　B. 英国

C. 德国　　D. 日本

A　美国对银行业的监管实行双重多头监管，具有“两级多元”的特征。

四、巴塞尔银行监管委员会（中级考试内容）★

1975 年 2 月，在国际清算银行的倡议下，十国集团成员和瑞士、卢森堡等国的中央银行有关官员在瑞士的巴塞尔举行会议，成立了“银行条例和监管实践委员会”，后更名为巴塞尔银行监管委员会，简称巴塞尔委员会。**巴塞尔委员会目前由来自 27 个国家和地区的银行监管部门和中央银行的代表所组成，委员会的常设秘书处与国际清算银行一道共同设在瑞士的巴塞尔，是全球银行业审慎监管标准的主要制定者**。

巴塞尔委员会的职责是加强全球银行业的监管标准、监督管理和管理实践，旨在提升金融体系的稳定性。

巴塞尔委员会成立的目的是提供联系的渠道，以保证各国的银行均受到有效的监管。

巴塞尔委员会在开展工作中始终遵循着两个基本原则：

（1）没有任何境外银行机构可以逃避监管。

（2）监管必须是充分有效的。

真题精练

【例3·判断题】巴塞尔委员会目前由来自30个国家和地区的银行监管部门和中央银行的代表所组成。（　　）

A. 正确　　　　B. 错误

B　巴塞尔委员会目前由来自27个国家和地区的银行监管部门和中央银行的代表所组成。

第二节　我国的银行监管框架

一、我国银行监管的历史 ★★★

要点	内容
初步确立阶段（1984—1993年）	这一时期，银行监管运行上有两个特点： （1）监管职责配置的部门化，采取了功能化的监管组织架构，即金融管理部门负责市场准入、退出的审批与违规处罚，稽核部门负责现场检查及违规处罚。 （2）监管运行机制的概念尚未提出，更缺少制度上的安排。行政管理与处罚、现场检查与处罚由同一个部门行使，监管行为的过程控制实际上并没有建立
探索成形阶段（1994—1997年）	这一时期，监管职权根据不同类型的机构特点分布于不同的内设部门，并出现了一些积极的变化，初步形成了机构监管的组织架构。 （1）监管手段进一步丰富，增加了非现场监管，并注意与现场检查的配合运用。 （2）各相关部门独立行使处罚权的状况没有改变，且职责进一步增大，“部门执法”的局面凸显。 （3）在制度设计上已经开始部分涉及权责分配、激励约束和再监督等方面的内容，但仅仅形成了初步框架，还没有对运行机制和监管绩效发挥实质性作用。 可以说，在这一阶段监管运行基本处于探索和初创阶段

（续表）

要点	内容
改革调整阶段（1998—2003 年）	这一阶段，监管运行机制有三个突出特点： (1)改变了过去一个法人金融机构由多个部门分割监管的格局，按照内外一致、全程监管的原则，集中履行对银行业日常监管职责。 (2)对主要银行业机构实行了管、监在部门间的职责分离，把制定监管政策、行政管理与非现场监管、现场检查职责分开，分别由不同的部门负责。 (3)由于没有设立专门的协调、再监督部门，监管部门之间“各自为战”的现象较为突出
形成完善阶段（2003—2017 年）	2003 年 4 月 26 日，第十届全国人大常委会第二次会议通过决议，授权中国银行业监督管理委员会履行原由中国人民银行履行的监督管理职责。 原银监会成立后，明确提出了四个监管理念、四大监管目标以及六条良好监管标准，在此基础上，先后出台了各种政策措施完善监管治理，不断加强自身管理，提高监管治理有效性，加速银行监管工作与国际接轨的步伐，提高了监管效率和权威性，监管治理得到完善，银行监管工作进入一个新的发展阶段
改革完善阶段（自 2017 年至今）	这一阶段的监管运行机制有四个突出特点： (1)加强金融监管的顶层协调，设立国务院金融稳定发展委员会，并强化国务院金融稳定发展委员会决策议事、统筹协调以及监管问责的职能。 (2)强化人民银行系统性风险防控和宏观审慎管理职责，健全货币政策和宏观审慎双支柱调控架构。 (3)加强金融管理部门之间的协调。 (4)加强中央与地方间的协作配合机制

知识加油站

在总结国内外监管经验的基础上，我国银行业监督管理机构提出了银行业监管的新理念，即“管风险、管法人、管内控、提高透明度”。

真题精练

【例 4 · 判断题】1995 年处于我国银行监管治理的改革调整阶段。（　　）

A. 正确　　　　B. 错误

B　1994—1997 年是我国银行监管治理的探索成形阶段。

二、银行监管的四个层次 ★★★

1. 银行自我监管

商业银行自我监管通过内部治理、内部控制与内部审计实现。

监管当局通过有效监管引导商业银行形成责权分明的内部治理，建立健全并有效执行内控制度，推动商业银行建立完善的法人治理结构，发挥股东大会、董事会、监事会对管理层的约束监督作用。

2. 外部监管

银行业外部监管是监管的最高层次，是由国务院授权成立的中国银行业监督管理委员会统一监督管理银行、金融资产管理公司、信托投资公司及其他存款类金融机构，维护银行业的合法、稳健运行。

3. 行业自律

自律组织对其会员的监管一般有两种方式：

(1) 对会员每年进行一次例行检查，包括对会员的财务状况、业务执行情况、对客户的服务质量等的检查。

(2) 对会员的日常业务活动进行监管，包括对其业务活动进行指导，协调会员之间的关系，对欺诈客户、操纵市场等违法违规行为进行调查处理。

4. 市场约束

市场约束也被称为市场纪律，就是指银行的债权人或所有者，借助于银行的信息披露和有关社会中介机构，如律师事务所、会计师事务所、审计师事务所和信用评估机构等的帮助，通过自觉提供监督和实施对银行活动的约束，把管理落后或不稳健的银行逐出市场等手段来迫使银行安全稳健经营的过程。

三、我国当前银行监管的框架 ★★★

1. 银行监管框架

完善的审慎监管框架主要包括三大组成部分：

(1) 审慎全面的监管规则。

(2) 行之有效的监管工具。

(3) 科学合理的监管组织体系。

2. 我国的银行监管规则

银行业监管规则体系主要由法律、行政法规、部门规章、规范性文件四个层次构成，法律、行政法规是基础和主干，部门规章和规范性文件构成了实际监管工作中的依据和准绳。

(1) 银行业监管法律法规。银行业监管法律中，《中华人民共和国银行业监督管理法》作为一部专门的行业监督管理法，明确界定了我国银行业监督管理的目标、原则和职责等。

(2) 部门规章与规范性文件。目前主要的部门规章与规范性文件以管理办法与管理指引的形式发布。

3. 我国的银行监管工具

我国传统的监管工具主要包括流动性、拨备覆盖率、风险集中度、不良资产率。近年来，在国际金融危机、第三版巴塞尔资本协议发布的背景下，原中国银监会于 2011 年 4 月 27 日公布了关于中国银行业实施新监管标准的指导意见，并陆续引入或更新了**资本、拨备、流动性（LCR、NSFR）、银行账簿利率风险（IRRBB）、大额风险暴露、杠杆率等银行监管工具**。

知识加油站

银行监管的标准:(1)能够促进金融的稳定,同时又促进金融的创新。(2)努力提升我国银行业在国际金融服务中的竞争能力。(3)对各类监管权限做到科学合理,监管者要有所为,有所不为,减少一切不必要的限制。(4)为金融市场上的公平竞争创造环境和条件,并且维护这种有序的竞争,反对无序竞争。(5)对监管者和被监管者两方面都应当实施严格明确的问责制。(6)高效、节约地使用一切监管资源,做到权为民所用、情为民所系、利为民所谋。

真题精练

【例5·多项选择题】完善的审慎监管框架主要包括(　　)。

A. 安全稳健的经营环境 B. 审慎全面的监管规则
C. 行之有效的监管工具 D. 科学合理的监管组织体系
E. 完善的监管实施

BCD　完善的审慎监管框架主要包括三大组成部分:(1)审慎全面的监管规则。(2)行之有效的监管工具。(3)科学合理的监管组织体系。

码上看总结

章节自测

一、单项选择题(在以下各小题所给出的四个选项中,只有一个选项符合题目要求,请将正确选项的代码填入括号内)

1. (　　)是指监管部门依法对辖内银行机构及市场进行管理,对银行机构及其经营活动实行领导、组织、协调和控制等。

A. 银行审查　　B. 银行监督
C. 银行管理　　D. 信息处理

2. 多头监管型是指将金融机构和金融市场一般按照银行、证券、保险划分为(　　)个领域,分别设置专业的监管机构负责包括审慎监管和业务监管在内的全面监管。

A. 1　　B. 2
C. 3　　D. 5

3. 下列关于美国的银行监管体制,说法错误的是(　　)。

A. 对银行业的监管实行双重多头监管,具有“两级多元”的特征
B. 金融厅是美国金融监管体系的最高行政部门
C. 美国对混业经营实行的伞形监管和联合监管模式,主要体现在对金融控股公司的监管上
D. 伞形监管是指美联储对所有的金融控股公司进行监管

4. 目前,欧盟已基本建立起支持银行业联盟的有效机制和法律框架。其机制分为三大支柱,不包括(　　)。

A. 单一存款保险机制　　B. 单一监管机制
C. 单一处置机制　　D. 单一防控机制

5. 我国银行监管治理的改革调整阶段是(　　)。

A. 1984—1993 年　　B. 1994—1997 年

C. 1998—2003 年　　D. 2003—2017 年

6. 商业银行自我监管不能通过(　　)实现。

A. 内部治理　　B. 内部审计

C. 外部审计　　D. 内部控制

7. (　　)构成了我国银行业实际监管工作中的依据和准绳。

A. 法律　　B. 行政法规

C. 法律、行政法规　　D. 部门规章和规范性文件

二、多项选择题(在以下各小题所给出的选项中,至少有两个选项符合题目要求,请将正确选项的代码填入括号内)

1. 国际上主要金融监管体制包括(　　)。

A. 统一监管型　　B. 多头监管型

C. “双峰”监管型　　D. 伞形监管模式

E. 双重多头监管体制

2. 目前,采用统一监管型金融监管体制的国家有(　　)。

A. 澳大利亚　　B. 荷兰

C. 美国　　D. 日本

E. 韩国

3. 巴塞尔委员会的职责包括(　　)。

A. 加强全球银行业的监管标准　　B. 加强全球银行业的监督管理

C. 加强全球银行业的管理实践　　D. 提升金融体系的稳定性

E. 提升金融体系的收益性

4. 美国的银行监管体制有(　　)。

A. 双重多头的监管体制　　B. 综合金融监管体制

C. 统一监管型　　D. “双峰”监管型

E. 伞形监管模式

5. 自律组织对其会员的监管方式包括(　　)。

A. 加大内部审计监督力度　　B. 对会员每年进行一次例行检查

C. 借助于律师事务所实施对银行活动的约束　　D. 对会员的日常业务活动进行监管

E. 强化信息披露

6. 银行业监管规则体系主要由(　　)四个层次构成。

A. 政策　　B. 法律

C. 行政法规　　D. 部门规章

E. 规范性文件

三、判断题(请判断以下各小题的正误,正确的选 A,错误的选 B)

1. 多头监管型按监管主体数量划分法又称为单一全能型。(　　)

A. 正确　　B. 错误

2. 巴塞尔委员会成立的目的是提升金融体系的效益性。(　　)

A. 正确　　B. 错误

3. 英国金融稳定职责由英格兰银行和财政部分担。(　　)

A. 正确　　B. 错误

答案详解

一、单项选择题

1. C。【解析】银行管理是指监管部门依法对辖内银行机构及市场进行管理，对银行机构及其经营活动实行领导、组织、协调和控制等。

2. C。【解析】多头监管型是指将金融机构和金融市场一般按照银行、证券、保险划分为3个领域，分别设置专业的监管机构负责包括审慎监管和业务监管在内的全面监管。

3. B。【解析】金融厅成为日本金融监管体系的最高行政部门，开始承担规划、检查、监督等全部与金融相关的监管职能，负责维系金融市场稳定，确保金融监管协调，保护储户、保险合同签约者、有价证券持有者的合法权益等。

4. D。【解析】目前，欧盟已基本建立起支持银行业联盟的有效机制和法律框架。其机制分为三大支柱：单一监管机制、单一处置机制和单一存款保险机制（SDM）。

5. C。【解析】1998—2003年是我国银行监管治理的改革调整阶段。

6. C。【解析】商业银行自我监管通过内部治理、内部控制与内部审计实现。

7. D。【解析】部门规章和规范性文件构成了我国银行业实际监管工作中的依据和准绳。

二、多项选择题

1. ABC。【解析】国际上主要金融监管的体制包括统一监管型、多头监管型和“双峰”监管型。

2. DE。【解析】目前有日本、韩国等9个国家实行统一监管型金融监管体制，而澳大利亚和荷兰是“双峰”监管型模式的代表。

3. ABCD。【解析】巴塞尔委员会的职责是加强全球银行业的监管标准、监督管理和管理实践，旨在提升金融体系的稳定性。

4. AE。【解析】美国的银行监管体制有双重多头的监管体制、伞形监管和联合监管模式。

5. BD。【解析】自律组织对其会员的监管一般有两种方式：（1）对会员每年进行一次例行检查，包括对会员的财务状况、业务执行情况、对客户的服务质量等的检查。（2）对会员的日常业务活动进行监管，包括对其业务活动进行指导，协调会员之间的关系，对欺诈客户、操纵市场等违法违规行为进行调查处理。

6. BCDE。【解析】银行业监管规则体系主要由法律、行政法规、部门规章、规范性文件四个层次构成，法律、行政法规是基础和主干，部门规章和规范性文件构成了实际监管工作中的依据和准绳。

三、判断题

1. B。【解析】统一监管型按监管主体数量划分法又称为单一全能型，即对于不同的金融机构和金融业务，无论审慎监管，还是业务监管，都由一个机构负责监管。

2. B。【解析】巴塞尔委员会成立的目的是提供联系的渠道，以保证各国的银行均受到有效的监管。

3. B。【解析】英国金融稳定职责由英格兰银行、金融服务局和财政部分担。

第二十三章 银行监管目标、方法（中级考试内容）

考情直击

本章知识点属于中级考试的内容，学习要求均为了解，考查频率较低。本章的常考点主要是银行监管的流程和两种监管评级体系。

考纲要求

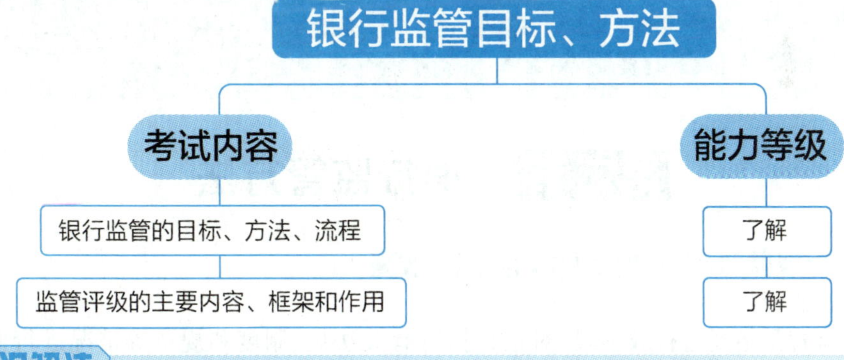

知识解读

第一节 银行监管目标

一、银行监管目标概述 ★

《中华人民共和国银行业监督管理法》第三条规定：银行业监督管理的目标是促进银行业的合法、稳健运行，维护公众对银行业的信心。银行业监督管理应当保护银行业公平竞争，提高银行业竞争能力。

具体来讲，我国的银行监管目标，目前主要有以下方面：

(1) 保护存款人和广大金融消费者的利益。这是国务院银行业监督管理机构的基本职责和目标追求，是国际上银行监管机构的共同目标，也是其区别于目前我国其他监管机构的根本所在。

(2) 增强市场信心。出于对消费者整体利益的考虑，监管者还应当提供市场公信这样一种公共产品，要通过审慎有效的监管，增加信息供给，加强信息披露，提高银行业经营的透明度，进而增进市场信心，防止出现因集中性的恐慌而引起整个金融市场的混乱。

(3) 增进公众对现代金融的了解。作为监管者从保护消费者权益的角度考虑，一个重要职责便是要通过宣传教育工作和相关信息披露，增进公众对现代金融产品、服务和相应风险的识别和了解，及时向公众披露市场及金融产品的信息，纠正消费者对一些金融产品及服务的误解。

(4)**减少金融犯罪**。为从根本上保护存款人的合法权益，作为监管者必须严密监管银行等金融机构的活动，打击各类金融违法犯罪活动，维护良好的金融市场秩序。

(5)**支持实体经济发展，防范金融风险**。

二、监管目标的重塑与优化 ★

在“严监管、强监管”的监管引领下，监管政策、监管效果逐步转化为机构合规内控能力，银行机构逐步摒弃片面追求规模和业绩的发展理念，资金脱实向虚问题有所缓解，部分机构野蛮扩张行为得到纠正。

真题精练

【例1·判断题】银行业监督管理的目标是促进银行业的合法、稳健运行，维护公众对银行业的信心。(　　)

A. 正确　　　　B. 错误

A 《中华人民共和国银行业监督管理法》第三条规定：银行业监督管理的目标是促进银行业的合法、稳健运行，维护公众对银行业的信心。

第二节　银行监管方法

一、合规监管和以风险为本的监管 ★

1. 合规监管

合规监管是指通过行政手段，对银行执行有关法规、制度和规章等情况进行监管，以规范银行经营行为，维护银行业内部秩序。

合规监管以行政管制为主，主要是将银行经营行为约束在国家政策、法规允许的范围内，属于静态的监管模式。**合规性监管是一种消极的监管方法**。在合规为本监管方式下，监管部门主要做两项工作：

(1)**制定规定**。

(2)**检查规定的执行情况**。

2. 以风险为本的监管

风险监管是指通过识别银行业务中固有的风险种类，进而对银行业务的各类风险进行评估，并按照CAMEL评级标准系统全面持续地评价银行经营状况的监管方式。

风险监管方式的核心是监管当局能够识别、监测、预警和处置风险，识别风险是各个环节的基础。开放条件下银行风险来源主要有经济周期、期限错配、对客户的经济及还款能力评估失误、市场环境变化、网络技术发展等，风险具体种类按照《有效银行监管核心原则》的归类共有信用风险、市场风险等八大类。

二、银行监管的流程 ★

1. 市场准入

市场准入是金融机构获得许可证的过程，各国对金融机构实行监管都是从实行市场准入管制开始的。实行市场准入管制是为了防止不合格的金融机构进入金融市场，保持金融市场主体秩序的合理性。**市场准入监管的最直接表现体现为金融机构开业登记、审批的管制**。

2. 非现场监管

非现场监管是指监管部门对金融机构报送的数据、报表和有关资料，以及通过其他渠道(如媒体、定期会谈等)取得的信息，进行整理和综合分析，并通过一系列风险监测和评价指标，对金融机构的经营风险做出初步评价和早期预警。

(1)采集数据。被监管对象按监管部门统一规定的格式和口径报送基础报表和数据，形成金融监管基础数据库；各级监管部门从数据库中采集所需要的数据，以进行非现场分析。

(2)对有关数据进行核对、整理。监管部门在对金融机构所报送数据口径、连续性和准确性进行初步核对的基础上，按照非现场监管指标及风险分析的要求，进行分类和归并。

(3)生成风险监管指标值。将基础数据加以分类、归并后，按照事先已经设计出的软件系统和一套风险监测、控制指标，自动生成资产质量、流动性、资本充足率、盈利(亏损)水平和市场风险水平等一系列指标值。

(4)风险监测分析。非现场风险监测分析的基本方法包括水平比较分析法、历史比较分析法、行业比较分析法。

(5)风险初步评价与早期预警。监管者要对水平分析、历史分析和行业分析的结果、差异，以及导致上述结果与差异的原因进行综合分析，最后得出对该金融机构风险水平及发展趋势的初步综合评价，并及时向金融机构发出早期预警信号，同时启动和指导现场检查，对其风险进行确认和评估。

(6)指导现场检查。根据非现场监管发现的主要风险信号和存在的疑问，制定现场检查计划，确定现场检查的对象、时间、范围和重点，并合理分配监管力量，从而提高现场检查的效率和质量。

要点点拨

非现场风险分析的主要内容包括资产质量分析、资本充足性分析、流动性分析、市场风险的分析和盈亏分析等方面。

3. 现场检查

要点	内容
概念	现场检查是指监管人员直接深入金融机构进行业务检查和风险判断分析
作用	现场检查是金融监管的重要手段和方式。通过实施现场检查，有助于全面、深入了解金融机构的经营和风险状况；有助于核实和查清非现场监管中发现的问题和疑点；有助于对金融机构的风险做出客观、全面的判断和评价
主要方式	根据检查的目的、范围和重点，现场检查分为常规全面检查和专项检查。全面现场检查要涵盖被检查机构的各项主要业务及风险，以及管理内控的各个领域，要对金融机构的总体经营和风险状况作出判断。专项检查是指对金融机构的一项或几项业务进行的重点检查，具有较强的针对性和目的性
频率	对金融机构的常规性全面检查应至少一年或一年半进行一次。对关注的高风险或有问题的金融机构，对其现场检查的频率应更高

（续表）

要点	内容
内容	常规性的现场检查，应主要包括以下内容：资产质量和资产损失准备金充足程度，实际资本充足水平，资产负债结构及流动性状况，收益结构及真实盈利水平，市场风险水平及管理能力，管理与内控完善程度，以及遵守法律、法规情况
方法	通过现场检查，除要核实非现场监管的一些主要数据和信息，对上述内容或项目进行检查外，还要检查非现场监管难以监管和发现的问题，如有关的贷款标准和政策，贷款的基本程序与风险控制，不良贷款的划分标准和确认程度，呆账准备金提取和坏账核销的标准与政策，管理人员的素质与水平，内部报告与信息系统等

知识加油站

风险为本的监管方式，实现了由事后检查向事前监测、事后发现向事前预警、事后纠正向事前防范转变，有更强的风险监测、识别和化解能力，在监管成本不升高的情况下能取得更好效果，因此是更有效的监管。

真题精练

【例2·判断题】市场准入监管的最直接表现体现为金融机构开业登记、审批的管制。(　　)

A. 正确　　B. 错误

A　市场准入监管的最直接表现体现为金融机构开业登记、审批的管制。

【例3·多项选择题】非现场风险监测分析的基本方法包括(　　)。

A. 常规全面检查　　B. 专项检查

C. 行业比较分析法　　D. 历史比较分析法

E. 水平比较分析法

CDE　非现场风险监测分析的基本方法包括水平比较分析法、历史比较分析法和行业比较分析法。选项A、B属于现场检查的主要方式。

三、监管评级 ★

1. 骆驼评级

骆驼评级体系是目前美国金融管理当局对商业银行及其他金融机构的业务经营、信用状况等进行的一整套规范化、制度化和指标化的综合等级评定制度。因其五项考核指标，即资本充足性、资产质量、管理水平、盈利水平和流动性，其英文第一个字母组合在一起为“CAMEL”，正好与“骆驼”的英文名字相同而得名。

骆驼评级体系的分析涉及的主要指标和考评标准是：

(1)资本充足率(资本/风险资产)，要求这一比率达到6.5%～7%。

(2)有问题放款与基础资本的比率，一般要求该比率低于15%。

(3)管理者的领导能力和员工素质、处理突发问题应变能力和董事会决策能力、内部技术控制系统的完善性和创新服务吸引顾客的能力。

(4)净利润与盈利资产之比在1%以上为第一、二级,若该比率在0~1%之间为第三、四级,若该比率为负数则评为第五级。

(5)随时满足存款客户的取款需要和贷款客户的贷款要求的能力。

骆驼评级体系的特点是单项评分与整体评分相结合、定性分析与定量分析相结合,以评级风险管理能力为导向,充分考虑到银行的规模、复杂程度和风险层次,是分析银行运作是否健康的最有效的基础分析模型。

2. 欧洲评级体系——ARROW 评级体系

ARROW 的实际含义是以风险为基础的监管体系。风险评估的内容主要包括可能影响银行的外部风险,以及检测识别商业银行业务运作和内部控制方面的风险。

(1)外部风险主要分析以下六个方面:政治/法律、社会人口统计、科学技术、经济发展、同业竞争及市场架构。

(2)内部风险主要分为两部分:业务风险和控制风险。其中,业务风险包括战略、信用及操作风险、财务稳定性、产品/服务的性质;控制风险包括组织、内控体系、管理层及员工、合规性要求、客户服务。

ARROW 体系具有如下特点:

(1)ARROW 是一种对风险过程进行评估的程序和方法,不是简单就经营结果进行评级。

(2)ARROW 关注被监管机构内部存在的、对监管目标构成威胁的风险,其风险的大小由对风险的关注程度来表示;关注程度取决于风险的影响程度和风险发生的可能性。

(3)ARROW 设置了统一的评价标准和风险评估程序,通过对被监管机构内部存在的风险进行持续确认和评估,进而科学确定风险的影响程度和风险发生的可能性。

(4)根据关注程度的大小确定具体监管措施。

真题精练

【例4·多项选择题】骆驼评级体系的考核指标包括(　　)。

A. 资本充足性　　B. 资产质量

C. 管理水平　　D. 盈利水平

E. 流动性

ABCDE　骆驼评级体系因其五项考核指标,即资本充足性、资产质量、管理水平、盈利水平和流动性,其英文第一个字母组合在一起为"CAMEL",正好与"骆驼"的英文名字相同而得名。

↓码上看总结↓

章节自测

一、单项选择题(在以下各小题所给出的四个选项中,只有一个选项符合题目要求,请将正确选项的代码填入括号内)

1. 合规监管以(　　)为主。

A. 现场检查　　B. 市场准入

C. 行政管制　　D. 风险调控

2. 风险监管方式各个环节的基础是(　　)。
A. 识别风险　　B. 监测风险
C. 预警风险　　D. 处置风险
3. 实行市场准入管制是为了防止不合格的金融机构进入金融市场,保持金融市场主体秩序的(　　)。
A. 平等性　　B. 公平性
C. 公正性　　D. 合理性
4. 对金融机构的常规性全面检查应至少一年或一年半进行(　　)次。
A. 1　　B. 2
C. 3　　D. 4

二、多项选择题(在以下各小题所给出的选项中,至少有两个选项符合题目要求,请将正确选项的代码填入括号内)

1. 我国的银行监管目标包括(　　)。
A. 保护存款人和广大金融消费者的利益　　B. 增强市场信心
C. 增进公众对现代金融的了解　　D. 减少金融犯罪
E. 支持实体经济发展,防范金融风险
2. 在合规为本监管方式下,监管部门的主要工作包括(　　)。
A. 识别风险　　B. 监测风险
C. 处置风险　　D. 制定规定
E. 检查规定的执行情况
3. 开放条件下银行风险来源主要有(　　)。
A. 经济周期　　B. 期限错配
C. 市场环境变化　　D. 网络技术发展
E. 对客户的经济及还款能力评估失误
4. 非现场监管的基本流程包括(　　)。
A. 采集数据　　B. 生成风险监管指标值
C. 风险监测分析　　D. 风险初步评价与早期预警
E. 指导现场检查
5. 非现场风险分析的主要内容包括(　　)。
A. 资产质量分析　　B. 资本充足性分析
C. 流动性分析　　D. 市场风险的分析
E. 盈亏分析
6. 根据检查的目的、范围和重点,现场检查可分为(　　)。
A. 风险监测　　B. 风险初步评价
C. 指导现场检查　　D. 常规全面检查
E. 专项检查
7. 在欧洲评级体系中,控制风险包括(　　)。
A. 组织　　B. 内控体系
C. 财务稳定性　　D. 战略
E. 合规性要求

三、判断题(请判断以下各小题的正误,正确的选A,错误的选B)

1. 合规性监管是一种积极的监管方法。　　(　　)
A. 正确　　B. 错误

2. 在骆驼评级体系分析中，要求资本充足率（资本/风险资产）达到0～1%。　（　）
A. 正确　　B. 错误

答案详解

一、单项选择题

1. C。【解析】合规监管以行政管制为主，主要是将银行经营行为约束在国家政策、法规允许的范围内，其着眼点更多地在于维护国家政策法规的严肃性，明确规定能做什么，不能做什么，属于静态的监管模式。

2. A。【解析】风险监管方式的核心是监管当局能够识别、监测、预警和处置风险，识别风险是各个环节的基础。

3. D。【解析】实行市场准入管制是为了防止不合格的金融机构进入金融市场，保持金融市场主体秩序的合理性。

4. A。【解析】对金融机构的常规性全面检查应至少一年或一年半进行一次。对关注的高风险或有问题的金融机构，对其现场检查的频率应更高。

二、多项选择题

1. ABCDE。【解析】我国的银行监管目标，目前主要有以下方面：(1)保护存款人和广大金融消费者的利益。(2)增强市场信心。(3)增进公众对现代金融的了解。(4)减少金融犯罪。(5)支持实体经济发展，防范金融风险。

2. DE。【解析】在合规为本监管方式下，监管部门主要做两项工作：一是制定规定；二是检查规定的执行情况。

3. ABCDE。【解析】开放条件下银行风险来源主要有经济周期、期限错配、对客户的经济及还款能力评估失误、市场环境变化、网络技术发展等，风险具体种类按照《有效银行监管核心原则》的归类共有信用风险、市场风险等八大类。

4. ABCDE。【解析】非现场监管的基本流程是：(1)采集数据。(2)对有关数据进行核对、整理。(3)生成风险监管指标值。(4)风险监测分析。(5)风险初步评价与早期预警。(6)指导现场检查。

5. ABCDE。【解析】非现场风险分析的主要内容包括：(1)资产质量分析。(2)资本充足性分析。(3)流动性分析。(4)市场风险的分析。(5)盈亏分析。

6. DE。【解析】根据检查的目的、范围和重点，现场检查分为常规全面检查和专项检查。

7. ABE。【解析】在欧洲评级体系中，控制风险包括组织、内控体系、管理层及员工、合规性要求、客户服务。

三、判断题

1. B。【解析】合规性监管是一种消极的监管方法。

2. B。【解析】在骆驼评级体系分析中，要求资本充足率（资本/风险资产）达到6.5%～7%。

第二十四章

银行自律与市场约束

考情直击

本章的主要内容是银行自律组织、职业操守和行为准则、市场约束。分析近几年的考试情况，本章的主要考点有中国银行业协会、职业操守等，考查频率不高，在考试中约占1~3分。

考纲要求

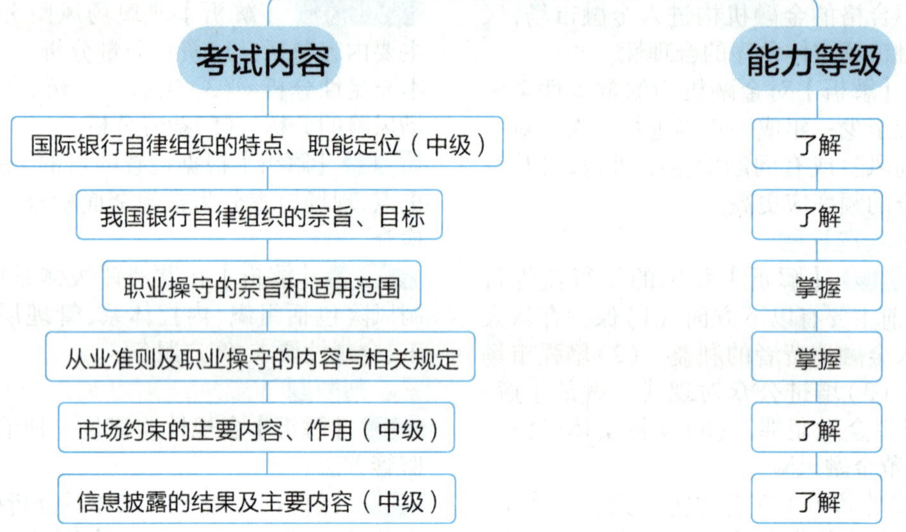

知识解读

第一节 银行自律组织

一、国际银行自律组织（中级考试内容）★

自律组织即自我管理机构，是政府监管的重要辅助，也是监管机构进行监管必要的和有益的补充。国际上一些银行自律组织在对银行业的发展和协调进程中发挥着重要作用，如国际清算银行、美国银行家协会和香港银行公会等。

国际清算银行是英国、法国、德国、意大利、比利时、日本等国的中央银行与代表美国银行界利益的摩根银行、纽约和芝加哥的花旗银行组成的银团，根据海牙国际协定于1930年5月共同组建，总部设在瑞士巴塞尔。刚建立时只有7个成员国，现成员国已发展至45个。国际清算银行最初创办的目的是处理第一次世界大战后德国的赔偿支付及其有关的清算等业务问题。第二次世界大战后，它成为经济合作与发展组织成员国之间的结算机构，该行的宗旨也逐渐转变为促进各国中央银行间的合作，为国际金融业务提供便利，并接受委托或作为代理人办理国际清算业务等。

二、中国银行业协会 ★

中国银行业协会（CBA）是我国的银行业自律组织，成立于2000年，是在民政部登记注册的全国性非营利社会团体。主管单位为国务院银行业监督管理机构。

中国银行业协会的最高权力机构为会员大会，由参加协会的全体会员单位组成。会员大会的执行机构为理事会，对会员大会负责。理事会在会员大会闭会期间负责领导协会开展日常工作。理事会闭会期间，常务理事会行使理事会职责。**常务理事会由会长1名、专职副会长1名、副会长若干名、秘书长1名组成。协会设监事会，由监事长1名、监事若干名组成。**

中国银行业协会以促进会员单位实现共同利益为宗旨，履行自律、维权、协调、服务职能，维护银行业合法权益，维护银行业市场秩序，提高银行业从业人员素质，提高为会员服务的水平，促进银行业的健康发展。

真题精练

【例1·单项选择题】中国银行业协会是在（　　）登记注册的全国性非营利社会团体。

A. 工商局　　B. 财政部

C. 国务院　　D. 民政部

D　中国银行业协会是我国的银行业自律组织，成立于2000年，是在民政部登记注册的全国性非营利社会团体。

第二节　职业操守和行为准则

一、职业操守和行为准则的宗旨和适用范围 ★★★

1. 宗旨

为规范银行业从业人员职业行为，提高中国银行业从业人员整体素质和职业道德水准，建立健康的银行业企业文化和信用文化，维护银行业良好信誉，促进银行业的健康发展，依据《中华人民共和国商业银行法》《中华人民共和国银行业监督管理法》等法律法规及《中国银监会关于印发银行业金融机构从业人员职业操守指引的通知》《中国银监会关于印发银行业金融机构从业人员行为管理指引的通知》《中国银行业协会工作指引》《中国银行业协会章程》等有关规范，制定《银行业从业人员职业操守和行为准则》。

职业行为是指从业人员在具体工作岗位上履行特定岗位职责的行为。

2. 适用范围

（1）《银行业从业人员职业操守和行为准则》所称银行业从业人员是指在中华人民共和国境内银行业金融机构工作的人员。中华人民共和国境内银行业金融机构委派到国（境）外分支机构、控（参）股公司工作的人员，应当适用本准则。

（2）银行业从业人员应当遵守本职业操守与准则，并接受所在机构、银行业自律组织、监管机构和社会公众的监督。

（3）银行业从业人员应当遵守职业操守与准则，在从业生涯中恪守诚信、合规、尽职的职业价值理念。

（4）银行业从业人员所在机构是指从业人员供职的银行业金融机构。

（5）**银行业自律组织包括全国性银行业自律组织和地方性银行业自律组织**。根据《银行业协会工作指引》的规定，全国性银行业自律组织是指中国银行业协会；地方性银行业自律组织是指各省、自治区、直辖市及各计划单列市银行业协会。

（6）**监管机构既包括国务院银行业监督管理机构，也包括中国人民银行、国家外汇管理局等行使监督管理职能的部门及其分支机构**。

（7）由于银行业务涉及社会经济活动的方方面面，银行业从业人员的职业行为应该而且较易受到社会公众的监督。

二、职业操守 ★★★

要点	内容
爱国爱行	银行业从业人员应当拥护中国共产党的领导，认真贯彻执行党和国家的金融路线方针政策；热爱银行业工作，忠诚金融事业，为银行业改革发展作出贡献
诚实守信	银行业从业人员应当恪守诚实信用原则，真诚对待客户，珍视声誉、信守承诺
依法合规	银行业从业人员应当敬畏党纪国法，严格遵守法律法规、监管规制、行业自律规范以及所在机构的规章制度
专业胜任	银行业从业人员应当具备现代金融岗位所需的专业知识、执业资格与专业技能；树立终身学习和知识创造价值的理念，及时了解国际国内金融市场动态
勤勉履职	银行业从业人员应当遵守岗位管理规范，严格执行业务规定和操作规程，防范利益冲突和道德风险，尽责、尽心、尽力做好本职工作
服务为本	银行业从业人员应当秉持服务为本的理念，以服务国家战略、服务实体经济、服务客户为天职
严守秘密	银行业从业人员应当谨慎负责，严格保守工作中知悉的国家秘密、商业秘密、工作秘密和客户隐私，坚决抵制泄密、窃密等违法违规行为

真题精练

【例2·多项选择题】银行业从业人员职业操守包括（　　）。

A. 依法合规　　B. 爱国爱行
C. 专业胜任　　D. 服务为本
E. 勤勉履职

ABCDE　银行业从业人员职业操守包括：（1）爱国爱行。（2）诚实守信。（3）依法合规。（4）专业胜任。（5）勤勉履职。（6）服务为本。（7）严守秘密。

三、行为规范 ★★★

行为守法

(1)严禁违法犯罪行为。
(2)严禁非法催收。
(3)严禁组织、参与非法民间融资。
(4)严禁信用卡犯罪行为。
(5)严禁信息领域违法犯罪行为。
(6)严禁内幕交易行为。
(7)严禁挪用资金行为。
(8)严禁骗取信贷行为。

业务合规

(1)遵守岗位管理规范。
(2)遵守信贷业务规定。
(3)遵守销售业务规定。
(4)遵守公平竞争原则。
(5)遵守财务管理规定。
(6)遵守出访管理规范。
(7)遵守外事接待规范。
(8)遵守离职交接规定。

履职遵纪

(1)贯彻"八项规定"、反"四风"。
(2)如实反馈信息。
(3)按照纪律要求处理利益冲突。
(4)严禁非法利益输送交易。
(5)实施履职回避。
(6)严禁违规兼职谋利。
(7)抵制贿赂及不当便利行为。
(8)厉行勤俭节约。
(9)塑造职业形象。
(10)营造风清气正的职场环境和氛围。

四、保护客户合法权益 ★★★

保护客户合法权益的具体要求包括:

(1)礼貌服务客户。对客户提出的合理要求尽量满足,对暂时无法满足或明显不合理的要求,应当耐心说明情况,取得理解和谅解。

(2)公平对待客户。不得因客户的国籍、肤色、民族、性别、年龄、宗教信仰、健康或残障及业务的繁简程度和金额大小等其他方面的差异而歧视客户。

(3)保护客户信息。在受雇期间及离职后,均不得违反法律法规和所在机构关于客户隐私保护的规定,违规泄露任何客户资料和交易信息。

(4)充分披露信息。按照规定以明确的、足以让客户注意的方式向其充分提示必要信息,对涉及的法律风险、政策风险以及市场风险等进行充分提示。严禁为达成交易而隐瞒风险或进行虚假或误导性陈述。

(5)妥善处理客户投诉。坚持客户至上、客观公正原则,耐心、礼貌、认真地处理客户投诉,及时作出有效反馈。

真题精练

【例3·单项选择题】下列行为不符合保护客户合法权益的是（　　）。

A. 银行业从业人员对客户提出的所有要求都尽量满足

B. 银行业从业人员应当妥善保存客户资料及其交易信息档案

C. 对残障者或语言存在障碍的客户，银行业从业人员应当尽可能为其提供便利

D. 银行业从业人员应当公平对待所有客户

A　银行业从业人员在接洽业务过程中，应当礼貌周到。对客户提出的合理要求尽量满足，对暂时无法满足或明显不合理的要求，应当耐心说明情况，取得理解和谅解。

五、维护国家金融安全 ★★★

维护国家金融安全的具体要求包括：

(1)接受、配合监管工作。

(2)遵守反洗钱、反恐怖融资规定。

(3)协助有权机关执法。

(4)举报违法行为。

(5)服从应急安排。

(6)守护舆情环境。

六、强化职业行为自律 ★★★

强化职业行为自律的具体要求包括：

(1)接受所在机构管理。

(2)接受自律组织监督。

(3)惩戒及争议处理。银行业协会建立违法违规违纪人员“黑名单”和“灰名单”制度。

(4)高管规范。银行业高级管理人员应当带头遵守、模范践行职业操守和行为准则。

真题精练

【例4·多项选择题】强化职业行为自律的具体要求包括（　　）。

A. 接受所在机构管理

B. 接受、配合监管工作

C. 高管规范

D. 接受自律组织监督

E. 惩戒及争议处理

ACDE　强化职业行为自律包括接受所在机构管理、接受自律组织监督、惩戒及争议处理和高管规范。B项属于维护国家金融安全的内容。

第三节　市场约束（中级考试内容）

一、市场约束的主要内容 ★

1. 市场约束的概念

市场约束也被称为“市场纪律”，就是指银行的债权人或所有者，借助于银行的信息披露和有关社会中介机构，如律师事务所、会计师事务所、审计师事务所和信用评估机构等的帮助，通过自觉提供监督和实施对银行活动的约束，把管理落后或不稳健的银行逐出

市场等手段来迫使银行安全稳健经营的过程。

2. 市场约束机制

(1)市场约束机制的方式。从监管操作角度看,市场约束的具体表现形式之一就是强化信息的披露。在市场化的环境下,市场约束的运作机制主要是依靠利益相关者的利益驱动,包括存款人、债权人、银行股东等在内的银行利益相关者,出于对自身利益的关注,会在不同程度上关注其利益所在银行的经营情况,并根据自身掌握的信息和对于这些信息的判断,在必要的时候采取的举措,会对银行在金融市场上的运作产生多方面的影响。

(2)市场约束机制的运行条件包括:发达的金融市场;充分有效的信息披露机制;必须拥有维护市场正常运行的完善的法律体系;市场参与者具有较强的金融风险意识;良好的公司治理机制。

要点点拨

市场约束的主体是银行的债权人和所有者以及其他一些金融市场的参与者,如其他银行、金融机构以及评级公司等中介机构。

二、信息披露 ★

信息披露又称信息公开,是指在证券市场上公开发行证券者,将公司财务、经营、投资结构、董事会构成等信息完全、真实、准确、及时地予以公开,供投资者、债权人等利益相关者判断证券投资价值,以维护公司股东或债权人的合法权益的法律制度。信息披露制度是证券发行和交易制度的重要组成部分。

1. 披露的内容要求

根据巴塞尔银行监管委员会1997年和1998年颁布的《加强银行透明度》《信贷风险披露最佳做法》和已发布的《新资本框架协议》(第三稿)等文件和多数国家的实际做法,金融机构应披露以下方面的信息:

(1)**经营业绩**,包括资本收益率、资产收益率、主要收支项目、净利差及影响收益的主要因素等。

(2)**风险暴露和风险管理情况**,包括:信用风险状况;流动性风险状况;市场风险状况;操作风险状况;其他风险状况。

(3)**资本充足状况**,包括总资本结构、核心资本和附属资本结构、风险资产总额、资本净额的数量和结构、资本充足比率及计算方法、呆账准备金水平和政策等。

(4)**风险管理战略与实践**,包括风险管理的组织结构,风险的识别、监管评价和控制体系,规避和化解风险的工具与技术。

(5)**会计政策与实践**。

(6)**主体业务、经营管理等信息**。

(7)**公司治理结构**,包括:年度内召开股东大会情况;最大十名股东名称及报告期内变动情况;董事会的构成及其工作情况;监事会的构成及其工作情况;高级管理层成员构成及其基本情况;增加或减少注册资本、分立合并事项;银行部门与分支机构设置情况;其他有必要让公众了解的重要信息。

2. 信息披露的频率

第三支柱规定的披露频率应该为每半年进行一次,有关银行风险管理目标及政策、报告系统及各项口径的一般性概述的定性披露可每年一次。考虑到新协议增强风险敏感度、在资本市场上更频繁地报告的总体趋势,国际活跃的大银行和其他大银行(及其主要分支机构)必须按季度披露一级资本充足率、总的资本充足率及其组成成分。**新协议规定**

银行资本结构和资本充足率的信息披露的内容分为定性披露和定量披露两大部分。另外,如果有关风险暴露或其他项目的信息变化较快,银行也要按季度披露这些信息。在所有情况下,银行应尽快公布具体的信息。

3. 披露的范围和方式

披露范围包括同业、社会公众、国际金融组织和境外机构所在地监管当局等。披露的方式根据披露的对象和范围,可选择新闻媒体、新闻发布会、年报等方式。

真题精练

【例5·多项选择题】根据巴塞尔银行监管委员会有关规定,金融机构应披露的信息包括(　　)。

A. 资本充足状况　　B. 经营业绩

C. 会计政策与实践　　D. 公司治理结构

E. 风险管理战略与实践

ABCDE　根据巴塞尔银行监管委员会有关规定,金融机构应披露以下方面的信息:(1)经营业绩。(2)风险暴露和风险管理情况。(3)资本充足状况。(4)风险管理战略与实践。(5)会计政策与实践。(6)主体业务、经营管理等信息。(7)公司治理结构。

章节自测

一、单项选择题(在以下各小题所给出的四个选项中,只有一个选项符合题目要求,请将正确选项的代码填入括号内)

1. 中国银行业协会于(　　)修订了《银行业从业人员职业操守和行为准则》。
   A. 2020 年 3 月　　B. 2020 年 5 月
   C. 2020 年 7 月　　D. 2020 年 9 月
2. 银行业从业人员应当敬畏党纪国法,严格遵守法律法规、监管规制、行业自律规范以及所在机构的规章制度,自觉抵制违法违规违纪行为,这体现了职业操守中的(　　)要求。
   A. 爱国爱行　　B. 诚实守信
   C. 依法合规　　D. 专业胜任
3. 下列行为中,违反银行业从业人员职业操守"内幕交易"的是(　　)。
   A. 告知客户本银行未公布的重大投资行为　　B. 告知客户宏观经济情况
   C. 帮助客户分析汇率波动趋势　　D. 告知客户已经公开的上市公司财务状况
4. 下列行为中,违反银行业从业人员职业操守规定的是(　　)。
   A. 在朋友聚会时,谈论客户存款信息　　B. 交流先进经验
   C. 尊重同业人员　　D. 组织行业力量,采取联合行动维护权益
5. 保护客户合法权益不包括(　　)。
   A. 保护客户信息　　B. 妥善处理客户投诉
   C. 充分披露信息　　D. 完全满足客户需要
6. 陈某是一家银行的部门经理,同时在当地金融学会兼任顾问。下列对其兼职行为表述正确的是(　　)。
   A. 应主动报告兼职意向并履行相关审批程序

B. 属于允许范围内的兼职活动,可以把一半以上的工作时间用于此兼职工作
C. 违反了有关法律和职业操守的规定,必须停止兼职活动
D. 与银行业务不直接相关,因此可以不披露自己的兼职工作

二、多项选择题(在以下各小题所给出的选项中,至少有两个选项符合题目要求,请将正确选项的代码填入括号内)

1. 银行业监管机构包括(　　)。
A. 中国人民银行　　B. 中国银行业协会
C. 国家外汇管理局　　D. 中国证券业协会
E. 国务院银行业监管机构
2. 银行业职业操守的监督者有(　　)。
A. 银行业从业人员所在机构　　B. 银行业自律组织
C. 监管机构　　D. 社会公众
E. 国际清算银行
3. 市场约束机制的运行条件包括(　　)。
A. 发达的金融市场
B. 充分有效的信息披露机制
C. 必须拥有维护市场正常运行的完善的法律体系
D. 市场参与者具有较强的金融风险意识
E. 良好的公司治理机制

三、判断题(请判断以下各小题的正误,正确的选 A,错误的选 B)

1. 中华人民共和国境内银行业金融机构委派到国(境)外分支机构、控(参)股公司工作的人员不适用于《银行业从业人员职业操守和行为准则》。(　　)
A. 正确　　B. 错误
2. 银行业从业人员不得向客户明示、暗示或者默许以虚假资料骗取、套取信贷资金。(　　)
A. 正确　　B. 错误
3. 银行业从业人员可以针对特定客户非公开销售优于其他同类客户的存款产品、贷款产品、基金产品、信托产品、理财产品等。(　　)
A. 正确　　B. 错误
4. 第三支柱规定的披露频率应当为每年进行一次。(　　)
A. 正确　　B. 错误

答案详解

一、单项选择题

1. D.【解析】中国银行业协会于 2020 年 9 月修订了《银行业从业人员职业操守和行为准则》。

2. C.【解析】职业操守中的依法合规要求:银行业从业人员应当敬畏党纪国法,严格遵守法律法规、监管规制、行业自律规范以及所在机构的规章制度,自觉抵制违法违规违纪行为,坚持不碰政治底线、不越纪律红线,"一以贯之"守纪律,积极维护所在机构和客户的合法权益。

3. A.【解析】银行业从业人员在业务活动中应当遵守有关禁止内幕交易的规定。不得以明示或暗示的形式违规泄露内幕信息,不得利用内幕信息获取个人利益,或是基于内幕信息为他人提供理财或投资方面的建议。

4. A.【解析】银行业从业人员应当妥善保存客户资料及其交易信息档案。在受雇期间及离职后,均不得违反法律法规和所

在机构关于客户隐私保护的规定，违规泄露任何客户资料和交易信息。

5. D。【解析】保护客户合法权益包括礼貌服务客户、公平对待客户、保护客户信息、充分披露信息和妥善处理客户投诉。

6. A。【解析】银行业从业人员应当遵守法纪规定以及所在机构有关规定从事兼职活动，主动报告兼职意向并履行相关审批程序。应当妥善处理兼职岗位与本职工作之间的关系，不得利用兼职岗位谋取不当利益，不得违规经商办企业。

二、多项选择题

1. ACE。【解析】监管机构既包括国务院银行业监督管理机构，也包括中国人民银行、国家外汇管理局等行使监督管理职能的部门及其分支机构。

2. ABCD。【解析】银行业职业操守的监督者有银行业从业人员所在机构、银行业自律组织、监管机构和社会公众。

3. ABCDE。【解析】市场约束机制的运行条件包括：(1)发达的金融市场。(2)充分有效的信息披露机制。(3)必须拥有维护市场正常运行的完善的法律体系。(4)市场参与者具有较强的金融风险意识。(5)良好的公司治理机制。

三、判断题

1. B。【解析】《银行业从业人员职业操守和行为准则》所称银行业从业人员是指在中华人民共和国境内银行业金融机构工作的人员。中华人民共和国境内银行业金融机构委派到国(境)外分支机构、控(参)股公司工作的人员，应当适用本准则。

2. A。【解析】严禁骗取信贷行为：银行业从业人员不得向客户明示、暗示或者默许以虚假资料骗取、套取信贷资金。

3. B。【解析】银行业从业人员不得针对特定客户非公开销售优于其他同类客户的存款产品、贷款产品、基金产品、信托产品、理财产品等。

4. B。【解析】第三支柱规定的披露频率应当为每半年进行一次，有关银行风险管理目标及政策、报告系统及各项口径的一般性概述的定性披露可每年一次。

第二十五章 清廉金融

考情直击

本章的主要内容是清廉金融的内涵、清廉金融文化以及清廉从业的管理。分析近几年的考试情况，本章的常考点是清廉金融行为规范。本章内容的考查频率较低，在考试中约占0~2分。

考纲要求

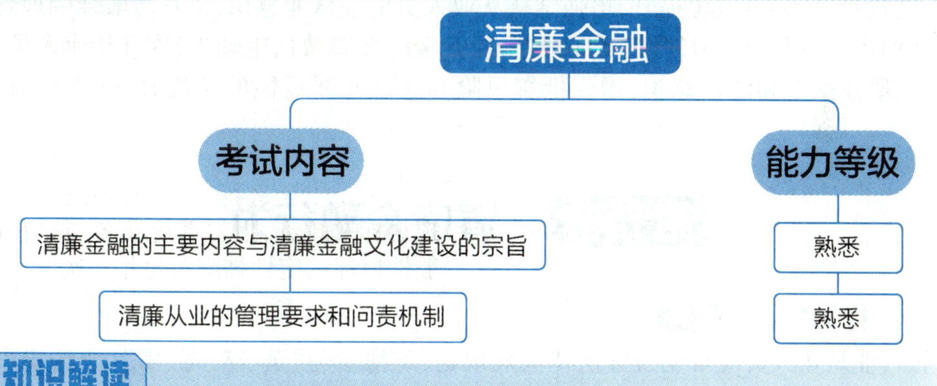

知识解读

第一节 清廉金融概述

一、清廉金融内涵 ★★

1. 清廉从业理念

强调金融从业诚信、责任、服务、合规、稳健、创新。坚持依法经营、合规操作，保持良好的职业操守，诚实守信、勤勉尽责，遵守工作纪律和保密纪律，严格廉洁从业。

2. 清廉从业制度

强调建立科学完备、适应市场发展的现代金融制度，保障金融业稳健发展。

3. 清廉从业行为

对内提高自我修养，提升纪律意识；对外严明规则，夯实制度根本和文化根基，打造整体合规范围。

4. 清廉金融产品

强调金融产品的安全性、透明度、收益性是金融客户关注的重点，必须经得起客户及社会的监督和检验。

真题精练

【例1·多项选择题】清廉金融包含(　　)。

A. 清廉从业理念　　B. 清廉从业操守

C. 清廉从业制度　　D. 清廉从业行为

E. 清廉金融产品

ACDE　清廉金融包含清廉从业理念、清廉从业制度、清廉从业行为、清廉金融产品等。

二、清廉金融文化 ★★

中国银保监会近年来启动了银行业保险业清廉金融文化建设活动,旨在通过全覆盖参与、全过程融入、全方位提升,增强金融从业人员清廉从业意识,培育清廉金融理念,通过文化的渗透力和影响力,厚植清廉根基,提升金融反腐败内生动力,提升从业人员的道德品行、职业操守和法治意识,增强抵御风险和违法犯罪侵蚀的免疫力,净化金融政治生态。

第二节　清廉金融行为

一、行为守法 ★★

银行业从业人员应自觉遵守法律法规规定,不得参与"黄、赌、毒、黑"、非法集资、高利贷、欺诈、贿赂等一切违法活动和非法组织。不得组织或参与非法吸收公众存款、套取金融机构信贷资金、高利转贷、非法向在校学生发放贷款等民间融资活动。不得利用职务便利实施伪造信用卡、非法套现信用卡、滥发信用卡等。

二、业务合规 ★★

遵守岗位管理规范,确保客户交易的安全。遵守信贷业务规定,严格执行贷前调查、贷时审查和贷后检查等"三查"工作。严格遵守销售业务规定。崇尚公平竞争,遵循客户自愿原则、同业公平原则,不使用不正当竞争手段。抵制以权谋私、钱权交易、贪污贿赂、"吃拿卡要"等腐败行为。遵守财务管理规定和出访管理规范、外事接待规范。岗位变动或离职时,按照规定妥善交接,遵守脱密和竞业限制约定,不得擅自带走所在机构的财物、工作资料和客户资源。

三、履职遵纪 ★★

贯彻中央"八项规定"的有关制度,反对"四风"。经办业务,要如实反馈信息。按照纪律要求处理好利益冲突。严禁非法利益输送交易。做好履职回避。严禁违规兼职谋利。自觉抵制不正当交易行为。严禁以任何方式索取或收受客户、供应商、竞争对手、下属机构、下级员工及其他利益相关方的贿赂或不当利益。厉行勤俭节约。塑造良好职业形象。营造风清气正的职场环境和氛围。

四、维护国家金融安全 ★★

树立依法合规意识,接受、配合好监管工作。遵守反洗钱、反恐怖融资有关规定,熟知银行承担的义务，严格按照要求落实报告大额和可疑交易等工作。按法定程序积极协助执法机关执法。举报违反法律法规侵害国家金融安全的行为。在抗震救灾、卫生防疫等重大公共应急事件中坚守岗位，尽职履职，保障特殊时期金融服务的充分供给。守护舆情环境，严禁擅自接受媒体采访或通过微信、微博、贴吧、网络直播等自媒体形式对外发布相关信息。

第三节 清廉从业管理

一、从业禁令 ★★

1. 柜台业务方面

(1)柜员卡和密码管理方面。**严禁一人持多张柜员卡混岗操作**。

(2)现金、印章和重要空白凭证管理方面。**严禁超额使用、保管现金**，不按规定处理长短款，随意调整、冲正、撤销账务。严禁超出工作和授权范围使用印章。

(3)账户管理方面。受理企业账户开户、更换或挂失补办印鉴、法定代表人变更时，严禁不核对企业证明文件原件，不核查单位法定代表人、授权经办人身份；受理个人账户开户(卡)申请或开通网银时，严禁不按规定核实申请人意愿和身份信息。

(4)业务授权和核查方面。严禁在未审核凭证、核实业务和确认客户真实意愿的情况下进行柜面授权，超权限授权或向不符合规定的人员转授权。

(5)办理具体柜台业务。严禁违反"先收款后记账，先记账后付款"的原则处理收、付款业务，空存、空取资金。

2. 授信业务方面

(1)**贷款业务方面**。严禁以资料审核代替实地调查方式进行贷前调查，放松对客户的调查和对客户资料的审核。

(2)**票据业务方面**。严禁对不具有真实贸易背景的商业汇票或不能确认具有真实贸易背景的票据办理承兑、贴现。

3. 职业操守方面

严禁参加非法集资或高利贷活动，为高利贷公司、担保公司、小额贷款公司以及客户之间等充当任何形式的资金掮客，牵线搭桥帮助借款人筹措资金归还银行贷款并从中牟利。

二、行为管理 ★★

银行业金融机构强化内控案防管理，通过大数据等系统排查手段，强化对员工异常行为的监督，包括员工与客户之间是否存在经济往来，是否有大额资金进出，以及员工与员工之间是否有不正当经济往来等。

三、监督问责 ★★

银行业金融机构行为管理牵头部门制定完善从业人员行为的长期监测机制，定期评估全体从业人员行为，并向高级管理层报告评估结果。从业人员行为评估结果将作为薪酬发放和职位晋升的重要依据。高级管理人员及关键岗位人员的绩效薪酬与行为评估紧密挂钩。对员工8小时内外违规违纪行为，严肃问责，强抓整改。

真题精练

【例2·判断题】银行业金融机构行为管理牵头部门制定完善从业人员行为的长期监测机制，定期评估全体从业人员行为，并向高级管理层报告评估结果。（　　）

A. 正确　　　　B. 错误

A　银行业金融机构行为管理牵头部门制定完善从业人员行为的长期监测机制，定期评估全体从业人员行为，并向高级管理层报告评估结果。

↓码上看总结↓

章节自测

一、单项选择题（在以下各小题所给出的四个选项中，只有一个选项符合题目要求，请将正确选项的代码填入括号内）

1. 强调金融从业诚信、责任、服务、合规、稳健、创新，体现了（　　）的内涵。
   A. 清廉从业制度　　B. 清廉从业理念
   C. 清廉从业行为　　D. 清廉金融产品
2. 银行工作人员小王利用职务之便窃取、泄露客户信息和所在机构商业机密，违反了清廉金融行为中的（　　）。
   A. 业务合规　　B. 履职遵纪
   C. 行为守法　　D. 维护国家金融安全
3. 银行业从业人员的下列行为中，违反了清廉金融行为中"业务合规"要求的是（　　）。
   A. 严格执行贷前调查、贷时审查和贷后检查等"三查"工作
   B. 离职时，将原公司客户资源提供给竞争对手使用
   C. 崇尚公平竞争，遵循客户自愿原则、同业公平原则
   D. 抵制以权谋私

二、多项选择题（在以下各小题所给出的选项中，至少有两个选项符合题目要求，请将正确选项的代码填入括号内）

1. 清廉金融产品，强调金融产品的（　　）是金融客户关注的重点，必须经得起客户及社会的监督和检验。
   A. 安全性　　B. 透明度
   C. 公开性　　D. 多元化
   E. 收益性
2. 下列选项中，属于清廉金融行为的有（　　）。
   A. 行为守法　　B. 业务合规
   C. 履职遵纪　　D. 诚实守信
   E. 维护国家金融安全
3. 清廉从业管理中，严禁参加非法集资或高利贷活动，为（　　）之间等充当任何形式的资金掮客，牵线搭桥帮助借款人筹措资金归还银行贷款并从中牟利。
   A. 信托公司　　B. 高利贷公司
   C. 担保公司　　D. 小额贷款公司
   E. 客户

三、判断题(请判断以下各小题的正误,正确的选A,错误的选B)

1. 可以以资料审核代替实地调查方式进行贷前调查。（　　）

A. 正确　　B. 错误

2. 银行从业人员的客户评价将作为其薪酬发放和职位晋升的重要依据。（　　）

A. 正确　　B. 错误

答案详解

一、单项选择题

1. B。【解析】清廉从业理念,强调金融从业诚信、责任、服务、合规、稳健、创新。

2. C。【解析】行为守法要求:银行业从业人员不得利用职务便利实施窃取、泄露客户信息和所在机构商业机密等违法犯罪行为。

3. B。【解析】根据业务合规的要求,银行业从业人员岗位变动或离职时,按照规定妥善交接,遵守脱密和竞业限制约定,不得擅自带走所在机构的财物、工作资料和客户资源。

二、多项选择题

1. ABE。【解析】清廉金融产品,强调金融产品的安全性、透明度、收益性是金融客户关注的重点,必须经得起客户及社会的监督和检验。

2. ABCE。【解析】清廉金融行为包括行为守法、业务合规、履职遵纪和维护国家金融安全。

3. BCDE。【解析】严禁参加非法集资或高利贷活动,为高利贷公司、担保公司、小额贷款公司以及客户之间等充当任何形式的资金掮客,牵线搭桥帮助借款人筹措资金归还银行贷款并从中牟利。

三、判断题

1. B。【解析】严禁以资料审核代替实地调查方式进行贷前调查,放松对客户的调查和对客户资料的审核。

2. B。【解析】银行业金融机构行为管理牵头部门制定完善从业人员行为的长期监测机制,定期评估全体从业人员行为,并向高级管理层报告评估结果。从业人员行为评估结果将作为薪酬发放和职位晋升的重要依据。

第二十六章 银行业消费者权益保护

考情直击

本章的主要内容是银行业消费者权益保护的相关内容和银行业金融机构的社会责任。分析近几年的考试情况,本章的常考点有银行业消费者的主要权利、银行业消费者权益保护实施、银行业金融机构社会责任等。其中,银行业金融机构社会责任这一知识点经常通过结合具体情境进行责任区分的形式考查。本章知识点在考试中约占 2 ~4 分。

考纲要求

银行业消费者权益保护

考试内容	能力等级
银行业消费者权益保护的主要权利、主要义务及实施的相关内容	熟悉
金融机构履行社会责任、经济责任和环境责任的内容	了解

知识解读

第一节 银行业消费者权益保护概况

一、国际概况 ★

要点	内容
银行业消费者的界定	美国《金融服务现代化法案》将金融消费者定义为：为自身、家庭成员或以家庭事务为目的而从金融机构得到金融产品和服务的个人。 根据英国《金融服务与市场法》，金融消费者是指具有下列情形之一的人员：**使用、曾经使用或者可能使用“受监管的金融服务”的人员；对“受监管的金融服务”拥有相关权利或利益的人员；已经或可能投资于金融工具的人员；对金融工具拥有相关权利或利益的人员**
法律和监管体系	2008 年国际金融危机以来，加强金融消费者权益保护成为全球热点话题，二十国集团（G20）、经济合作与发展组织（OECD）、世界银行等国际组织以及美国、英国、加拿大、日本、韩国等国家和地区相继通过改革监管体制和修订法律，不断修复金融监管体系的制度性缺陷，以进一步提高监管的刚性约束

（续表）

要点	内容
金融消费者投诉处理	金融消费者投诉在消费者投诉处理中占据重要地位，大部分国家和地区的监管机构对金融机构内部的投诉处理机制提出了较为严格的要求。部分国家和地区为节约有限的监管资源，由政府或监管部门发起成立了金融督察服务机构
金融消费者教育	国际金融危机爆发后，金融素质逐渐被大多数国家和地区视为个人生活技能的重要组成部分。当前，金融教育已逐渐成为市场行为和审慎监管的有效补充，许多国家在改进个人金融行为上也将金融教育定位为长期优先事项

真题精练

【例1·多项选择题】根据英国《金融服务与市场法》，下列属于金融消费者的有（　　）。

A. 对“受监管的金融服务”拥有相关权利或利益的人员

B. 对金融工具拥有相关权利或利益的人员

C. 已经或可能投资于金融工具的人员

D. 为自身、家庭成员或以家庭事务为目的而从金融机构得到金融产品和服务的个人

E. 使用、曾经使用或者可能使用“受监管的金融服务”的人员

ABCE　D项是美国《金融服务现代化法案》对金融消费者定义的内容。

二、国内概况 ★

2008年国际金融危机以后，我国对银行业消费者权益保护工作的重视程度不断加深，银行业消费者权益保护工作取得长足进展。

2012年，原银监会成立银行业消费者权益保护局，专门负责推动银行业消费者权益保护工作。

2013年8月，原银监会发布《银行业消费者权益保护工作指引》，填补了国内银行业消费者权益保护制度方面的空白，是我国银行业消费者权益保护领域的一项重要突破，标志着中国银监会已经将消费者权益保护全面纳入监管体系当中。

2015年11月，国务院办公厅发布《关于加强金融消费者权益保护工作的指导意见》，对监管部门、金融机构、社会组织等提出了具体的工作要求，这是我国首次从国家层面公布专门针对金融消费者权益保护工作的文件规范。

为贯彻国家统一部署，中国人民银行于2016年12月印发《金融消费者权益保护实施办法》，要求金融机构加强行为规范，保护消费者个人金融信息，健全金融消费者投诉受理和处理机制。

2020年9月，中国人民银行制定并发布《中国人民银行金融消费者权益保护实施办法》。

第二节 我国银行业消费者权益保护的主要内容

一、银行业消费者的主要权利 ★★

银行业消费者是指购买或使用银行业产品和接受银行业服务的自然人，其主要权利包括：

（1）**安全权**。银行业消费者在购买、使用银行产品和接受银行服务时依法享有生命健康和财产不受威胁、侵害的权利，包括人身安全权和财产安全权两个方面。**安全权是银行业消费者作为消费主体享有的首要和必不可少的基本权利，如果人身和财产安全都得不到保障，其他权利根本无从谈起**。

（2）**隐私权**。银行业消费者的隐私权，又称信息安全权，是指银行业消费者对其基本信息与财务信息享有不被银行非相关业务人员知悉，不被非法定机构和任何单位和个人查询或传播的权利，除有关国家机关依法查询、冻结和扣划外，银行应拒绝其他任何单位或个人查询、冻结和扣划。

（3）**知情权**。银行业消费者的知情权是指在消费中，银行业消费者享有知悉其购买、使用产品或接受服务的真实情况的权利。**享有知情权，是银行业消费者在消费过程中做出自由选择并实现公平交易的前提条件**。

（4）**自主选择权**。

（5）**公平交易权**。

（6）**依法求偿权**。银行业消费者的依法求偿权是指银行业消费者在银行消费过程中，除购买银行已有风险提示类的产品而造成的损失外，其他非因自己故意或者过失而遭受人身、财产损害时，有向银行提出请求赔偿的权利。

（7）**受教育权**。

（8）**受尊重权**。

（9）**监督权**。银行业消费者的监督权表现在两个方面：其一，消费者享有对银行产品和服务进行监督和批评的权利；其二，消费者对有关部门进行的银行业消费者权益保护监管等工作享有监督、批评的权利。

真题精练

【例2 · 多项选择题】银行业消费者的主要权利包括（　　）。

A. 安全权　　B. 隐私权

C. 自主选择权　　D. 依法求偿权

E. 保密权

ABCD 银行业消费者的主要权利包括安全权、隐私权、知情权、自主选择权、公平交易权、依法求偿权、受教育权、受尊重权和监督权。

二、银行业金融机构的主要义务 ★★

根据《银行业消费者权益保护工作指引》，银行业金融机构行为准则如下：

（1）银行业金融机构应当尊重银行业消费者的知情权和自主选择权，履行告知义务，不得在营销产品和服务过程中以任何方式隐瞒风险、夸大收益，或者进行强制性交易。

（2）银行业金融机构应当尊重银行业消费者的公平交易权，公平、公正制定格式合同和协议文本，不得出现误导、欺诈等侵害银行业消费者合法权益的条款。

(3)银行业金融机构应当了解银行业消费者的风险偏好和风险承受能力，提供相应的产品和服务，不得主动提供与银行业消费者风险承受能力不相符合的产品和服务。

(4)银行业金融机构应当尊重银行业消费者的个人金融信息安全权，采取有效措施加强对个人金融信息的保护，不得篡改、违法使用银行业消费者个人金融信息，不得在未经银行业消费者授权或同意的情况下向第三方提供个人金融信息。

(5)银行业金融机构应当在产品销售过程中，严格区分自有产品和代销产品，不得混淆、模糊两者性质向银行业消费者误导销售金融产品。

(6)银行业金融机构应当严格遵守国家关于金融服务收费的各项规定，披露收费项目和标准，不得随意增加收费项目或提高收费标准。

(7)银行业金融机构应当坚持服务便利性原则，合理安排柜面窗口，缩减等候时间，不得无故拒绝银行业消费者合理的服务需求。

(8)银行业金融机构应当尊重银行业消费者，照顾残疾人等特殊消费者的实际需要，尽量提供便利化服务，不得有歧视性行为。

三、银行业消费者权益保护的实施 ★★

为贯彻落实《国务院办公厅关于加强金融消费者权益保护工作的指导意见》，进一步规范金融机构行为，切实保障金融消费者合法权益，中国人民银行于2016年12月制定了《金融消费者权益保护实施办法》，对金融消费者权益保护的实施进行规范。

(1)金融机构应当完善规章制度，落实法律法规和相关监管规定中关于金融消费者权益保护的相关要求。金融机构应当将金融消费者权益保护纳入公司治理、企业文化建设和经营发展战略，应当制定本机构金融消费者权益保护工作的总体战略和具体工作措施。

(2)金融机构应当建立健全金融消费者权益保护工作机制，建立金融消费者权益保护工作专职部门或者指定牵头部门，明确部门及人员职责，确保其能够独立开展工作。

(3)金融机构应当建立健全金融消费者权益保护的各项内控制度。

(4)金融机构应当开展金融消费者权益保护员工教育和培训，提高员工的金融消费者权益保护意识和能力。**金融机构应当每年至少开展一次金融消费者权益保护专题教育和培训，培训对象应当全面覆盖中高级管理人员及基层业务人员**。

(5)金融机构应当建立健全涉及金融消费者权益保护工作的事前协调、事中管控和事后监督机制，确保在金融产品和服务的设计开发、营销推介及售后管理等各个业务环节有效落实金融消费者权益保护工作的相关规定和要求。

(6)金融机构应当根据金融产品和服务的特性评估其对金融消费者的适合度，合理划分金融产品和服务风险等级以及金融消费者风险承受等级，将合适的金融产品和服务提供给适当的金融消费者。**金融机构不得向低风险承受等级的金融消费者推荐高风险金融产品**。

(7)金融机构应当依法保障金融消费者在购买、使用金融产品和服务时的财产安全，不得非法挪用、占用金融消费者资金及其他金融资产。

(8)金融机构应当按照相关监管规定披露与金融消费者权益保护相关的经营信息、金融产品和服务信息以及其他信息。金融机构推出金融科技创新产品前，应当开展外部安全评估，并及时向金融消费者准确披露金融产品的特点和风险。

(9)金融机构应当依据金融产品和服务的特性，向金融消费者披露金融产品和服务的重要内容。金融机构应当提示金融消费者不得利用金融产品和服务从事违法活动。

（10）金融机构对金融产品和服务进行信息披露时，应当使用有利于金融消费者接收、理解的方式。对涉及利率、费用、收益及风险等与金融消费者切身利益相关的重要信息，应当根据金融产品和服务的复杂程度及风险等级，对其中关键的专业术语进行解释说明，并以适当方式供金融消费者确认其已接收完整信息。

（11）金融机构应当尊重金融消费者购买金融产品和服务的真实意愿，不得擅自代理金融消费者办理业务，不得擅自修改金融消费者的业务指令。

（12）金融机构向金融消费者说明重要内容和披露风险时，应当依照相关法律法规、监管要求留存相关资料，**留存时间不少于 3 年**，法律、行政法规、规章另有规定的，从其规定。

（13）金融机构进行营销活动时应当遵循诚信原则，金融机构实际承担的义务不得低于在营销活动中通过广告、资料或者说明等形式对金融消费者所承诺的标准。

（14）金融机构在进行营销活动时，不得有虚假宣传、损害同业信誉、冒用他人注册商标等行为。

（15）金融机构向金融消费者追讨债务，不得采取违反法律法规、违背社会公德、损害社会公共利益和第三人合法权益的方式。

（16）金融机构的格式合同条款及服务协议文本，不得存在误导、欺诈等侵犯金融消费者合法权益的内容；不得含有减轻、免除己方责任，加重金融消费者责任，限制或者排除金融消费者合法权利的格式条款，及借助技术手段强制交易等不合理条款。金融机构应当对金融消费者投诉较为集中或者存在侵害金融消费者合法权益隐患的格式合同条款、服务协议文本进行及时清理。

（17）金融机构应当做好计算机处理系统维护工作，建立灾难备份和数据恢复机制，确保系统平稳、顺畅运行。

（18）出现侵犯金融消费者合法权益重大事件，可能引发区域性、系统性风险的，金融机构应当根据重大事项报告相关规定及时向中国人民银行及其分支机构报告。

（19）金融机构应当制定年度金融知识普及与金融消费者教育工作计划，结合自身特点开展日常性金融知识普及与金融消费者教育活动。金融机构不得以营销个别金融产品和服务替代金融知识普及与金融消费者教育。

（20）金融机构应当重视金融消费者需求的多元性与差异性，积极支持欠发达地区和低收入群体等获得必要、及时的基本金融产品和服务。

（21）金融机构应当严格落实国家网络安全和信息技术安全有关规定，采取有效措施确保个人金融信息安全，**至少每半年排查一次个人金融信息安全隐患**。

真题精练

【例 3 · 判断题】金融机构应当严格落实国家网络安全和信息技术安全有关规定，采取有效措施确保个人金融信息安全，至少每年排查一次个人金融信息安全隐患。（　　）

A. 正确　　　　B. 错误

B　金融机构应当严格落实国家网络安全和信息技术安全有关规定，采取有效措施确保个人金融信息安全，至少每半年排查一次个人金融信息安全隐患。

第三节　银行业金融机构社会责任

一、经济责任 ★

银行业金融机构在遵守法律条件下，营造公平、安全、稳定的行业竞争秩序，以优质的专业经营，持续为国家、股东、员工、客户和社会公众创造经济价值。

知识加油站

经济责任的主要内容之一为：重视消费者的权益保障，有效提示风险，恰当披露信息，公平对待消费者，加强客户投诉管理，完善客户信息保密制度，提升服务质量，为客户创造价值。

二、社会责任 ★

银行业金融机构以符合社会道德和公益要求的经营理念为指导，积极维护消费者、员工和社区大众的社会公共利益；提倡慈善责任，积极投身社会公益活动，构建社会和谐，促进社会发展。

三、环境责任 ★

银行业金融机构支持国家产业政策和环保政策，节约资源，保护和改善自然生态环境，支持社会可持续发展。

码上看总结

章节自测

一、单项选择题（在以下各小题所给出的四个选项中，只有一个选项符合题目要求，请将正确选项的代码填入括号内）

1.（　　）是银行业消费者作为消费主体享有的首要和必不可少的基本权利。

A. 隐私权　　B. 知情权

C. 安全权　　D. 自主选择权

2. 金融机构应当每年至少开展（　　）次金融消费者权益保护专题教育和培训，培训对象应当全面覆盖中高级管理人员及基层业务人员。

A. 2　　B. 1

C. 3　　D. 4

3.（　　）是指银行业金融机构在遵守法律条件下，营造公平、安全、稳定的行业竞争秩序，以优质的专业经营，持续为国家、股东、员工、客户和社会公众创造经济价值。

A. 经济责任　　B. 社会责任

C. 环境责任　　D. 行业责任

二、多项选择题（在以下各小题所给出的选项中，至少有两个选项符合题目要求，请将正确选项的代码填入括号内）

1. 银行业消费者的受教育权可以分为（　　）。

A. 银行消费知识的教育权　　B. 银行金融知识的教育权

C. 银行产品知识的教育权　　D. 消费者权益保护知识的教育权

E. 消费者服务知识的教育权

2. 金融机构在进行营销活动时，不得从事（　　）等行为。

A. 风险提示　　B. 虚假宣传

C. 信息保密　　　　D. 损害同业信誉

E. 冒用他人注册商标

3. 下列关于银行业金融机构的主要义务的说法中，正确的有（　　）。

A. 银行业金融机构应当尊重银行业消费者的知情权和自主选择权

B. 银行业金融机构在产品销售过程中，无须严格区分自有产品和代销产品

C. 银行业金融机构应当尊重银行业消费者的公平交易权

D. 银行业金融机构应当尊重银行业消费者的个人金融信息安全权

E. 银行业金融机构应当了解银行业消费者的风险偏好和风险承受能力

三、判断题（请判断以下各小题的正误，正确的选 A，错误的选 B）

1. 隐私权是银行业消费者在消费过程中做出自由选择并实现公平交易的前提条件。（　　）

A. 正确　　　　B. 错误

2. 金融机构向金融消费者说明重要内容和披露风险时，应当依照相关法律法规、监管要求留存相关资料，留存时间不少于 2 年。（　　）

A. 正确　　　　B. 错误

答案详解

一、单项选择题

1. C。【解析】安全权是银行业消费者作为消费主体享有的首要和必不可少的基本权利。

2. B。【解析】金融机构应当每年至少开展一次金融消费者权益保护专题教育和培训，培训对象应当全面覆盖中高级管理人员及基层业务人员。

3. A。【解析】经济责任是指银行业金融机构在遵守法律条件下，营造公平、安全、稳定的行业竞争秩序，以优质的专业经营，持续为国家、股东、员工、客户和社会公众创造经济价值。

二、多项选择题

1. AD。【解析】银行业消费者的受教育权可以分为银行消费知识的教育权和消费者权益保护知识的教育权。

2. BDE。【解析】金融机构在进行营销活动时，不得有虚假宣传、损害同业信誉、冒用他人注册商标等行为。

3. ACDE。【解析】银行业金融机构应当在产品销售过程中，严格区分自有产品和代销产品，不得混淆、模糊两者性质向银行业消费者误导销售金融产品。

三、判断题

1. B。【解析】享有知情权是银行业消费者在消费过程中做出自由选择并实现公平交易的前提条件。

2. B。【解析】金融机构向金融消费者说明重要内容和披露风险时，应当依照相关法律法规、监管要求留存相关资料，留存时间不少于 3 年。

温馨提示

“恭喜您，已完成本书全部考点学习，完成打卡 100 分，请继续乘风破浪下一段旅程！”